개정판

신용평가사가 들려주는
산업 이야기 1

신용평가사가 들려주는 산업 이야기 1

초판 1쇄 발행 2021년 7월 21일
　　　2쇄 발행 2021년 7월 29일
　　　3쇄 발행 2021년 8월 18일
개정판 1쇄 발행 2023년 6월 30일

지은이 김명수, 김연수, 송기종, 안영복, 최우석
펴낸이 장길수
펴낸곳 지식과감성#
출판등록 제2012-000081호

교정 양수진
디자인 이은지
편집 이은지
검수 한장희, 정윤솔
마케팅 정연우

주소 서울시 금천구 벚꽃로298 대륭포스트타워6차 1212호
전화 070-4651-3730~4
팩스 070-4325-7006
이메일 ksbookup@naver.com
홈페이지 www.knsbookup.com

ISBN 979-11-392-1161-0(03320)
값 15,000원

· 이 책의 판권은 지은이와 지식과감성#에 있습니다.
· 이 책 내용의 전부 또는 일부를 재사용하려면 반드시 양측의 서면 동의를 받아야 합니다.
· 잘못된 책은 구입하신 곳에서 바꾸어 드립니다.

개정판

신용평가사가 들려주는 산업 이야기 1

| 김명수 | 김연수 | 송기종 | 안영복 | 최우석 |

신용평가사는 신흥 산업에 대한 폭넓은 지식을 추구하지만
리스크분석에 중점을 두기 때문에 보다 더 객관적이고
중립적인 의견표명이 가능하다

개정판 서문

2021년 7월 『신용평가사가 들려주는 산업이야기』 1권을 발간한지 2년이 지났다. 이 책은 원래 미·중 패권경쟁이 일시적인 것이 아니라 신(新)냉전의 시작임을 알리고, 주식시장에 횡행하던 4차 산업혁명에 대한 열기를 다소 냉정한 시각에서 바라보고자 기획된 것이었다.

지난 2년 동안의 국제 정치경제적 사건들은 이러한 시각이 옳았음을 증명하였다. 2022년 2월 우크라이나 전쟁이 터졌고 국제 에너지시장과 공급망 교란 속에 인플레이션과 고금리가 세계 경제에 똬리를 틀었다. 1991년 냉전 종식 후 30년간 지속된 세계화 시대가 종언을 고하였고, FRB가 주도하는 전대미문의 금리인상 속도에 놀라 주식, 채권, 부동산 가격은 종류를 가리지 않고 폭락하였다.

우크라이나 전쟁은 국제정치적으로도 대사건이었다. 2차대전 이후 정상국가간에 벌어진 최초의 전면전이란 점을 넘어 기존의 미·중 패권경쟁구도를 '서구' 대 '중·러'간 진영대결로 진전시켰다. 국제사회에 책임 있는 국가들은 이제 자국의 가치지향성과 지정학을 따져 양 진영 중 한 쪽을 선택할 수 밖에 없게 되었다. 한국은 2022년 6월 나토 마드리드 회의에 초청됨으로써 서구의 편에 서게 되었다. 아울러 한국이 2023년 5월 G7 정상회의에 참가했다는 것은 전쟁과 분단의 비극을 딛고 일어선 국가의 하이라이트 같은 장면이지만, 또 한편으로 이제 서구진영의 정식 멤버로써 본격적인 행동을 요구 받게 될 것임을 예고한다.

이러한 국제 정치경제 급변동을 신용평가사 입장에서 금융시장과 기업 관계자들에 설명하기 위해 필자를 비롯한 나이스신용평가 임직원들은 많은 노력을 기울여왔다. 천재지변과 같은 국제 정치경제 변동은 한편으로는 신용평가사의 업무범위를 넘어서는 것이지만 또 다른 한편으로 장기 채권에 대한 신용평가에 필수적인 검토사항이다. 이 책에 이어 2022년, 2023년 발간한 『신용평가사가 들려주는 산업이야기 2, 3』은 그러한 노력의 결실이다.

2021년 7월 1권을 발행한지 2년후 이 책을 다시 발간하는 이유는 세 가지다. 첫째, 1권의 내용이 경제 초심자가 기초를 쌓는데 도움이 된다는 것이고, 둘째, 2년전 기술된 내용이지만 지금 시장에서도 유효하기 때문이다. 마지막으로 『산업이야기 2, 3』을 이해하기 위해서는 『산업이야기 1』이 여전히 필요하다고 생각된다. 『산업이야기 1, 2, 3』는 각각 따로 읽을 수도 있지만 3권의 책을 함께 읽는다면 고도로 복잡한 산업사회의 이면을 이해하는데 좀 더 도움이 될 것이다.

2023년 5월 25일
김명수

서문

세계 5위의 공업국이자 7대 무역국으로 성장한 한국 경제는 거꾸로 말해 내수시장에서 필요로 하는 물량의 3배 이상을 생산하여 그중 70%를 해외에 수출함으로써 유지된다는 것을 의미한다. 이는 내수시장 소요량의 2배를 생산해 수출하는 일본의 성장모형을 따른 것으로 냉전시기 미국이 견인한 GATT 체제 내 자유무역의 기회를 한·일 양국이 잘 이용한 결과이다.

1980년대 중반 미국 경제의 70%까지 성장하며 'No라고 말할 수 있는 일본'을 외치며 자웅을 겨루고자 했던 일본은 1985년 플라자합의 이후 쇠락하여 미국 경제의 4분의 1 규모로 쪼그라들고 말았다. 수출로 유지되는 나라의 화폐가 달러당 250엔에서 달러당 125엔으로 평가절상되면 그 나라의 기업들은 살아남을 수 없는 법이고 그 기업들에 대출을 해준 은행이 부실화되는 것은 당연하다. 세계 전자·자동차·조선·금융업계를 호령하던 일본 경제가 여름날 얼음 녹듯 녹아내렸다.

1991년 소련 파산으로 미·소 냉전의 최종적 승리를 거머쥔 조지 H. W. 부시 미 대통령은 세계경제 프레임을 다시 짜야 했다. '세계의 공장' 역할을 하던 일본을 대체할 곳이 필요했지만 한국과 대만 등 아시아 4룡은 그 규모가 너무 작았다. 지난 20년간 미국 경제를 괴롭혀온 인플레이션을 억눌러야 하고 유일 초강대국의 시민이 된 미국인들에게 풍요를 선사해야 했다. 이를 위해 새로운 상품공급처가 필요했다.

부시 대통령은 새로운 '세계의 공장'으로 중국을 선택하였다. 한때 CIA 국장으로, 레이건과 함께 부통령으로 대소 전선의 선봉에 서며 민주주의의 가치를 신봉한 부시였지만, 1989년 천안문 사태를 눈감기로 한 것이다. 천안문 사태는 닉슨 독트린 이후 순항하던 미·중 관계를 일순간에 냉각시킨 대사건이었지만 이렇듯 국내 경제적 실리 앞에 이념적 구호는 허망한 것이다.

미국이 내건 '세계화'라는 슬로건 아래 중국은 2001년 WTO에 가입하였고 중국 경제는 성장을 거듭한 끝에 2020년 미국 경제의 70% 수준까지 육박하였다. 중국은 G2로서의 권리 확보를 위해 나섰고 미국은 미·중 전쟁을 선포하며 중국을 세계 밸류 체인에서 빼고자 칼을 빼 들었다. 평화로운 무역환경 속에서 1990년대까지 30년간 미국시장에 직수출함으로써, 그 후 30년간은 중국을 통한 우회수출로 성장해온 한국 기업들은 과거 60년 동안 경험해보지 못한 무역환경을 맞이하고 있다.

한국 기업들은 1990년대 이후 '세계화'의 물결에서 미국과 일본에서 기술을 모방하고 발 빠르게 중국으로 제조공장을 이전하여 원가경쟁력을 갖춤으로써 국제경쟁에 적응하였다. 그러나 이러한 사업전략은 지난 30년간 미국·일본·독일 등 세계 주요 공업국들이 공통적으로 채택하였고 한국 기업들이 누리던 지정학적, 지경학적 이점은 더 이상 존재하지 않는다.

지금의 무역환경 변화가 미·일이 경쟁을 벌였던 1980~1990년대의 상황과 유사한 지정학적, 지경학적 변화라면 단순히 우리 기업들이 인도와 동남아시아로 제조공장을 옮기면 그만이겠지만 문제는 그리 단순하지 않다. 2014년 셰일가스의 상업화에 성공한 미국은 2019년 세계 최대의 산유국이 되었고 이는 미국이 세계시장에 대한 개입 필요성을 줄이는 일국주의(Nationalism) 흐름으로 이어져 WTO 체제의 약화 내지는 붕괴가 눈앞에 다가왔다. 한국 경제가 발을 디딘 국제 환경이 변화하고 있다.

게다가 4차 산업혁명을 중심으로 미·중 양국은 치열한 경쟁에 들어갔다. 4차 산업혁명은 모든 사물에 눈(이미지센서)과 뇌(IC회로)를 달아 5G 통신으로 교신하고 AI가 자동으로 계산·동작하는 세상을 구현하고자 한다. 산업적으로는 전자·반도체·통신·자동차 산업에서의 기술혁신을 의미하고, 더 나아가 인간 게놈 프로젝트 이후 등장한 신흥 학문인 분자생물학을 기반으로 생명공학과 의료기술이 산업의 중심으로 부상하고 있다.

다행인지 불행인지 우리나라 유수의 기업들은 이 모든 산업의 소용돌이 속에 있다. 다행인 점은 이들 산업에서 우리 기업이 명함을 내밀고 있다는 점이고, 불행인 점은 더 이상 '모방자'가 아니라 '창조자'로서의 역량이 요구되고 있다는 점이다. 그것도 미·중 양국의 기업들은 넘쳐나는 벤처캐피탈 자금과 정부 보조금 속에 호사를 누리지만 우리 기업들은 혈혈단신으로 고군분투 중이다. 가까운 예로 3~4년이 걸린다는 코로나19 백신 개발이 10개월 만에 마무리된 것은 각국 정부의 거대한 보조금을 기반으로 한 것이다.

무역환경이 척박해지고 불가측한 미래에 대한 우울한 전망이 금융시장을 배회한다. 반면 신흥산업에서는 기술혁신이 쏟아진다. 주식시장에는 2000년대 초반 닷컴 버블, 2010년대 모바일혁명을 능가하는 장밋빛 환상이 넘쳐나고, 각국 주가는 최고치를 경신한다. 모든 것이 혼돈스럽다.

　채권에 대한 신용평가라는 것이 과거 재무수치의 기계적 반영이 아닌 것은 당연하지만, 국제 정치경제 전망, 거시 경제변수 분석, 산업 다이내믹스, 신기술에 대한 이해 등을 복합적으로 반영하는 것이 점점 더 중요해지는 시기로 진입하고 있다. 이러한 다차원의 분석을 매일 발행되는 신용평가 보고서에 담는 것이 어렵다는 것이 평가자의 고충이다.

　더 나아가 4차 산업혁명을 둘러싼 주식시장의 흥분과 열광 속에 차분히 뒤로 물러나 산업의 역사를 조망하고 균형된 해석을 하는 것이 필요하다. 신용평가사는 신흥산업에 대한 폭넓은 지식을 추구하지만 주식시장으로부터 분리되어있기 때문에 좀 더 객관적이고 중립적인 의견 표명이 가능하다. 이해 충돌이 없기 때문이다.

　이에 NICE신용평가에서는 2020년부터 금융시장 관계자들에게 국제 경제환경의 변화와 4차 산업혁명을 둘러싼 우리의 인사이트를 제공하려고 노력해왔다. 이러한 노력은 앞으로도 계속될 것이다. 여기에 실린 글들이 국제 정치·경제·산업을 둘러싸고 혼돈에 빠진 독자들에게 작은 도움이라도 되었으면 하는 바람이다.

2021년 6월
저자들을 대표하여 김명수 씀

헌정사

　산업과 기업의 발전에 창의적이고 도전적인 개인의 공헌은 지대하다. 치밀한 록펠러는 지역할거형의 정유산업을 미국을 대표하는 국제적인 사업으로 변신시켰고, 과감한 포드는 부자들의 사치품인 자동차를 노동자들에게 선사했다. 도전적인 정주영 회장은 현대라는 세계적인 중공업그룹을 일구었고, 집요한 천재 이건희 회장은 삼성전자를 세계 제일의 종합전자기업으로 성장시켰다.

　한국 금융인프라산업에도 그와 같은 분이 계시니 지금은 고인이 되신 김광수 회장님이다. 한국의 대표적 금융인프라기업인 NICE그룹은 1986년 설립 이래 금융·통신업권의 협력업체와 비슷한 지위에 머물러 있었다. 고 김광수 회장님이 2006년 경영을 시작하신 후 후진적이던 한국 크레딧뷰로 산업을 영미권의 글로벌기업에 필적하는 수준으로 발전시켰고, 영세하던 지급결제사업을 세계적인 규모와 기술수준으로 성장시켰다.

　모험적 기업가정신으로 전기차 배터리, 반도체 등 신기술 투자를 선도하셨고 그 유산은 지금 NICE그룹의 성장동력으로 빛을 발하고 있다. 고 김광수 회장님은 NICE인들에게 한국을 넘어 "아시아 No.1"이라는 비전을 제시하였고, 15년이 지난 지금 그 비전은 실현되고 있다.

당신은 올바른 경영을 위해 국내외 정치, 세계경제, 신산업 동향을 끊임없이 학습하셨다. 금번 NICE신용평가 직원들과 함께 국제경제환경과 신산업 동향에 대한 책을 펴내며, 생전에 직원들과 이 주제로 허물없이 토론하며 즐거워하시던 회장님이 그리워진다.

오늘이 회장님 탄생 59주년이다. 회장님 영전에 이 책을 바친다.

2021년 6월 25일

저자들을 대표하여 김명수 씀

CONTENTS

개정판 서문 / 4
서문 / 6
헌정사 / 10

1부 국제 경제 환경을 보는 시각

1. 코로나 이후 중국 위기설의 의미 - 김명수   16
2. 글로벌라이제이션의 종언과 한국 기업의 리쇼어링 - 김명수   26
3. 기축통화의 어제, 오늘, 내일 - 김명수   41
4. 인플레이션 문제의 부활 - 김명수   54
5. 인플레이션과 금리 상승: 쟁점과 전망 - 송기종   70
6. 70年代 인플레이션의 교훈과 포스트코로나 - 송기종   92

2부 산업을 보는 시각

1. 전기차의 미래 - 김명수   112
2. 반도체 삼국지 (상) - D램전쟁 - 김명수   129
3. 반도체 삼국지 (중) - 플래시혁명 - 김명수   147
4. 반도체 삼국지 (하) - 파운드리의 진화 - 김명수   165
5. 서광이 비치는 한국 조선업 - 김명수, 김연수   180
6. 원자력산업이 나아갈 길 - 김명수   196
7. 유통전쟁 - 안영복   215
8. 시장지배적 국적항공사 - 최우석   239

신용평가사가 돈을 굴려주는 산업 이야기

1부
국제 경제 환경을 보는 시각

코로나 이후
중국 위기설의 의미*

김명수

1. 국제 정치경제 변동

1) 전후 냉전기(1945~1991)

2차대전 후 미국은 1차대전 후 처리방식과 달리 주요 패전국에 변상 조치를 하지 않았고 오히려 GATT(관세협정)와 Bretton Woods 체제 (달러 기축통화)하의 자유무역체제로 이동하며 패전국들에게 미국 시장을 열어주었다. 이는 전후 신흥 패권블록인 Soviet 진영을 붕괴시키기 위한 전략으로 패전국인 독일과 일본을 부흥시켜 자유진영에 묶어두었고, 냉전의 최전선에 있던 한국, 대만, 홍콩에게 경제발전의 기회를 주었다.

2) 글로벌라이제이션 시대(1991~2015)

또한 1991년 소련이 멸망한 후 이 체제는 전 세계로 확대되어 중국, 동유럽 등 구 공산권 국가들이 세계시장에 편입되었다. 이에 대응하여

---

* 이 글은 2020년 4월 코로나 팬데믹 직후 작성된 것이다.

G7을 필두로 한 각국의 대기업들이 자국 경계를 허물고 전 세계를 무대로 활약하는 다국적기업으로 변신하게 되었다. 다국적기업은 저임의 노동력과 광활한 소비시장을 가진 중국, 동유럽 등 구 공산권 지역에 적극 진출하며 월가의 대규모 자금을 동원하게 되고 이를 통해 다국적기업과 월가가 운명을 같이하는 산업과 금융의 융합과정이 일어나게 된다. 이 과정에서 세계의 공장을 자임하던 미국, 일본, 독일의 제조기업이 대거 생산기지를 저임의 중국, 동유럽으로 이동하며 과거 볼 수 없었던 수익률을 기록하게 되고 한국도 그 뒤를 따르게 된다.

중국은 선진국의 해외직접투자(FDI)에 힘입어 거대한 자본을 흡입하며 단 30년이란 시일 내에 미국의 패권을 위협하는 위치에까지 오게 되었다. 미국이 2007년 서브프라임 위기로 휘청거릴 시기에 중국은 세계 2위의 경제대국으로 올라서며 미국을 위협하는 G2로서 아시아 지역 패권을 노리게 된다. 도광양회하라는 등소평의 유훈을 어기고 시진핑은 대국굴기의 야심을 드러낸 시기다.

글로벌라이제이션은 미국 월가와 다국적기업을 비약적으로 키웠지만 중국을 성장시켰고 미국 국내적으로도 짙은 그림자를 배태시켰다. 제조업 공동화로 실업률이 증가하고 중산층이 붕괴한 것이다. 미국은 대외적으로 중국의 패권 도전을 잠재워야 하고 대내적으로 중산층 붕괴라는 난제를 해결해야 한다. 미국의 중산층은 51% 수준으로 OECD 국가 중 끝에서 세 번째다. 한국은 63% 수준이고 일본, 독일은 70% 수준이다.

아이러니하게도 두 과제는 동전의 양면과 같은 것이다. 1991년부터 몰아닥친 글로벌라이제이션 돌풍 속에 미국의 다국적기업이 제조공장을 중국으로 이전하게 되었고 이에 따라 미국 블루칼라들의 대량실업이 뒤를 따랐다. 미국의 공교육 붕괴는 널리 알려진 사실이다. 공립고등학교의 중퇴비율은 30% 수준이고 대학진학률은 41%대에 그친다. 미국 백인노동자 가정의 아이들, 특히 러스트 벨트 지역 아이들은 대부분 고교 중퇴 학력이다. 이들이 학업을 그만두고 비행청소년이 되는 이유는 제조업 공동화에 따른 부모의 실업과 알코올·마약 중독, 이혼, 미혼모 양산 등 가정불화로 인한 것이다. 중산층 붕괴가 공교육 붕괴로 이어지는 것이다.

미국 블루칼라 노동자들은 월가와 실리콘밸리가 추구해온 팍스 아메리카나 체제하에서의 글로벌라이제이션 흐름에 버림받은 사생아다. 월가와 실리콘밸리는 미국 내 3.3억의 인구를 대상으로 사업을 하는 것이 아닌 전 세계 70억 인구를 대상으로 사업을 하며 엄청난 규모로 기업가치를 키웠다. 대기업들은 미국의 블루칼라 정규직 노동자들에게 연간 5만 불의 임금을 주는 대신 중국 노동자들에게 5천 불만 주며 수익성을 대폭 끌어올렸다. 엄청난 이윤은 월가, 실리콘밸리의 사업가들의 주식가치를 전대미문의 수준으로 끌어올렸고 심지어 고용임원들도 수천만 불의 보너스를 벌어들였다. 반면, 미국 블루칼라 노동자는 US스틸과 크라이슬러에서 해고당해 맥도날드 웨이터로, 우버 택시기사로 전전하며 3만 불이 안 되는 저임과 불안한 고용에 시달렸다.

3) 일국주의 시대 도래(2015~현재)

이러한 움직임을 찢고 나온 것이 트럼프로 대표되는 미국 제일주의(America First) 정치운동이다. 이것은 미국 중심주의로 요약된다. 대외적으로는 셰일오일로 에너지 자립을 이룬 후 중동 불개입, 반

중국 노선으로 요약되고 대내적으로는 자국 경제 우선주의, 리쇼어링(Reshoring, 제조공장의 본국 귀환)을 추진하고 있다. 자국귀환이 불가능한 의류, 신발, 장난감 등 저부가가치 제품은 리로케이션(Relocation, 공장재배치)을 통해 무역거래선을 변경하고 있다.

즉 중국으로부터의 수입을 줄이고 동맹관계로 업그레이드한 인도, 베트남으로 제조기지를 옮기고, 이웃국인 멕시코에서의 수입확대를 꾀하고 있다. 멕시코 경제가 활성화되면 국경으로 쇄도하는 불법이민자를 막는 일석이조의 효과도 기대할 수 있다. 제조공장이 미국 본토로 돌아온다면 철강, 기계, 자동차, 석유화학 등 중화학공업을 중심으로 한 피츠버그, 필라델피아, 볼티모어, 디트로이트, 시카고 등 러스트 벨트의 주요도시들이 다시 살아날 것이고 블루칼라 노동자들은 과거처럼 안정된 삶의 터전을 얻을 것이다.[1]

2. 일국주의 VS 글로벌리즘 대립

1) 거대자본과 미디어의 반발

그러나 트럼프 진영은 백인 블루칼라 노동자 유권자의 열광적인 지지와는 달리 미국의 월가, 실리콘밸리, 나아가 주류 미디어로부터 난타당하였다. 월가의 금융자본은 알리바바, 텐센트, 바이두, 디디추싱 등

---

[1] 이러한 트럼프의 정책은 바이든 대통령 취임 후 '고유가, 고금리, 저관세' 정책으로 치환되었다. 자세한 내용은 『신용평가사가 들려주는 산업이야기 3』, '신(新) 냉전의 새 해법'을 참조하기 바란다.

중국의 소프트경제와 홍콩, 상해 증시에 엄청난 금액을 투자해놓았다. 월가 입장에서 급격한 현상변경은 대규모 손실을 의미하므로 있을 수 없는 것이다.

GAFA으로 대표되는 실리콘밸리의 첨단기업들도 중국 사업에 이미 깊숙이 들어갔다. 트럼프 집권 전 Facebook과 Google은 중국 정부의 검열정책에 타협하려 하였고, 애플은 중국 소재 폭스콘 공장에 거의 전적으로 의존하였다. 트럼프가 화웨이폰의 수입관세를 7.5%에서 추가로 15%로 올리기로 했다가 유예한 것은 애플폰도 동일한 세율을 적용받기 때문이었다. 팀 쿡이 트럼프와 개별면담을 통해 유예를 요청하였다. 대신 공장을 빨리 이전하겠다는 약속을 했다. 폭스콘은 애플 공장을 인도와 베트남으로 이전하기 위한 작업을 추진 중인 것으로 알려지고 있다.

제조기업도 마찬가지다. 세계 최대의 신흥 항공기시장을 보잉이 놓칠 수 없어 온갖 굴욕적 기술이전 조건에도 불구하고 보잉은 거대 제조기지를 합작 운영하고 있고, 테슬라도 중국 내 전기차 제조기지를 운영하고 있다. 정치운동과는 달리 기업가와 금융투자가들은 기투자분의 거대 손실을 볼 수 있기 때문에 트럼프에 강력히 반발하는 것이다.

주류 미디어는 이미 세계화를 통해 거대재벌이 되었다. 미국 주류 미디어는 미국 시장을 넘어 전 세계에 현지 방송국과 지사망을 세우고 자체 위성들을 통해 24시간 방송네트워크를 운영하고 있다. 또한 수십 개의 뉴스, 스포츠, 영화, 엔터테인먼트 채널을 보유하여 축구, 야구, 테니스, 올림픽 등 세계 인기 스포츠프로그램과 할리우드 블록버스터 영화, 드라마에 대해 다년계약으로 수조 원을 투자해놓았다. 이들은 월가와 실리콘밸리로부터 광고비를 받는 것은 물론 전 세계 기업에 광고를 팔고 - 삼성, LG, 현대차도 이들의 주요 고객이다 - 전 세계 방송기업에 중계권을 판매하고 있다. 최근 주류 미디어는 통신사와의 합병을 통해 언론-방송-통신의 결합을 추구하는 방향으로까지 진화하고 있다.

프로그램 공급의 가장 큰 시장이 중국이다. 알다시피 중국 방송기업은 100% 국영이다. 미국 주류 미디어와 방송통신 공룡은 중계권을 중국에 팔아 투자금을 회수해야 하므로 중국 정부의 방송규제를 부를 수 있는 트럼프식 대중 압박에 찬성하기 어렵다. 주류 미디어는 거대자본의 논리를 그대로 따라갈 수밖에 없는 운명이다. 한국 기업과 방송연예계가 사드 배치 후 중국 정부가 내린 한한령의 해제를 학수고대하고 있는 것과 똑같은 처지이다.

2) 유럽의 반발

유럽의 비협조는 노골적이었다. 셰일오일로 에너지자급에 성공한 미국이 중동문제를 유럽에 떠넘기려 하는 데에 대한 반발이 최근 NATO에서 '미국 VS 독일과 프랑스'의 대립이라고 볼 수 있다. 원래 프랑스는 앵글로색슨세력에 대항하는 반미국가이고 독일은 미국의 안보 우산 아래 순치되었지만 경제적으로 중국과 손잡은 국가다. 독일 대표기업 대부분이 중국에서 활발히 사업을 벌이고 있고 중국 내 최대 자동차기업 폭스바겐은 자사 생산량 1,000만 대 중 400만 대를 중국에서 생산하고 있다.

특히 독일은 원전 포기 후 증가하는 에너지 수입을 러시아에 의존하였고 제2 가스관 설치를 둘러싸고 미국과 노골적으로 대립하였다. 독일은 러시아의 자원을 필요로 하고 러시아는 독일의 기술을 필요로 한다. 또한 독일은 중국의 시장을 필요로 한다. 독일이 미국의 안보에 기대고 있으면서 미국의 경쟁국인 중국과 러시아와 친밀해질 수밖에 없는 현실은 최악의 경우 미국과 독일의 결별, 궁극적으로 독일이 재무장을 해서 미국 안보 우산으로부터 독립할 수밖에 없는 운명을 암시한다. 이는 도미노처럼 군비경쟁을 가져와 평화로운 유럽이 깨지는 것을 의미하고 그 점에서 EU의 미래는 암울하다고 할 수 있다.[2] 미국은 독일과 러시아가 가까워지면 유럽의 패권국으로 등장할 수 있기 때문에 이를 극도로 경계하고 있다. 미국은 현상유지하에서 독일이 EU에서 그 위상에 걸맞은 희생을 해주기를 요구하고 있는 것이다.

요컨대 트럼프의 미국 제일주의, 반중노선은 정치운동으로서는 트럼프 진영이 승리했지만 경제논리로서는 월가, 실리콘밸리, 주류 미디어가 극력 반대하고 이해관계가 다른 유럽의 비협조로 삐걱이는 양상이다.

3. 코로나 사태의 의미

1) 미국 주류사회의 공급망 재검토

이러한 상황에서 터진 것이 중국발 코로나 팬데믹이다. 코로나 사태는 그 피해가 다국적기업, 월가, 주류 미디어 등 미국 주류사회와 미국과 이해관계가 다른 유럽 각국에게도 심대한 영향을 끼쳐 그들의 손익계산을 바꾸게 하는 효과를 발휘할 것으로 보인다. 중국 혹은 해외에 제조기지를 둔 다국적기업은 무역 중단에 따른 공급망 붕괴를 겪어 중

---

2 2022年 2월 우크라이나 전쟁을 맞아 유럽과 미국은 공동운명체가 되었다. 자세한 내용은 『신용평가사가 들려주는 산업이야기2』, '우크라이나 전쟁이 세계경제에 미칠 파문'을 참조하기 바란다.

국에 공급망을 의존하는 것이 가능한지 재평가 절차에 들어갈 것이다. 월가도 주식, 채권, 선물, 상품연계증권 등 종류를 막론하고 가격이 추락하여 엄청난 손실을 보고 있다. 특히 금번 코로나 사태를 겪으며 드러난 중국 정부의 불투명성, 불확실성에 거대 금융자본이 심각한 재평가 절차에 들어갈 것으로 보인다.

유럽의 시각도 달라지고 있다. 친중국 국가, 즉 이탈리아와 이란이 코로나 사태의 최대 피해국이라는 것은 공지의 사실이다. 중국을 제어하기 위한 첨단기업 제재, 특히 화웨이 제재와 관련해 유럽은 미국의 요구를 듣지 않아왔다. 심지어 혈맹이라는 5 eyes 국(미, 영 및 캐나다, 호주, 뉴질랜드의 영연방국의 정보동맹) 내에서도 영국, 캐나다가 협조를 하지 않았다. 그러나 최근 보리스 존슨 영국 총리는 화웨이 5G 도입 중지를 시사했다. 키신저 박사가 경고하였듯이 이제 일국주의 경향이 강화되고 자유무역에서 통제경제로 나아가고 있으며, 중국의 세계 제조기지로서의 위상이 격하되는 상황을 맞이하고 있다.

트럼프는 미국 내 코로나 확산으로 단기적으로 정치위기를 맞겠지만 이 위기가 수그러든 후 미국 경제계, 유럽 등 그동안 트럼프에 반대하던 주류 진영에서 자신의 생존을 위해 탈중국화 정책을 추진해나갈 것으로 보인다. 제조공장의 리쇼어링, 리로케이션이 자연스럽게 뒤따를 것이고 금융자본의 중국투자 감축이 일어날 것이다. 주류 미디어도 점증하는 반중 여론의 눈치를 볼 수밖에 없을 것이다.

2) 한국 경제에 던지는 의미

80년대 라틴아메리카 위기와 같이 97년 경제위기는 태국-인도네시아-홍콩-한국 등 신흥경제국을 덮친 국지적 외환위기였고, 2007년 위기는 미국 Sub-prime 위기였으나 미국이 달러 발권국이기 때문에 자국통화를 남발하여 한국에까지 번지지 않은 것이다. 그러나 코로나 팬데믹으로 자유무역이 위축되고 중국 경제가 쇠퇴한다면 한국처럼 중국과 자유무역에 기대고 있는 나라에는 우려스러운 상황이 예측된다.

한국은 대외경제의존도가 70%, 그중 중국 시장 의존도가 24%, 즉 경제의 17%를 중국 수출에 의존하고 있다. 대부분 중간재를 수출하여 중국의 최종 조립라인을 거쳐 미국, 유럽으로 수출하는 방식이다. 세계의 공장으로서의 중국의 위상이 하락하면 한국 경제가 심대한 타격을 입을 것은 불문가지다.

중국은 과거 30년간 투자가 성장을 이끌어왔다. 만일 그동안 중국을 지탱해온 외국인 직접투자가 마이너스(-)로 전환되면 대량실업은 불가피하다. 이는 인민에게 빵과 일자리를 주며 지지를 받아온 중국 공산당이 견딜 수 있는 상황이 아니다. 이를 막으려면 특단의 조치가 필요하다. 98년 한국처럼 외환 및 금융시장을 완전히 개방하거나, 말레이시아의 마하티르처럼 외환거래 허가제로 전환할까? 아니면 1970년의 칠레나 1999년의 베네수엘라처럼 더 극단적인 조치가 필요할까? 중국은 한국이나 말레이시아와 차원이 다른 14억 인구에 소득 1만 불, 14조 달러의 경제로서 위기상황이 오면 어떤 조치를 취할지 알 수가 없다. 전대미문의 일들이 일어날 수도 있다.

물론 장기적으로 한국 경제는 회복될 것으로 본다. 고통스러운 중국과의 탈동조화(Decoupling) 과정에서 수백 조의 손실을 겪을 수도 있지만 결국 한국은 미국이 주도하는 아시아·태평양 라인의 자유무역 진영에서 일본을 제외하고는 그나마 수준 높은 산업기반과 기술인력을 갖추고 있다. 미국의 아시아·태평양 전략은 미국-일본-한국-대만-베트남-인도를 잇는 포위망을 만드는 것이다. 또한 미국은 일본이 너무 크는 것을 바라지 않으므로 미국 입장에서 자유국가이고 상위 수준의 자본과 기술력을 갖추고 있는 한국은 여전히 쓸모가 있다. 우리의 운명을 믿어보자.

글로벌라이제이션의 종언과 한국 기업의 리쇼어링*

김명수

1. 글로벌라이제이션 시대의 종언

1) 아편전쟁을 보는 또 다른 시각

역사상 가장 불명예스러운 전쟁이란 오명이 씌워진 '아편전쟁(1840년)'은 영국인의 시각에서 보면 중국 관헌 임칙서의 사유재산에 대한 방화와 민간인 살상에 대한 이유 있는 보복이었다. 산업혁명이 가져다 준 풍요로 영양과 위생이 개선되어 장수를 누리던 노년의 런던 시민들에게 가장 큰 괴로움은 가난도 병마도 아닌 치통이었다. 현대적 치과술이 아직 발달하지 않은 런던에 치통을 다스리는 은혜로운 영약이 보급되었으니 그것이 바로 아편이다.

절제와 검약의 빅토리아기 런던 시민들에게 아편에 중독된다는 것은 수치스러운 일이었다. 한가로운 것을 미덕으로 삼던 유럽대륙의 귀족들과 달리 영국 귀족들은 누구나 일을 하는 것을 당연한 것으로 여겼다. 대륙의 농업 중심 사회는 농사에 종사하는 것이 곧 하층계급이라

---

* 이 글은 2020년 6월 8일 작성된 것이다.

는 표식이 되므로 상층계급은 일하지 않고 예술, 학문, 정치에 종사하고 심지어는 무료히 시간을 보내는 것을 자랑으로 삼는 반면, 상업사회는 귀족의 자제들이 상인으로 일하는 것을 수치로 여기지 않는다. 섬나라 영국의 하급귀족 젠트리의 자제들은 원거리 상단의 우두머리로서 선주(Ship-owner)이자 상인(Tradesman)이고 유사시에는 함장(Admiral)이자 장교(Captain)로서 전투에 임한다.

런던 시민들이 유리 앰플에 담겨 소매점에서도 제한 없이 팔았던 아편을 진통제로 애용하였지만 전국적인 중독 문제로까지 번지지 않았고 법철학적으로도 아편의 사용은 개인의 자유권 영역으로 정부의 간섭은 없었다. 아편을 진통제로 쓰든, 외과수술용으로 쓰든, 탐닉하여 중독되든 그것은 강력한 자유방임 전통의 영국인 입장에서는 개인의 선택이라는 아편전쟁 당시의 주장은 논란의 여지가 크지만 아예 일리가 없는 것은 아니다.

2) 불평등조약 문제

아편전쟁 종료 후 세계 최초의 불평등조약이라는 난징조약이 체결되었고 그 핵심은 영국이 조계지에서 사법권을 갖는 것이었다. 청의 주권이 손상당했다는 주장과 달리 영국 상인들 입장에서 보면 전근대 중국의 불가측한 사법행정체계를 부인하고 17세기 영국혁명을 거치며 확보된 근대 사법체계, 즉 민법상 사유재산권 보장과 형사소송법상 구금과 형벌의 엄격한 요건 구비를 통해 원거리 상거래의 예측가능성을 높이려 한 것일 뿐이다. 이후 중국과 여러 유럽 제국(諸國)이 맺은 조약이나 페리의 흑선 내항(1853년) 이후 체결된 미일 화친조약(1854년)에도 동일하게 적용된 것이어서 전근대적 전제 군주권(autocracy)과 근대적 사유재산권(property right)이 충돌하는 지점에서 불평등조약이 존재하는 것이다.

3) 제1차 글로벌라이제이션

나폴레옹전쟁이 끝난 1815년부터 1차 세계대전이 시작된 1914년까지 100년간 지속된 제국(Empire)의 시대에 제국 본국과 식민지·조계지 간 무역과 통상은 이러한 원칙하에서 이루어졌다. 제1차 글로벌라이제이션으로 명명되는 이 시기에 제국 본국의 통상법체계가 불평등조약의 형식으로 식민지와 조계지에 이식되자 비로소 제국의 상인과 기업들은 마음 놓고 해외무역과 투자에 임할 수 있었다.

문제는 그것이 제국 내에서만 통용되는 것이지 제국 간에는 상호 배제성을 갖는다는 것이었다. 선점자와 후발자 간의 메울 수 없는 간극을 둘러싼 갈등은 독일·프랑스·러시아 간 지정학적 취약성을 뇌관으로 한순간에 폭발하였다. 제1, 2차 세계대전이 그것이다. 100년간 평화와 번영을 누리던 제국 시스템은 더 강한 제국의 침략이 아니라 제국 간의 내부 분열로 자멸한 것이다.

제1차 글로벌라이제이션의 종결과 함께 찾아온 제1차 리쇼어링은 어떻게 일어났을까? 그것은 벼락과 같이, 개전과 함께 어느 날 갑자기 찾아왔다. 전쟁판에 질서정연하고 체계적인 자본의 퇴각이란 없다. 1842년 난징조약 이후 100년간 번영을 누리던 홍콩도 1941년 일본이 진주만을 습격한 날과 같은 날 제로센 전투기의 폭격을 받으며 막을 내렸다.

4) 제2차 글로벌라이제이션

전후 미국은 1, 2차 세계대전의 원인이었던 제국시스템 - 제국 내에는 극단적 자유무역을, 제국 밖에는 배타적 보호무역을 적용 - 을 통렬히 반성하고 이를 GATT와 Bretton Woods 체제하의 자유무역체제로 변경하였다. 제국 본국이 식민지와 조계지에 대해 배타적으로 가지던 특권은 사라졌다. 이제 국제통상은 달러 기축통화하에 관세협정을 통해 모든 국가에 동등한 접근권을 제공하는 보편법이 작용하게 된 것이다. 물론 법의 장막 뒤에는 항공모함과 전투기의 그림자가 어른거린다. 반대편의 신흥세력이던 소련 공산권은 이에 맞서 공산블록 내 독자적인 상호 원조와 통상 체제를 구축하였으니 그것이 바로 COMECON 체제이다. 전후 세계는 미국을 중심으로 한 제1세계와 소련을 중심으로 한 제2세계로 나뉘어 상호 배타적인 경제운용을 하게 되었다.

1991년 소련 멸망 이후 COMECON은 붕괴되고 팍스 아메리카나(미국이 주도하는 평화)하에 제2차 글로벌라이제이션 시대가 도래하였다. GATT 체제는 1986~1994년 우루과이 라운드를 거치며 WTO 체제를 출범시켰다. 비약이라 하겠지만 국제통상 측면에서 WTO 체제는 난징조약 같은 불평등조약의 최종 진화판으로 해석할 수 있다. 교역에서 관세협정과 비관세장벽의 철폐, 해외투자 진출입에 대한 재산권 보장, 분쟁해결을 위한 국제기구의 설치, 국제중재결과의 국내법 수용을 강제하는 문제 등 상인들이 해외에서 교역행위를 하고 재산권을 행사하는 과정에서 발생하는 문제의 대부분을 규정하고 있다. 몇 년 전 한미FTA 개정문제를 둘러싸고 한미 간 분쟁 발생 시 이를 국제중재하는 문제를 두고 법조계 일각에서 주권손상의 문제로 다투는 일이 있었다. 한국 기업이 미국에서 분쟁에 휘말릴 때 국제중재재판소와 뉴욕시 재판소 중 어디를 선택할지를 생각해보면 이 논쟁이 허무하다는 것을 쉽게 알 수 있다. 모름지기 대규모 자본의 국가 간 이동이 가능하기 위해서는 상사분쟁의 공정한 해결절차가 구비되어야 하기 때문이다.

5) 미중 냉전의 시작

미국 백악관은 2020년 5월 미국 의회에 보낸 '중국에 대한 전략적 접근(US Strategic Approach to the People's Republic of China)' 보고서에서 미-중 관계를 과거 미-소 냉전에 준하는 봉쇄정책으로 전환하겠다는 것을 천명하였다. 이 보고서는 향후 미국의 대외관계를 좌우할 각종 법안 제출 및 예산편성의 지침이 될 것이다. 1991년 이후 30년간 지속되던 제2차 글로벌라이제이션 시대가 끝나고 미-중 냉전시대가 개막된 것이다.

이른바 봉쇄정책(Containment policy)이란 1946년 2월 모스크바 대리대사이던 조지 케넌(George Frost Kennan, 1904~2005)이 보낸 8,000단어의 긴 전문(Long telegram)에서 비롯되었다. 2차 대전은 미국의 무기를 손에 든 소련 군인들이 수행한 전쟁이다. 미국의 전쟁 희생자가 41만 명인 반면, 소련은 군인·민간인을 합쳐 사망자 수가 총 2,900만 명에 달한다. 전후 미국은 전시 동맹국 소련을 두고 국무성 내 평화파와 개전파 사이에 치열한 논쟁이 진행 중이었다. 소련을 현실 세력으로 인정하고 국제사회에 편입시켜야 한다는 평화파와 전체주의 국가와의 타협은 불가하고 동유럽을 불법 점령한 소련을 응징해야 한다는 개전파의 대립이다. 케넌은 이 논쟁에 종지부를 찍었다.

케넌은 긴 전문에서 소련을 타협할 수 없는 적으로 간주하여 군사대비태세를 유지하고, 미국의 동맹국들과 협력하여 경제, 기술, 인적 교류를 차단하여 소련 경제블록을 봉쇄한다는 양면 전략을 제시하였다. 이른바 고사작전이다. 이 전략은 트루먼 행정부에서 채택되어 1991년 소련 멸망까지 미국의 대외 정책의 근간이 되었다.

1946년 케넌의 긴 전문과 유사한 2020년 백악관의 보고서는 앞으로의 대중 관계의 몇 가지 골자를 암시하고 있다. 첫째, 압도적 군사우위를 유지하여 전쟁을 방지한다. 둘째, 동맹국과 협력하여 중국과의 경제, 기술, 인적 교류를 차단한다. 셋째, 기간은 중국이 미국 주도의 국제 표준을 수용할 때까지. 5년이 걸릴지, 10년이 걸릴지 아니면 소련처럼 45년이 걸릴지 모르지만.

미국이 아시아·태평양 지역에 건설하겠다는 새로운 경제블록, 경제번영네트워크(Economic Prosperity Network, EPN)가 바로 그것이다. 이는 중국 소재 미국 제조기업의 리쇼어링(Reshoring), 미-중 무역의 퇴조와 국제분업체계의 변동을 시사한다. 미-소 냉전기에 냉전의 최전선에 있었던 한국, 대만, 싱가포르, 홍콩에 미국 시장을 열어주었듯이 미-중 新 냉전기에 미국은 인도, 베트남, 인도네시아, 필리핀 등 중국을 포위하는 아시아·태평양 국가에 무역상 혜택을 주겠다는 의지를 표명한 것이다.

6) 제2차 리쇼어링

2020년 11월 선거를 앞두고 미국 민주·공화 양당의 근본적 입장 차이는 없다. 리쇼어링 관련, 노동자층의 지지를 받고 있는 트럼프가 제조업 일자리 창출을 위해 더 빠른 제조업 귀환을 종용하고 있는 매파인 반면, 월가와 실리콘밸리의 지지를 받고 있는 바이든은 기업에게 더 시간을 주자는 비둘기파라는 차이가 있을 뿐, 두 후보 모두 미국의 이익을 위해 봉사할 것이다.

일본도 리쇼어링에 합류할 것이다. 중국의 남중국해 제압 시도로 말라카 해협에서 남중국해로 이어지는 생명선이 위협을 받게 된 일본은 독자적인 해외파병을 하기 위해 미국의 협조가 필수적이다. 리쇼어링 물결에 합류하라는 미국의 권유에 일본은 두말없이 협력할 것이다.

프랑스도 점증하는 독일의 재무장 가능성에 대비해야 하므로 해외로 나간 제조업을 자국으로 불러들여야 한다. 마크롱 대통령이 국영기업 PSA, 르노의 전기차 사업에 18조 원을 지원하겠다고 밝힌 것은 본격적인 리쇼어링의 신호탄을 쏘아 올린 것이다. 코로나19 사태는 이를 앞당긴 촉매제일 뿐이다.

제2차 리쇼어링은 어떤 모습일 것인가? 유럽 제국 간 치열한 세력 균형 끝에 세계대전으로 막을 내린 1차 리쇼어링 때와는 다를 것이나. 미국의 군사력은 세계 2~10위 국가들의 합산 군사력보다 우위에 있다. 소인국의 걸리버 격이다. 난쟁이들이 걸리버를 이기기 위해서는 단결해야 하나 2~10위 국 중 대부분이 미국과 우호관계다. 걸리버가 자고 일어나니 난쟁이들의 밧줄에 묶여있는 일은 없을 것이다. 또한 현행 WTO 체제하의 혜택을 계속 누리기 위해서 각국 정부는 외국인 투자자본의 철수를 무차별하게 보장해야 한다. 제2차 리쇼어링은 생각보다 질서정연할 수 있다.

그러나 그것은 외국자본 철수가 자국 경제에 충격을 주지 않는 선일 때 가능한 얘기일 뿐이다. 특정 국가가 리쇼어링으로 자국 경제의 급격한 축소를 감내하지 못해 극단적인 조치를 취하고 그것이 WTO의 보복을 받는다면 그 나라 정부가 그 보복을 두려워할 것인가? 각국 정부는 경제붕괴와 WTO 보복 중 덜 위험한 쪽을 선택할 것이다. 냉엄

한 손익계산 앞에 법과 이상은 항상 그렇듯 허망한 것이다.

제2차 리쇼어링은 미래에 어떻게 일어날지 아무도 예단할 수 없다. 오히려 지금 시대에 각국 정부는 외국자본의 퇴장에 어떻게 대응하는지 알아봄으로써 미래를 예언할 수 있지 않을까? 어떤 일들이 일어나고 있는지 알아보자.

2. 현실 속의 리쇼어링

1) 포모사의 눈물

대만 포모사그룹(포모사는 포르투갈이 대만섬에 붙인 명칭이다)은 일본 업체와 7:3 컨소시엄으로 '포모사 하띤 스틸'을 설립하고 2016년 완공을 목표로 베트남 하띤 지역에 연산 400만 톤 규모 고로를 건설하였다. 포스코건설이 시공을 맡았고 2016년 8월 가동을 목표로 순조로운 작업이 이루어지던 중 6월에 해양오염사고가 터졌다. 폐수방류로 물고기가 떼죽음을 하였고 그 사진이 전 세계에 퍼졌다. 베트남 정부는 이를 고로 건설 중에 폐수가 방류된 해양사고라고 규정하고 포모사그룹에 5억 불의 벌금을 매겼다.

포모사그룹은 벌금 납부를 위해 10억 불의 증자를 결의했지만 일본 업체는 참여하지 않았고 5억 불의 벌금을 납부한 후 2017년 6월에 가서야 화입식을 할 수 있었다. 현재는 제2고로까지 해서 연산 700만 톤 규모로 가동되고 있다. 포모사그룹은 시공자인 포스코건설에 손해배상을 청구한 상태다.

이것이 포모사그룹의 아니면 포스코건설의 폐수방류 사고였을까? 알 수 없는 일이다. 법의 이름을 빌어 5억 불의 벌금이 매겨졌고 기업이 자신을 보호할 수단은 떠나는 것(vote by foot)뿐인데 고로사업의 경우 대규모 자본이 토지에 축적되어 선택의 여지가 없었다.

2) STX의 파산

한국 조선업계는 4건의 해외진출 사례가 있고 이 중 3건은 실패하였다. 2001년 베트남 냐짱에 진출한 현대미포조선의 현대-비나신 조선소가 유일한 성공사례이고 이를 뒤이어 나간 2005년 대우조선해양의 산둥 조선소(2천억 원 투자), 2007년 한진중공업의 수빅 조선소(7천억 원 투자), 2008년 STX조선의 다롄 조선소(3조 원 투자) 모두 실패하였다.

현대미포조선은 국내 사업장이 협소하고 수리조선업의 환경문제(폐페인트 처리 문제)로 더 이상 국내 사업이 어려워 2001년에 일찌감치 사업장을 옮겨 베트남 냐짱에 수리 조선소를 건설하였고 이후 벌크선, PC선 호황에 힘입어 비교적 빠른 시간 내 정상화하는 개가를 올리게 된다. 이를 본 대우조선해양, STX조선이 중국에 진출하였으나 완공 즈음인 2008년 이후 몰아닥친 해운 불황으로 정상화에 실패하였다. 특히 IMF 외환위기 극복 과정에서 강덕수란 전문경영인이 중소형 선박용 발전기 회사인 쌍용중공업을 인수하였고 이후 진해 대동조선, 범양해운 등을 인수하며 STX그룹을 일구어 일약 국내 10위권 재벌의 반열에 올랐으나 결국 중국 다롄 조선소 실패로 STX그룹 전체가 파산하게 되는 결과로 귀착되었다.

다롄 STX 조선소는 2011년부터 가동을 시작하였으나 저수주 상태의 지속, 상대적으로 낮은 생산성 향상 속도, 중국 정부 주도의 높은 임금상승률로 운영에 어려움을 겪었고 결국 2013년 가동 중단되었다. 2014년까지만 해도 다롄 STX 조선소는 7천억~9천억의 자산가치를 지닌다고 평가되었고 중국 대기업에 매각을 시도했지만 무산되었다. 임금체불을 빌미로 단전 단수가 이루어져 공장이 황폐화되었고 현지 담합으로 그 어떤 인수업체도 찾을 수 없어 결국 Gantry Tower Crain, 대형 Trailer 등 동산자산을 분할 매각하다 파산하였다. 현재는 중국조선공업 산하 다롄 조선소로 운영되고 있다. STX그룹은 사실상 투자금 전액을 날렸고 STX그룹의 운명도 이와 같이하였다.

3) 한진중공업의 행운

한진중공업 수빅 조선소도 영업부진에 13억 불(한국계 은행 9억 불, 필리핀은행 4억 불)의 차입금부담이 겹쳐 기업회생절차에 들어갔고 필리핀 정부가 "필리핀이 조선업을 할 수 있는 절호의 기회다"라고 하며 눈독을 들였다. 그러나 수빅만은 과거 미국 해군기지가 있던 곳으로 과거 아키노 정부의 요구로 미군이 철수한 후 큰 변동을 겪게 된다. 중국의 난사군도 점령으로 필리핀 정부가 안보에 위기감을 느끼게 된 것이다.

필리핀 두테르테 대통령이 다시 미군을 수빅만에 불러들였고 해군기지에 수리 조선소가 필요하자 필리핀이 미국에 수빅 조선소를 양보하였다. 두테르테는 겉으로는 활발한 친중 행보를 보이고 있지만 그것은 정치적 수사일 뿐, 말보다는 행동을 보아야 할 것이다.

수빅 조선소는 2016년 국제입찰이란 형식을 빌어 호주 방산업체 Austal 사가 미국 해군 함정의 수리 조선소 역할을 하는 조건으로 인수하게 되었다. 만일 이런 안보 수요가 없었다면 아마 중국 다롄 STX 조선소와 같이 파산절차를 거쳐 필리핀 기업으로 간판을 바꾸어 달았을 것이다.

4) 르노와 닛산의 결별

올해 초 전 르노-닛산 그룹 카를로스 곤 회장이 보석기간 중 레바논으로 탈주하였다. 여기에도 자동차산업을 둘러싼 프랑스와 일본의 갈등이 있다. 닛산은 도요타, 혼다와의 국내 경쟁에서 밀리며 1990년대 말 도산의 위기에 봉착했고 전 세계 자동차산업 M&A 열풍 속에 프랑스 국영 자동차 업체인 르노(프랑스 정부 지분 15%)와 손잡고 현재 르노가 닛산 지분 43%를 가지고 있다. 닛산은 르노 지분 15%를 보유하여 현재는 상호보유지분 관계로 르노가 카를로스 곤 회장을 지명하였지만 형식상 공동경영의 모습을 취하고 있다.

카를로스 곤 회장은 2018년 11월 횡령 및 공시위반으로 검찰에 체포되기 전 르노-닛산의 합병 추진을 발표했다. 전기차 등 미래신기술 투자자금을 확보하고 공동연구를 강화하기 위한 조치 등이 이유였지만 결국 르노가 닛산을 흡수합병하기 위한 것이었고 이에 닛산 일본인 경영진과 일본 정부가 강력 반발하였다. 르노는 2019년 연산 388만 대에 불과한 유럽 로컬 브랜드인 반면 닛산은 568만 대의 판매실적을 올린 월드 브랜드이고 미쓰비시자동차를 자회사로 두어 일본 내 산업지위는 탄탄하다. 닛산은 르노에 대한 지분율을 상승시켜 실질적인 상호 공동경영을 하자는 요구를 끊임없이 하여왔지만 거절되었고, 급기야 양사 합병이 되면 닛산은 르노의 일본 현지공장이 되고 마는 결과를 참을 수 없었던 일본 정부와 경영계가 칼을 빼 든 것이 카를로스 곤 회장 체포인 것으로 추정된다.

르노는 닛산 대비 생산력 측면에서 밀리므로 FCA(Fiat Chrysler Automobile)와 합병을 추진하였다. 르노가 외형상 FCA 판매 465만 대를 합쳐 닛산을 능가하게 되고 특히 합병 후 닛산이 보유한 르노 지분이 15%에서 7.5%로 축소되어 닛산을 주총에서 축출할 수 있기 때문이다. 닛산은 거꾸로 15% 지분을 25%로 올려 - 이 경우 일본 상법상 상호지분보유가 되어 르노의 43% 지분도 의결권이 인정되지 않음 - 독자 경영의 길로 가려 하였다. 닛산은 미쓰비시 지분 34%를 보유해 이미 규모의 경제를 달성할 수 있고 전기차 Leaf의 성공으로 미래 기술에서도 르노를 앞서가고 있다. 르노는 닛산을 필요로 하지만 닛산은 더 이상 르노가 꼭 필요하지 않은 상황인 것이다.

결국 지난 5월 27일 르노는 43% 보유지분에도 물러서 합병을 철회하고 원가절감과 기술부문협력을 지속하기로 했다. FCA는 PSA와 합병하였다. 르노는 닛산과의 무리한 합병보다는 닛산이 제공하는 기술을 확보하여 미래를 도모할 수밖에 없다. 국경을 넘어 프랑스 사법권을 행사할 수 없는 상황에서 보유지분이 아무 의미가 없다는 것을 보여주는 사례이다.

3. 한국 기업의 해외투자

1) 중간재 생산의 딜레마

해외진출은 그 목적에 따라 저렴한 노동력을 이용하기 위한 '원가절감형'과 광대한 시장과 가까운 곳에 제조기반을 가지려는 '시장지향형'으로 나뉜다. 한국의 경우 1990년대 해외진출 초기에는 의류, 봉제 등 경공업을 중심으로 한 원가절감형이 주종을 이루었으나 2000년대 들어 그 성격이 달라졌다. 국제분업구조가 일본(기초소재)-한국(중간재)-중국, 인도, 동남아(가공조립)-미국(최종소비) 구조로 재편되며 한국은 주로 중국, 인도, 동남아 현지에 직접 진출하였다. 이들의 목표시장도 대부분 현지업체들이다.

한국이 중간재에 집중하는 이유는 다음과 같다. 기초소재는 부가가치가 높으나 기술장벽이 높아 미국, 일본, 독일과 같이 오랜 공업의 역사를 가지고 있어야 가능하다. 최종재는 브랜드파워가 있을 경우 공급자가 가격결정권을 행사할 수 있다. 브랜드파워란 경쟁자와 동일 성능 제품에 프리미엄가격을 매길 수 있는 능력을 말한다. 소비자는 애플, 삼성, 벤츠를 소비하며 만족감을 느낀다. 이른바 고가 제품의 과시소비를 통해 주관적 만족감을 상승시키는 베블렌 효과(Veblen effect)다. 베블렌 효과를 선물할 수 없는 범용재는 치열한 가격경쟁시장일 뿐이다. 한국이 범용재 시장에서 밀려나고 있는 이유다.

중간재는 B2B 시장이다. 가격, 품질, 납기로 싸운다. 살아남기 위해 신속한 투자의사결정과 대규모 자본투입이 필수적이다. 미국은 제조업이 공동화되었고, 일본 기업들은 결정장애증후군을 앓고 있으며 독일은 전기전자산업이 쇠퇴하였다. 오직 수준급의 기술력과 자본력을 갖춘 오너 체제의 한국 대기업만 할 수 있는 분야이고 전략적으로 올바른 의사결정이다. 어떻게든 돈을 벌고 살아남으면 기회는 다시 오기 마련이니까.

문제는 정부보조금으로 무장한 중국 국영기업이 한국 대기업보다 더 과감한 의사결정과 대규모 자본투입으로 따라잡고 있다는 것이다. 폴리실리콘이 그렇고, LCD패널이 그렇다. 전기차 배터리도 그렇게 될 것이다. 장기적으로 가면 정부의 지원을 받는 중국 국영 대기업을 한국의 민간 대기업이 이기기는 어렵다. 한국 기업의 딜레마다.

2) 리쇼어링의 어려움

한국의 주요 기업은 중국에서 중간재를 생산하고 있고 인도, 동남아 시장에는 주로 최종재를 생산하고 있다. 중국에 소재한 한국 기업의 경우 중국 현지 한국 기업 혹은 중국 로컬기업(주로 전기전자, 자동차 업종)에 중간재를 공급하는 사업모델이다.

이러한 중간재 중심 시장지향형 투자의 경우 원칙적으로 리쇼어링이 불가능하다. 국내 회귀 시 가격경쟁력을 상실하거나 심지어는 관세 및 무역장벽에 의해 시장접근조차 불가능한 상황을 맞을 수 있다. 그러나 지금과 같은 해외 현지 생산체제를 유지하는 데도 큰 문제가 도사리고 있다. 만일 중국에서 미국으로의 수출이 퇴조하면 중국의 완성품 조립 사업이 난관에 봉착하고 이는 한국 중간재 생산기업으로 전염될 것이다. 진퇴양난의 형국이다.

4. 마치며

세계적으로 해외에 제조기반을 가진 국가는 미국, 일본, 독일, 프랑스, 한국, 대만 정도에 불과하다. 미국의 경우 20조 달러를 넘는 광대한 내수시장을 가지고 있고 수출입의존도가 8%에 불과하므로 리쇼어링의 후폭풍, 즉 인플레이션을 감당할 의지가 있다면 가능할 것이다. 일본도 5조 달러의 경제규모이고 수출입의존도가 30%이지만 금융자본이 축적되어있으므로 견뎌낼 수 있을 것이다. 독일과 프랑스도 EU라는 단일시장을 보유하고 있다.

그러나 한국과 같이 협소한 내수시장에 세계적인 기업이 다수 존재하는 경우 해외무역은 사활적 과제이다. 한국 기업의 리쇼어링이 성공하려면 중국의 대미 무역 감소분을 메꿀 새로운 가공조립처가 국제분업 체계에서 준비되어야 한다. 미국·일본·프랑스처럼 이전비용 지급, 법인세 인하, 연구개발비 지급으로 해결되기 어려운 이유가 여기에 있다.

거대한 파도가 몰려오고 있다. 기업, 정부, 의회가 함께 머리를 맞대고 고민해야 하는 시점이다. 우리 기업들의 건투를 빈다.

기축통화의 어제, 오늘, 내일*

김명수

1. 화폐를 둘러싼 불신과 긴장

1) 금화본위제 – 왕을 믿으라!

가치의 척도이자 교환의 매개물이며 부의 저장수단인 화폐는 수천 년 동안 군주가 발행권을 장악하고 민간에 사용을 강제하고자 했던 신성한 물건이다. 중국에서 사전의 주조는 구족을 멸할만한 대역죄였지만 민간인들은 남발된 금속화폐를 마모시켜가며 부족한 이익을 채웠고 심한 경우 녹여서 병장기와 농기구로 사용하였다. 로마 제국 초기 순도 97%를 자랑하였던 로마화폐는 한때 소아시아를 넘어 극동의 신라에게까지 교역에 동원되는 등 전 세계인의 사랑을 받았으나 철학하는 황제 마르쿠스 아우렐리우스 시대에 오면 순도 3%에 불과하여 로마 제국의 붕괴를 대변하는 상징으로 전락하였다.

왕권신수설에 바탕한 가산제(家産制) 국가였던 유럽 중세 왕들의 본업은 왕위계승전쟁이었다고 해도 과언이 아니다. 라인·엘베강, 피레네·알프스 산맥을 제외하고는 자연국경선이 거의 전무한 유럽반도에

---

* 이 글은 2020년 8월 28일 작성된 것이다.

서 어떤 왕이 특정지역에 대한 전속권을 주장한다는 것은 설득력이 없다. 또 하렘에 축첩이 성행하였던 이슬람권과 아시아 국가와는 달리 단혼제의 가톨릭을 신봉하는 유럽 중세왕조는 자손이 번성할 수 없었다. 중앙집권적 분봉제가 어려운 이유다. 왕가를 이어나가는 방법은 수많은 공국, 제후국, 왕국으로 나누어 정략결혼을 하고 그 자손들이 그 나라의 왕위를 계승하면 된다. 영지는 손금처럼 갈라져 대륙의 국경은 난마처럼 얽히지만 유럽 왕가의 종묘사직은 면면히 이어진다. 중세시대 유럽 지도가 수십 년 단위로 오색찬란하게 변하고 유럽 왕가의 가계도가 복잡한 이유다. 문제는 명확한 왕위계승자가 정해지지 않을 경우다. 대륙의 곳곳에 건재한 왕위후보자들이 계승권을 주장하고 불만 있는 토호 귀족들과 결합하여 무장투쟁에 돌입하는 것은 당연한 수순이다.

왕들과 후보자들은 전비를 마련하여야 하고 그 수단은 세 가지다. 귀족들에게 세금을 걷거나 승전 후 배상금을 받아내거나 불량 화폐를 발행하는 것이다. 빌리는 방법이 있지만 이도 결국은 세금이나 배상금으로 갚아야 하니 마찬가지다. 귀족들에게서 도움을 받아야 하는 형편에 귀족들에 대한 세금인상은 무모하다. 배상금은 이겨야만 받을 수 있다. 왕들이 시장에 저품위의 화폐를 발행하여 주조차익(시뇨리지, Seigniorage)을 극대화하고자 하는 유혹에 빠지는 것은 당연한 것이다. 리슐리외가 말했듯 세금이란 모름지기 거위 털을 뽑듯 아프지 않게 해야 한다면 시뇨리지만큼 확실한 세금이 없다. 바로 인플레이션세다. 은 0.5파운드에 1파운드라고 찍어내면 앉아서 50%의 인플레이션세를 거두어들이는 것이니까. 중세시대 시민들이 왕이 새로 발행한 화폐를 의심한 것은 당연한 것이었다. 왕을 믿으라고? 어불성설이다.

2) 금본위제 - 금을 믿으라!

섬으로 분리되어 유럽대륙으로부터 가장 확실한 지리장벽을 가졌고 주기적으로 대륙의 왕위계승권 전쟁에 휘말려들었지만 자국 국경선이 변하지 않는 나라는 영국뿐이었다. 국경선이 안정되어있으니 남은 문제는 왕국 안에서의 주도권 다툼이고 왕과 귀족 간의 권리관계를 분명히 한 것이 바로 마그나카르타(1215년), 권리청원(1628년), 권리장전(1689년)이다. 명예혁명(1688년) 후 새로이 등장한 영국 왕(윌리엄 3세)은 권리장전에 따라 이제 의회의 동의 없이 어떠한 과세, 징발, 강제기부를 요구하지 않을 것을 약속하였으니 화폐주조권도 자연스레 의회에 양도되었다. 이제 영국 왕이 전비를 조달할 수 있는 방법은 빌리는 수밖에 없다. 1692년에 국채제도가 시작되고 1694년에 민간 금융업자 주도로 영란은행을 설립하여 국채를 인수하였다. 상업은행인 영란은행이 국채를 담보로 신용화폐인 '영란은행권(파운드스털링화)'을 발행한 것은 민간 금융업자들의 사업논리상 당연한 것이었다.

영란은행은 왕보다 더 탐욕적이었다. 왕이 화폐주조차익을 누리고자 저품위 화폐를 주조하였다면 민간은행은 수익극대화를 위해 수많은 대부계약으로 통화를 증발시켰다. 끊임없는 전쟁과 중국, 인도, 아메리카 대륙과의 무역 증가로 금은의 유출이 증가하고 공급이 따르지 못하자 자연스레 금과 은의 가격이 급등하고 이와 연계된 파운드화의 가치는 지속적으로 하락하였다.

수입이 수출을 초과하는 상황에서 영국 정부의 선택은 파운드화를 평가절하시켜 지급의무를 경감하는 것이어야 한다. 그러나 당시 영국은 자국영토의 85배 면적을 다스리는 식민대국이고 무역으로 먹고사는 나라다. 평가절하는 실물무역에 큰 혼선을 가져오고 대외투자자산의 가치를 하락시킨다. 다행히 영국은 18세기 후반부터 시작된 산업혁명으로 방직, 철강, 기계 등 모든 산업의 선도국이 되며 무역흑자가 치솟기 시작하였고 아울러 런던은 금융, 해운, 보험의 중심지가 되었다. 방대한 무역흑자, 자본수지흑자를 통해 세계의 모든 돈이 런던으로 빨려들어 세계 금 보유고의 70%를 영국이 차지하였다. 19세기 초 영국은 위풍당당하게 파운드화를 금으로 바꿔주겠다고 선언하였다. 금본위제다. 확실한 지급능력을 갖춘 영국의 파운드화가 세계 최초의 기축통화로 자리 잡은 것은 당연한 결과다.

기축통화란 외국 상인이 기축통화국의 신용화폐를 결제수단으로 받아들인다는 것이다. 자국 왕의 약속도 믿지 않던 약삭빠른 상인들이 외국 왕의 약속을 믿는 것인가? 아니 그보다는 그 외국 왕이 금이 무지하게 많다는 소문을 믿는 것이다. 금은 믿을만하니까.

19세기 유럽의 모든 나라는 묻지도 고민하지도 않고 유일 선진국 영국을 모방하였고 화폐제도로서 금본위제를 채택하였다. 심지어 1871년 통일된 후발국 독일도 금본위제를 채택했다는 것은 아연실색할 일이다.

금본위제는 1온스당 몇 파운드 혹은 몇 마르크를 지급하겠다는 약속이다. 이는 곧 파운드와 마르크의 환율이 고정된다는 것을 의미한다. 금본위제는 고정환율제와 동의어로 자유무역을 원활하게 촉진한다. 상인과 금융업자들의 무역과 투자수익을 확실하게 예상할 수 있기 때문이다.

그러나 금융당국 입장에서 자국이 발행한 신용화폐에 대해 언제든지 금으로 교환해준다는 약속은 그 금융당국의 통화정책상 융통성을 극도로 제약한다. 통화의 가치를 훼손하는 그 어떤 정책도 펼 수 없다. 즉 장기간 재정적자, 무역적자를 가져갈 수도 없고 함부로 국채를 발행할 수도 없다. 영국은 세계를 휩쓰는 무역 대국으로서 상대국의 반대급부를 바라지 않는 일방적 자유무역정책을 펼쳤다. 국내 경제정책의 자율성보다 자유무역의 융성에서 얻는 이득이 훨씬 크다는 판단이 금본위제를 채택하게 된 배경이다.

그러나 후발국들은 경제발전을 위해 원자재와 자본재를 대거 수입하여야 했고 만성적인 무역적자로 통화가치 절하 압박에 시달렸다. 금본위제하에 금 유출이 지속된 것은 당연한 것이었고 후발국 정부가 취할 수 있는 조치란 금본위제를 이탈하거나 수입을 제한하는 것밖에 없다. 보호무역으로 돌아가는 것이다. 19세기 내내 평가절하와 금 지불 정지를 반복하던 유럽 각국의 금본위제는 1929년 대공황의 쓰나미 속에서 1931년 9월부터 1932년 4월까지 24개국이 금본위제에서 이탈했다. 그중에는 영국과 캐나다도 있었다. 그 밖의 많은 국가들도 사실상 금지불 정지를 선언함으로써 19세기부터 유지되었던 금본위제는 사실상 종말을 고했다. 금을 무한정 지급할 수 있는 엘도라도는 세상 어디에도 없다. 영국이 주도한 자유무역시대의 특별한 약속, 금본위제의 탄생과 몰락의 기록이다.

3) 달러본위제 - 미국 정부를 믿으라!

2차대전 종전 직전인 1944년 7월 미국 뉴햄프셔의 브레튼우즈에서 영국이 배출한 당대의 거장 케인스(John M. Keynes)와 미국 재무부의 차관보급에 불과한 화이트(Harry D. White)의 만남이 케인스의 완패로 끝난 사실은 너무나도 유명한 일화다. 케인스는 1920년대에 이미 금본위제가 야만의 잔해에 불과하다고 믿은 현실주의자다. 금본위제는 이제 그 역사적 사명을 다하였으니 파운드와 달러 등 선진국 통화가 믹스된 가상통화인 방코르(Bancor)를 만들어 국제무역에 사용하자고 설득하였으나 화이트는 아랑곳하지 않고 그곳에 모인 44개 동맹국의 대표들에게 앞으로 금 1온스당 35달러를 지급하겠다고 '통보' 하였다. 20세기 유일 기축통화로서 달러가 탄생한 순간이다.

세계에서 미국만 금본위제를 유지하고 다른 나라는 미국 달러에 환율을 고정시키면 되는, 따라서 미국만 모든 의무를 짊어지는 새로운 국제결제시스템을 마다할 나라는 없다. 2차대전의 참화로 세계에서 홀로 압도적인 산업역량을 보유하고 있었고 세계 금 보유고의 90%가 뉴욕 연준 금고에 잠겨있으니 미국이 보여준 자신감은 당연한 것이다. 20세기 미국은 19세기 영국과 똑같이 무역상대국의 반대급부를 바라지 않는 일방적 자유무역을 선포하였고, 거기서 더 나아가 마샬플랜하에 무상원조와 차관까지 제공하였다. 이 자금이 유럽의 재건을 위한 물품수입으로 이어져 현대 국제무역의 마중물 역할을 한 것은 물론이다.

전후 전기전자, 자동차, 석유화학, 철강 등 모든 산업부문에서 세계를 휩쓸며 황금시대를 구가하던 미국 경제는 케네디 사망으로 승계한 린든 존슨(재임기간 1963~1969) 시대에 적신호가 켜졌다. 1960년대 초 마이클 해링턴(Michael Harrington)이 『또 다른 미국(The Other America)』에서 '빈곤 문제'를 당면 과제로 부상시켰다. 린든 존슨은 이 책을 읽고 위대한 나라 미국이 처한 빈곤 문제에 충격을 받고 이를 정치 어젠다로 승격시켰다. 미국에서 빈곤과 차별을 절멸시키기 위한 '위대한 사회(Great Society)' 프로그램이 시작된 것이다.

'위대한 사회'를 만들기 위해 정부는 더 커져야 했고 예산은 매년 증액되어야 했다. 거대국가의 출현이다. 베트남 전쟁 발발로 전비조달도 점점 부담이 되어갔다. 예산확보를 위해 발행한 대규모 미 재무성 국채를 외국 중앙은행들이 사들이자 프랑스의 드골은 '미국은 인플레이션을 수출한다'고 맹비난을 하며 보유 달러를 금으로 태환해 갔다. 견디다 못한 닉슨 공화당 신정부는 1971년 금 태환을 정지시켰다. 디폴트를 선언한 것이다.

디폴트 선언으로 달러를 투매하고 금값이 폭등하고 제2의 대공황을 맞아야 했으나 실제로는 아무 일도 일어나지 않았다. 이미 활발해진 국제무역에서 믿을만한 결제수단은 달러밖에 없었고 모든 원자재 가격은 달러로 매겨졌으며 각국 중앙은행의 외환보유고도 거의 달러나 미 재무성 채권이었다. 교환매개물, 가치척도, 가치저장이라는 화폐의 3조건을 갖춘 유일 국제화폐는 달러뿐이었다. 게다가 미국 재무성 채권은 이자까지 준다. 금보다 나은 것이다. 이름하여 달러본위제, 미국 정부가 아무런 반대급부 없이 발행한 신용화폐를 믿고 거래하는 시대가 도래한 것이다.

달러본위제는 달러가격이 고정된 실물자산이 없고 가격의 등락을 허용하므로 사실상 변동환율제로의 이행을 의미한다. 변동환율제는 자유무역의 적이다. 대신 은행들에게 환차익을 볼 수 있는 기회를 선사한다. 실물경제를 운영하는 무역업자들이 변동환율제로 고통받는 사이 은행 내 따분한 비수익부서로서 L/C와 환어음을 처리하던 외환관리업무가 은행의 새로운 수익원으로 부상하였다. 게다가 1973년 오일쇼크 이후 세계의 달러를 쓸어 담은 중동 석유 부국들이 이스라엘의 친구로 믿을 수 없는 미국의 뉴욕 금융시장보다 다소 중립적으로 보이는 런던을 선택하여 역외달러시장이 열렸다. 뉴욕뿐만 아니라 런던에서도 달러가 거래되어 더욱 풍부한 유동성을 제공하였다. 넘치는 오일달러를 먹기 위해 미국 월가의 금융회사가 런던법인을 우후죽순처럼 세우고 실물시장보다 몇 배로 영향력이 커진 금융시장의 환호 속에 변동환율제는 안착되었다. 국제금융시장이 열린 것이다. 그럼 무역업자들은 어떻게 하라고? 그건 은행의 새로운 서비스를 이용하시면 된다. 이른바 환헤지 서비스. 저렴한 가격에 모시겠다. 은행은 꿩도 먹고 알도 먹는다.

변동환율제를 혐오하던 미국 정부도 이제 생각을 바꿔 달러 평가절하 압력에 대한 우려 없이 마음껏 재정정책과 통화정책을 운영할 수 있다. 인플레이션을 유발하지 않는 선에서 달러를 마음껏 찍어낸다. 미국에서 발행된 달러화의 55~75% 정도가 해외에서 유통된다. 이 말은 인플레이션을 수출할 수 있다는 것이다. 매년 시뇨리지도 150억~170억 불로 큰돈은 아니지만 짭짤하다. 재무성 채권도 거의 무한정 발행할 수 있다. 1980년대까지 유럽 몇 개국과 일본만 구매하던 미 재무성 채권은 90년대 들어 전 세계 중앙은행과 상업은행의 애호품이 되어 2019년 기준 46조 달러를 외국인이 보유하고 있다. 미국 정부예산 10년치 규모고 한국 정부예산의 110년치에 해당한다. 미국이 주도한 세계화로 각국은 너무 부자가 되었지만 이 돈을 운용할 곳이 없기 때문이다. 어떡하겠는가? 미국 정부를 믿고 빌려줄 수밖에.

2. 신흥화폐의 도전

1) 유로 – 고정환율제로의 회귀

여기에 반기를 든 것이 유로화다. 독일과 프랑스는 1970년대 미국 정부의 은밀한 달러 평가절하 압박에 피로감을 느끼고 본격적인 변동환율제 이행 후 환율안정을 위해 미국 재무성 채권을 끊임없이 사야 하는 현실에 분노했다. 천년 적국 독일과 프랑스가 의기투합하여 유럽 단일시장을 만들고 자국통화를 포기하면서까지 2002년 유로화를 출범시켰다.

유로 단일통화제는 곧 회원국 간 고정환율제로의 복귀를 의미하고 이는 유럽 단일시장 내 자유무역을 크게 향상시켰다. 그러나 장기에 이르자 국가별 생산성과 비교우위에 따라 경제성과는 크게 다른데 독일의 광대한 무역수지 흑자와 이태리, 스페인, 포르투갈, 그리스 등 남부지역의 점증하는 적자로 귀결된다.

이는 전후 70년대까지 미국이 마샬플랜하에 원조를 하고 자유진영에 시장을 활짝 열어 희생했듯이 EU 역내 안정을 위해 독일이 남부지역 국가들에 경제적 양보를 해야 한다는 것을 뜻한다. 남부유럽 국가들에게 자국 시장을 개방하고 장기 저리의 차관을 제공해야 하겠지만 근면 성실한 독일 국민들은 남부유럽 국민들이 게을러서 그렇다고 비난한다. EU 내 존속의 실익이 없는 남부지역 국가들의 EU 이탈설이 계속 불거져 나오는 이유다.

지난 7월 7,500억 유로 규모로 EU 회복기금을 구성하기로 합의하고 2021~2026년에 걸쳐 대규모 ECB 채권 발행이 예정됨에 따라 남부유럽 국가들에 대한 대출지원, 외환위기를 겪고 있는 인접국가들에 대한 지원 등이 가능해졌다. 3,900억 유로는 보조금으로 상환부담이 없이 무상지원된다고 한다. 재정통합의 첫걸음을 열었다, 기축통화로 가는 포석이다 하며 떠들썩하지만 자금 제공국의 만장일치를 받아야 하는 의사결정 구조상 향후 어떻게 전개될지 두고 볼 일이다.

또한 역내 실물경제를 넘어 독자적인 유로 금융시장을 창출하려는 노력은 실패한 것으로 보인다. 런던을 중심으로 한 유럽 금융시장에서 달러물 거래가 70%를 차지하고 어떤 외국 중앙은행도 유로를 주요 외환보유고로 보유하지 않는다. 그만큼 유로의 미래를 불안하게 본다는 것이다.

2) 중국 위안화 - 기축통화 추진?

중국도 세계무역에서 차지하는 자국의 위상에 걸맞게 위안화의 국제화를 추진해오고 있다. 아세안, 러시아 등 국가들과 위안화를 결제통화로 사용할 수 있도록 협정을 체결하고 홍콩 은행들에게 위안화 표시 채권을 발행할 수 있도록 하였다. 최근에는 석유결제대금을 위안화로 지급하였다는 소식도 들려온다. 그러나 위안화의 국제화는 요원한 일이다.

변동환율제하에서 달러의 가치를 결성하는 것은 미국 재무성도, FRB도 아니다. 1971년 FRB의 아서 번즈 의장이 닉슨의 금 태환 중지 선언을 못마땅해한 이유는 그것이 중앙은행의 외환시장에 대한 통제권을 잃게 하는 조치였기 때문이다. 변동환율제하에서 외환시장에 대한 중앙정부의 영향력은 미미하고 수많은 시장참가자들은 오직 자신의 지력과 정보와 감각으로 무장하고 거래에 임한다.

위안화가 달러 수준의 통화로 자리 잡기 위해서는 중국 국유은행은 민영화돼 국가의 간섭 없이 자신들의 이해에 따라서 운영돼야 하고 풍부한 유동성을 바탕으로 대규모 국제자본의 이동을 수용할 수 있어야 한다. 중국 정부의 재정 및 통화정책 또한 예측 가능해야 하고 자격을 갖춘 외국환 거래를 통제해서도 안 된다. 한마디로 믿을 수 있는 민주정부여야 하고 시장이 투명해져야 한다. 기축통화로 인정한다는 것은 그 화폐를 발행한 외국 정부를 믿는 행위이기 때문이다.

이는 중국의 국가주도형 신용분배 모델이 대폭 수정돼야 하는 문제고 중국 경제는 물론 사회 전체의 대변혁을 필요로 하는 사안이다. 현 단계에서 위안화가 기축통화가 되는 길은 중국 정부가 외환시장을 자유화하고 위안화의 금 태환, 즉 금본위제를 천명하는 것 외에는 길이 없어 보인다. 물론 불가능한 일이다.

3. 달러의 미래

달러가 약세다. 미국은 브레튼우즈 체제 붕괴 이래 지속적으로 강한 달러 정책을 천명해왔다. 미국 정부가 강조하는 '강한 달러'란 달러의 평가절상을 뜻하는 것이 아니라 항상 지배적 통화를 의미한 것이었다. 이는 세계 무역거래의 90%가 달러베이스(denomination 기준)로 거래되고 각국 중앙은행 외환보유고의 70%가 달러로 구성되어있는 국제 외환시장에서 이미 실현되었다. 강한 달러란 '사람들이 달러라는 통화에 대해 신뢰를 갖는 것'이다. 기업인 출신으로서 조지 W. 부시 행정부의 재무장관직에 오른 존 스노우가 지난 2003년 5월에 한 말이다. 세계경제가 화폐 측면에서 믿을만한 정부는 이제 미국밖에 없으니 스노우의 말도 실현된 거나 마찬가지다.

국제 외환시장에서 달러화를 능가하는 안전자산은 없다. EU는 활력을 잃고 사분오열되고 일본은 불황의 늪이며 미중 패권경쟁에 중국도 시달리고 있다. 미국은 FAANG으로 대변되는 첨단산업, 셰일오일의 석유화학, 막강한 금융산업, 제조업의 부활까지 전후~1970년 시기에 버금가는 호황을 누릴지도 모른다. 달러는 여전히 강하다.

그러나 미국은 세계화 시대에 종언을 고하고 일국주의를 선언하였다. 이는 무역 측면에서 수출확대, 수입축소를 지향하는 보호무역주의가 강화되고 국내적으로는 리쇼어링, 러스트 벨트 활성화를 추진하는 것을 뜻한다. 제조업 활성화를 위해서는 달러화 약세가 필요하다. 트럼프는 코로나19 대응을 핑계로 통화증발적 재정정책을 집행하고 있다. 달러 약세에 개의치 않는다는 의중이다. 강한 달러의 약세시대로 진입하는가?

달러는 어떤 방향성을 보일 것인가? 브레튼우즈 체제 붕괴 후 1990년대 초까지 미국, 독일, 일본, 프랑스, 영국(G5) 5개국 중앙은행은 정기적으로 밀실협상을 통해 목표환율을 정하였다. 이른바 관리변동환율제다. 당시에 일어난 일을 소개하며 대답을 대신하고자 한다.

1985년 플라자합의 때 일본의 미야사와 기이치 내장상(후일 일본 수상, 1991~1993 재임)은 미국 조지 슐츠 재무장관에게 엔화의 16.5% 평가절상을 약속했다. 슐츠도 깜짝 놀란 파격적인 약속이었지만 그 후 몇 년 동안 시장은 과도하게 반응하여 엔화는 50%까지 절상되었다. 일본 정부는 50%까지 절상되는 엔화를 쳐다보며 아무런 일도 할 수 없었다. 거대한 국제 외환시장에서 중앙은행은 그렇게 무력하다. 일본 기업과 은행이 괴멸적 타격을 입은 것은 당연한 결과고 20년 장기불황은 그렇게 일본 경제를 덮쳤다.

달러의 미래는 아무도 예측할 수 없다. 이제 왕도, 금도, 미국 정부도 믿을 수 없는 세상이 되어가고 있기 때문이다. 오직 자신의 지성과 직관으로 거래에 임할 수밖에.

참고문헌

1. 『국제무역의 정치경제와 법』, 구민교·최병선 지음, 박영사, 2019
   자유무역과 중상주의 간의 무역정책과 통화정책의 시대적 흐름을 잘 이해할 수 있는 책이다. 19세기 전후 국제무역 전개상황과 금본위제의 흐름을 참조하였다.

2. 『국제통화금융체제와 세계경제패권』, 김기수 지음, 살림, 2011
   국제통화금융체제가 단순한 경제흐름이 아닌 국제정치 패권을 두고 벌어지는 치열한 경쟁임을 논증한 책이다. 신흥통화의 기축통화 도전에 대한 논평 부분을 참조하였다.

3. 『달러의 부활』, 폴 볼커·교텐 토요오 지음, 어바웃어북, 2020
   전 미 연준의장 폴 볼커와 일본 중앙은행의 교텐 토요오의 회고록. 브레튼우즈 체제의 종말과 플라자·루브르 합의 막후를 잘 이해할 수 있다.

인플레이션 문제의 부활*

김명수

1. 독일 하이퍼인플레이션의 성격

현대 인플레이션을 논할 때 경제학자들은 항상 1920년대 초 독일의 하이퍼인플레이션에서 시작한다. 그 양상이 심각했고 후과가 엄청났기 때문이다. 이 사건은 연이은 대공황과 어우러져 히틀러가 등장하는 디딤돌이 되었다. 그러나 독일 하이퍼인플레이션은 경제학적이기보다는 국제정치학적이다.

잔혹했던 5년간의 1차대전이 끝난 후 승전국 간에 전후 배상문제가 논의되었다. 미국 우드로 윌슨 대통령은 영국과 프랑스 경제가 초토화되어 전비 대여금을 갚을 능력이 없다는 것을 알았지만 의회의 반대에 부딪쳐 전액 상환해야 한다고 통보했다.

프랑스 반독 전선의 기수 푸앵카레는 "독일놈들이 대가를 치러야 한다"며 흥분한 국민들에게 가혹한 보복을 약속하였다. 로렌 지역에서 태어난 푸앵카레는 자기 집이 독일군대에 의해 두 번이나 접수되는 것을 경험한 골수 반독주의자였다. 영국의 로이드 조지는 프랑스가 받아내 주면 좋다는 식으로 남의 일 보듯 수수방관하였다. *

---

* 이 글은 2021년 3월 3일 작성된 것이다.

독일의 전쟁 배상금 1,320억 금화 마르크는 2년치 GDP에 해당하는 엄청난 것이었다. 게다가 독일은 승전국으로부터의 수입에 대해 최혜국 대우를 주어야 했지만 수출은 금지되었다. 이때 국제무대에 처음 등장한 케임브리지의 젊은 경제학자 케인스는 배상안이 정치적·경제적으로 어리석은 것이라고 비난하였다. 케인스는 그 당시 유명한 논쟁에서 1914년까지 유럽의 번영은 독일의 경제성장에 의존했으므로 독일을 경제적 장애자로 만드는 것은 현명한 처사가 아니라고 주장했다. 배상금은 '보복적'이고, '미친 짓'이며, 궁극적으로 '실행될 수 없는 것'이었다.

하지만 푸앵카레는 독일에게 돈을 받아낼 방법을 알고 있었다. 채찍이다. 애초에 독일 재건에는 관심이 없고 아예 이 기회에 재기 불능으로 만들고자 했던 푸앵카레는 1921년 3월 독일이 약속을 이행하지 못하자 라인강 동안 지역(라인란트)을 점령하였다. 돈 대신 전신주 현물 대납상환 약속이 지연되자 급기야 1923년에는 독일 루르 탄전을 무력으로 점령했다. 독일 노동자들은 사보타주에 들어갔고 프랑스군은 점령기 2년간 저항하는 시민 130여 명을 처형하였다. 독일 공업은 멈추었다.

바이마르공화국 정부도 배상금을 갚는 방법을 알고 있었다. 돈을 찍어내는 것이다. 전쟁으로 재정은 고갈되었고 라인란트와 루르 점령에 맞서 시민들은 총파업에 들어갔다. 금화 마르크도 없고 파업으로 공장이 멈추니 현물 대납도 불가능하다. 이제 남은 수는 윤전기를 돌려 지폐를 찍어내고 그 지폐 마르크로 시장에서 현물을 사서 프랑스에 대납하는 수밖에 없다. 그것도 막히면 디폴트를 내면 된다.

발권력을 동원해 현물을 사들이니 상품가격이 폭등하였다. 늦게 팔수록 이익이니 상품이 자취를 감추고 농촌에서 도시로 농산물 운송도 점점 늦춰져 식료품점의 매대가 텅텅 비어간다. 도시에서 아사자가 속출하고 굶주린 도시민들은 농촌에 몰려가 축사를 파괴하고 농작물을 약탈한다. 약 100년 뒤인 2019년 베네수엘라에서 벌어진 일과 똑같다.

배상금을 완화하는 도즈안(Dawes plan, 1924년)에 합의하고 바이마르공화국이 토지담보부 화폐(렌텐마르크)를 발행한 후에야 하이퍼인플레이션은 그쳤다. 독일의 하이퍼인플레이션은 미숙한 국제정치가 빚어낸 참사였다.

2. 새로운 패러다임의 등장

1) 실업의 발견과 케인스의 등장

경제학적으로 의미가 있는 것은 1차대전 이후였다. 1차대전 이전은 자유주의의 시대였다. 참정권은 재산과 소득을 갖춘 소수의 유산계급 남성에 국한되었다. 경제와 관련한 선거 캠페인은 주로 통화정책, 관세, 내국세, 독점규제 같은 사안이 쟁점이 되었을 뿐이었다. 세금 낸 자들이 작은 정부를 어떻게 운영할 것인가가 주제다.

고전경제학의 세계에서 건전한 경제를 운용하기 위해 통화정책은 항상 금본위제여야 했고 재정수지는 균형을 유지해야 했다. 노동시장도 자유계약이므로 유연해야 했다. 실업이란 있을 수 없다. '공급이 수요를 창출한다'는 세이의 법칙(Say's Law)은 노동시장에도 그대로 적용되어 노동력이 넘쳐나면 실질임금을 내리면 그만이었고, 그 반대이면 실질임금이 올라가 자동조절된다는 이치였다.

그러나 1차대전은 모든 걸 바꾸어놓았다. 베를린, 비엔나, 런던에 앉은 지배자들의 명을 받들어 제국의 영광을 구현하고자 전쟁에 자원한 청년 3천만 명이 죽거나 부상을 입었고, 살아남은 자들은 실업자가 되었다. 자동조절은커녕 실업 문제는 상시화되었다. 자본주의 역사상 최초로 실업 문제가 '발견(discover)'된 것이다.

유럽대륙에서 제정(Emperor system)이 무너졌고 런던 웨스트민스터에 앉아 전쟁상황도를 보고 시가를 피워대며 워 게임(War game)을 일삼던 늙은 선출직에 대한 혐오도 넘쳐났다. 돈이 없어 피로써 세금을 납부(血稅)한 20대 청년들은 거세게 참정권을 요구하였고 선출직 의원들은 혈기등등한 이들에게 당장의 떡을 주어야 했다.

영국 노동당은 청년들과 노동자들의 권리증진과 복지증대를 약속하며 세를 불려갔다. 토리(보수당)는 일자리와 복지는 오직 제국의 영광을 지속할 때만 가능하다고 유권자를 설득하였다. 식민지 무역과 정복지 약탈로 나눠주겠다는 것이다. 유권자들에게는 토리의 약속이 더 그럴듯해 보였다.

자유방임과 최소정부를 철학으로 하는 400년 전통의 휘그(자유당)는 변신에 실패했다. 유권자는 외면하였고 휘그는 소멸하였다. 노동당은 유권자에게 복지를 약속해 약진했고 보수당은 유권자에게 더 큰 복지를 약속해 집권하였다. 자유주의의 시대는 조종을 울렸다. 국가 총력전을 경험한 후 대중정치의 시대가 열린 것이다. 국가는 일할 수 있는 자에게는 일자리를, 일할 수 없는 자(상이군인, veteran)에게는 복지혜택을 주어야 했다.

실업 문제에 대해 당장의 해법을 원하는 정치인과 관료들에게 고전경제학은 "장기에 가면 시장균형을 회복한다"는 오래된 신탁을 내놨지만 그 "장기"가 나의 선출직 임기 중일지, 아니면 내 경쟁자의 임기에 가서일지는 아무도 모른다. 1차대전 이전 선출직은 명사들의 사교클럽이나 마찬가지였다. 선거란 모양새를 갖추었지만 실상 지역 유지들 간 구수협의에 의해 결정되었다. 그러나 이제 엄청나게 확대된 선거구민과 다수를 차지하는 노동자들의 거센 요구에 해답을 내놓아야 했다.

이때 혜성처럼 나타난 학자가 존 메이너드 케인스다. 그는 1929년 세계대공황을 겪으면서 경제위기는 원천적으로 불가하다는 고전경제학을 맹렬히 비난하였다. 금본위제는 '야만의 잔해'에 불과하고 적극적인 재정정책을 통해 수요를 창출하고 실업구제에 나서야 한다고 주장하는 한 권의 책으로 현대 거시경제학을 창시하였다.

이제 정치인과 관료들은 금본위제를 이탈해 불환화폐로 옮아갈 명분을 얻었고, 적자재정을 운영해도 죄의식을 가질 필요가 없었다. 균형예산의 속박에서 벗어나 일할 수 있는 자에게 일자리를, 일할 수 없는 자에게 복지를 제공할 수 있게 되었다. 국채를 발행하고 대형 국책사업을 추진하고 가난한 자들에게 복지를 제공하면 된다. 위급한 사회의 요구 앞에 인플레이션 우려는 먼 후일의 얘기일 뿐이다.

2) 필립스곡선의 마법과 오류

케인스주의는 2차대전이 끝난 후 본격적인 실험에 들어갔다. 경제학자들은 수학과 통계학 지식으로 무장하고 컴퓨터를 이용해 거대한 국민경제 연산 모델을 만들어냈다. 여기에 1958년 영국의 경제학자인 올번 윌리엄 필립스(Alban William Phillips)가 과거 100년간 영국의 자료를 분석하여 명목임금상승률과 실업률 간에 역의 상관관계가 있음을 발견하였다. 즉 실업률이 낮은 해에는 임금상승률이 높고, 실업률이 높은 해에는 임금상승률이 낮다는 것이다. 립시, 새뮤얼슨, 솔로우 등 당대 석학의 보충 연구를 통해 명목임금상승률 대신 인플레이션율을 적용해도 비슷한 결과가 나온다는 것을 발견하였다.

　필립스곡선은 경제학계에 '고용을 증가시키려면 인플레이션을 높여야 한다'는 잘못된 환상을 심어줬다. 이제 총수요확대정책이 가져오는 부작용, 즉 인플레이션에 대해 죄책감마저 가질 필요가 없다. 실업을 방지하기 위해 어느 정도의 인플레이션은 불가피하다는 것이 학문적으로 증명되었다. 정부 운영자들은 필립스곡선에 매료될 수밖에 없었다. 헬무트 슈미트(Helmut Schmidt) 독일 수상은 "실업률 5%보다는 인플레이션 5%가 낫다"고 일갈하였다.

　실업은 산업예비군을 양산해 사회안정을 해치지만 인플레이션은 모두에게 연기처럼 스며들어 증발해버리기에 특별한 반대세력이 없다. 경제학자들은 필립스곡선상의 어떤 목표 실업률과 목표 인플레이션율 조합을 정부 운영자들에게 제공하였다. 정치인과 관료들은 그중 하나를 골라 선택하면 그만이다. 이제 일국의 경제문제는 대기업보다 좀 더 큰 경영문제일 뿐이었다.

　그렇지만 필립스곡선은 큰 오류를 범하고 있었다. 노동의 수급은 명목임금률의 함수가 아니라 실질임금의 함수다. 인플레이션이 예상되자 현명한 노동조합의 지도자들은 이를 임금상승률에 즉각 반영하길 요구하였고 그 결과 정부의 인플레이션율, 실업률 목표 조합은 결코 달성되지 않았다. 정보가 모두에게 공평하게 공유되고 미래를 합리적으로 기대하는 세상에서 경제주체들은 적응(합리적 기대가설과 적응적 기대가설)하기 마련이다. 이윤에 예민한 생산자들과 소비자들은 이 상품의 수요가 늘어 가격이 오르는 것인지 사회 전반적으로 물가가 오르는 것인지 구분할 줄 알았다. 전자라면 사람을 더 고용해 생산을 늘려야겠지만 후자라면 그것은 어리석은 짓이다. 원래 인플레이션과 실업은 무관(수직의 필립스곡선)했던 것이다.

3. 거대국가의 인플레이션

1) 복지정책의 진화: 거대국가

케인스와 필립스는 디플레이션의 해결책을 제시한 것이었지만 정부 운영자들에게는 그 이상의 의미가 있었다. 슘페터가 말했듯 '민주주의는 지배자가 인민의 투표를 획득하는 경쟁에 의해 선출되는 제도'라면 어떤 정부나 의회도 지출을 삭감하고 과세를 증가시키는 것을 원하지 않는다. J. M. 뷰캐넌과 R. E. 와그너가 『적자 민주주의(Democracy in Deficit)』에서 밝혔듯이 민주주의는 재정적자를 확대하고 인플레를 조장한다.

처칠도 "피, 땀, 눈물"로 전쟁이 끝났을 때 국민 모두에게 복지를 공급하겠다고 약속했다. 승장(勝將) 처칠은 충격적이게도 종전 직후 선거에서 대패하였다. 영국인들은 처칠이 자유시장을 회복하고 제국의 영광도 재건하겠다는 허풍을 믿지 않았다. 이미 전시 계획경제를 경험하여 노동당이 제시하는 중앙 계획경제도 나쁘지 않다고 생각하였고 무엇보다 1942년 영국 노조총연맹 청원으로 만든 베버리지 보고서의 "요람에서 무덤까지"라는 복지의 약속에 끌렸다. 30년 노동당 시대가 열렸다.

1950~1960년대 서구 선진국들은 안정적인 성장률과 온건한 인플레이션을 보였고 풍요한 사회에서 실업과 가난을 구제하자는 의로운 외침을 외면할 수는 없다. 페리클레스 시대에도 그랬고 로마 공화정에서도 비슷했다. 이는 인간의 본성에 가깝다. 문제는 복지정책이 더 멀

리 진화해버렸다는 것이다.

큰 변화는 미국 케네디 정부 때 일어났다. 케인지언의 세계에서 디플레이션이 발생할 때 정부지출을 늘려야 하지만 경기가 호전되면 균형예산으로 돌아와야 한다. 그러나 케네디에 이르러 경기 상승 시에도 적자 예산을 편성할 수 있다는 적극적인 개념이 도입되었다. 이른바 '거대국가'의 등장이다.

1960년대 초 마이클 해링턴(Michael Harrington)이 『또 다른 미국(The Other America)』에서 '빈곤 문제'를 당면 과제로 부상시켰다. 케네디와 당시 부통령 린든 존슨은 이 책을 읽고 위대한 나라 미국이 처한 빈곤 문제에 충격을 받았다.

케네디가 암살된 후 승계한 린든 존슨은 "위대한 사회"를 건설하기로 마음먹었다. 그는 1964년 8월 빈곤 퇴치 법안인 기회균등법(Equal Opportunities Act)에 서명하였다. 초중등교육법, 의료보호법, 임대료보조법, 청년봉사단 지원, 취학 전 아동교육 지원, 실업자 교육훈련, 대학생 해외연수 지원 등등 수많은 계획과 조직이 도입되었다. 경기조절과 복지 제공을 넘어 거대한 사회 개조 프로그램이 도입되었다.

1949년부터 1979년 사이에 미국의 복지비 지출은 106억 달러에서 2,590억 달러로 25배가 증가했다. 복지비는 예산의 절반 이상을 차지했으며, GDP에 대한 비율은 거의 12%로 3배나 증가했다. 그나마 미국은 나은 편이었다. 사회민주주의 성향의 유럽대륙의 큰 나라들은 GDP의 25%, 스칸디나비아 국가들은 30%에 이르렀다.

1970년대에 접어들어 우려할만한 상황이 터지고 말았다. 유가상승과 베트남전 비용도 원인 중 하나였지만 그 이유만으로 보기에는 인플레이션이 너무나 광범위하고 장기화되었다. 베트남전에 참전하지 않은 나라들의 인플레이션율도 10%를 넘었다. 프랑스 15%, 이탈리아 25%, 스페인 28%, 독일 8%였다.

이런 거액을 투입하고도 가난은 퇴치되지 않는다. 생활수준이 향상되면서 가난의 정의도 달라지기 때문이다. '빈곤 퇴치'란 움직이는 목표물과 같다. 실질소득은 상승했지만, 가난한 사람들은 전과 같이 가난하다고 느꼈다. 더구나 복지국가는 사람들을 생산적인 경제에서 영구적으로 끌어내 국가에 의존하게 만드는 위험이 있었다. 노인들이 분가하거나 사람들이 이혼하면서 가족이 쪼개지자, 소득이 분할되면서 가난이 더욱 확대되었다. 심지어 복지제도는 가난한 가족이 쉽게 갈라설 수 있도록 돈을 지불하였다.

2) 휘그의 부활과 인플레이션의 소멸

70년대의 Great Inflation에 처방전을 낸 위대한 경제학자가 있었으니 그가 바로 시카고대학의 작은 거인 밀턴 프리드먼이다. 그의 원류는 오스트리아의 망명 경제학자 미제스와 하이에크였지만 미제스는 영어를 하지 못했고, 하이에크도 경제학자라기보다 사회철학자에 가까워 주류 경제학계에서 이단 취급을 받았다.

밀턴 프리드먼은 155cm밖에 되지 않는 작은 체구였지만 탁월한 논리와 유려한 달변으로 구름 같은 청중을 몰고 다닌 스타 경제학자였다. 그는 케인스주의와 마르크시즘으로 물들고 68세대와 반전운동의 폭력적 분위기로 서슬이 시퍼렇던 미국 대학을 순례하며 학생들과 주저 없이 대화하였고, 라디오와 TV에 쇼호스트처럼 나와 국민들을 다정하게 설득했다. 작은 정부, 더 많은 자유, 민간이 더 많은 의사결정권을 가지길 부르짖었고, 예측 가능한 통화정책을 요구하였다. 로널드 레이건은 프리드먼에게서 영감을 얻었다.

30년간 노동당의 득세에 전전긍긍하던 영국 보수당도 하이에크와 프리드먼의 가르침을 따라 당을 개조하였다. 글래드스턴과 쌍벽을 이뤘던 위대한 보수당 정치인 디즈레일리가 채택한 '하나 된 국민 정책(One Nation Policy)', 즉 계급이 아니라 국민을 하나의 단일체로 보고 국민 모두의 번영을 위해 노력한다는 이념을 버리고, 과거 휘그의 전통으로 돌아간 것이다. 휘그는 1918년 소멸하였지만 대처의 지도하에 보수당에서 다시 부활하였다.

이제 복지예산은 자제되었고 통화정책에서도 중앙은행은 시카고학파의 가르침에 따라 정해진 비율로만 통화량을 증가시킨다는 원칙을 지켰다. 그동안 거대국가의 압력에 순종하던 중앙은행이 폴 볼커 FRB 의장 대에 이르러 갑자기 정책금리를 20% 이상으로 올렸다. 그 부작용으로 부동산가격이 폭락하고 실업률이 10%를 넘어 치솟아도 통화긴축을 멈추지 않자 비로소 사람들은 중앙은행을 믿게 되었다. 전 세계 중앙은행이 이를 모방했고 그 결과 1980년대 중반 Great Inflation이 잡혔다.

3) 거대국가의 유산: 이익집단의 양성

인플레이션은 잡혔으나 거대국가는 만만치 않은 유산을 남겼다. 거대국가는 많은 공무원 수와 거대한 예산을 뜻한다. 조직과 예산은 사업을 필요로 한다. 거대국가 내 공무원조직은 실업과 가난을 구제하는 차원에서 업그레이드되어 수많은 사회정책을 수립할 수 있게 되었다.

린든 존슨 재직 당시 선거에서 흑인들의 외면으로 대패하자 "앞으로 100년간 흑인이 민주당을 지지하게 만들겠다"며 도입한 거액의 흑인 지원 예산이 그 시작이었다. 흑인은 대부분 가난했다. 누구나 혜택을 받을 수 있는 형태를 갖추었지만 사실상 흑인 유권자를 위한 대규모 지원 예산이 책정되었다. 1865년 링컨의 공화당이 해방시킨 노예의 후예들은 100년이 지난 후 민주당으로 서서히 옮아갔다.

가난과 상관이 없이 사회문제이기만 하면 예산을 쓸 수 있었다. 비슷한 논리로 인디언과 히스패닉 등 소수인종을 위한 예산, 환경운동을 도우기 위한 예산, 가난한 작가와 예술가를 위한 예산, 결손가정을 위한 예산, 여성운동을 위한 예산 등등, 사회정책의 무한한 반복 생산이 가능하다. 진보진영에서 시작했지만 보수진영도 마찬가지다. 참전용사를 위한 예산, 낙태방지를 위한 예산, 종교의 자유를 위한 예산, 자본주의 이념을 전파하기 위한 예산 등등.

이러한 예산이 신설되자 기묘한 현상이 벌어졌다. 직업으로서 사회운동가 그룹이 양성된 것이다. 소수인종 운동에 청춘을 바치는 아이비리그 출신 사회운동가는 워싱턴에 상주하며 정치인과 관료를 상대로 열정적인 로비를 벌인다. 그는 사회운동 지도자로 부상하고 선거가 오면 운동 단체를 후원하는 정당에게 지원을 약속한다. 그 운동을 지지하는 단체원들은 지도자가 가리키는 정당과 후보에게 표를 던진다. 심지어 그 지도자가 직접 출마하기도 한다.

흑인, 히스패닉, 장애인 등을 지칭하던 minority 개념이 이제 환경, 페미니스트, 예술가, 참전용사, 복음주의자 등을 지칭하는 개념으로 진화 발전하였다. 단체의 지도자들은 매년 새로운 프로그램을 개발하고 단체원들에게 강화된 혜택을 약속하고 이에 대한 예산 지원을 정치인들에게 요청한다. 정당은 사회단체를 후원하고 사회단체는 특정 정당을 지지한다. 좌우를 막론하고 이제 예산을 줄인다는 것은 불가능하다. 거대국가는 이익집단을 양성하였다.

4. 인플레이션 문제의 부활

1) 인플레이션 문제의 대두

1980년대 중반 인플레이션은 소멸되었고 1991년 냉전 종료 후 세계는 제2차 세계화 물결 속에 순탄한 번영을 누렸다. 소련이 해체되자 러시아의 석유자원과 비옥한 흑해연안의 농산물이 1차산품의 가격 하락을 주도하였고, 동유럽, 중국의 저임 노동력이 제공하는 생산비 하락에 힘입어 2차산품 가격도 낮은 수준에 머물렀다. 인플레이션을 우려하는 목소리는 사라졌고, 때때로 몰려오는 금융위기에 오히려 디플레이션을 우려하는 목소리가 더 컸다.

2007년 서브프라임 금융위기 이후 FRB 벤 버냉키는 디플레이션 파이터로서 비전통적 접근법을 구사하여 1조 달러에 그치던 FRB 자산을 4조 달러로 늘렸다. 2013년 남유럽 재정위기를 거치면서 ECB, 영란은행, 스위스 중앙은행도 대규모 양적완화를 실시했고 재무제표상 자산총액을 종전의 5배로 증가시켰다.

코로나19 사태 이후에는 더욱 극적이다. Lock-down으로 인한 국민들의 소득 부진을 구제하기 위해 국채발행을 통한 재정투입을 불사하여 미국 FRB의 자산규모는 현재 7조 2천억 달러로 증가하였다. 금융위기와 코로나19 사태를 겪으며 정부가 뿌리는 헬리콥터 머니로 정부지원이 필요 없는 곳까지 무차별적으로 낭비적인 소비가 조장되고 이에 따라 경제 곳곳에 비효율이 증대되었다. FRB는 2020년 잭슨홀 미팅에서 인플레이션보다 고용안정을 우선순위에 둔다고 발표하였다.

무한정으로 풀린 자금은 주식시장으로 흘러들어가 다우·나스닥은 물론 상대적으로 소외되었던 한국 KOSPI도 3천 포인트를 뚫는 등 고공행진을 거듭해왔다. 반면 미 국채 금리가 급격히 상승하며 이것이 인플레이션의 전조가 아닌가 하는 공포가 스멀스멀 자라나고 있다. 사상 최대치로 디플레이션을 막기 위한 조치가 역으로 인플레이션이 우려되는 기묘한 상황이다. 무엇이 옳은 판단인가?

2) 자산 인플레가 주는 우려

자산 인플레와 물가 인플레이션은 다른 것이다. 자산 인플레는 17세기 네덜란드에서 벌어진 튤립 파동(Tulip mania)과 같은 버블에 불과하고 일정 시점에 이르면 정상가격으로 복귀할 뿐이다.

현대의 중앙은행은 금본위제하에서처럼 통화운용이 경직적이지 않고 디플레이션하에서 대량실업을 감내할 생각이 없다. 인플레이션은 넓게 퍼져 모두에게 조금씩 손실을 입히지만 디플레이션은 실업을 양산하여 사회를 위기로 몰아넣는다. 따라서 디플레이션이 예상될 때 양적완화 정책으로 자산 인플레가 발생한다고 해서 금융긴축에 들어가지 않는다. 그건 투자가들이 알아서 할 일이다.

심지어 중앙은행은 투자가들의 실패에 대해서도 회초리를 들지 않았다. 그 대표적 경우가 2007년 서브프라임 위기였고 중앙은행은 리먼브라더스를 제외한 모든 월가의 무분별한 투자가들을 살려주었다. 금융시스템 위기를 방지하기 위해서다.

그러나 최근 금융시장의 흐름은 심상치 않다. 사상 유례없는 과잉 유동성이 금융시장에 흘러들었고 금융회사들은 자산과 부채를 한껏 부풀렸다. 금융사로서는 수익기회를 갖기 위한 당연한 행동이다. 제롬 파월 FRB 의장은 기준금리를 향후 3년간 올리지 않겠다고 했지만 10년물 TB 금리 등 시중 실세금리가 갑자기 상승하며 투자가들이 당황하고 있다. 금융사의 수익성 악화로 부채상환능력이 떨어질 것이고 위기 시 유동성 고갈 사태를 겪을 수 있기 때문이다.

만일 FRB가 금리를 안정시킬 역량을 보여주지 못한다면 어떻게 될 것인가? 자산부채의 건전성과 장단기 배열을 맞추지 못한 금융사들에 대해 신용평가사가 우려하는 대목이다. 적극적인 모니터링이 필요한 시점이다.

3) 물가 인플레이션이 주는 함의

물가 인플레이션은 다른 경로를 거친다. PQ=MV(가격×수량=통화량×통화속도)라는 피셔의 교환방정식에서 가격수준을 의미하는 P의 계산에는 재화와 용역의 가격만 반영할 뿐 주식, 채권, 부동산의 가격은 반영되지 않는다. 통화량, 즉 증가한 M도 모두 투자자산으로 몰려갔다. 중앙은행이 방출한 자금이 P와 M에 반영되지 않는 한 피셔방정식에 변화는 없고 재화와 용역의 가격은 오르지 않는다. 현재 물가 인플레이션율이 안정적인 이유다.

농산물은 기계화 농법, 비료의 대량 공급과 유전공학의 발전으로 비약적인 생산성혁명을 이루었다. 미국이 중국 공산품에 10~25% 고율

관세를 매겼고 바이든 행정부도 Made in America 정책을 강화하고 있어 장기적으로 공산품 가격인상이 우려되지만 이 또한 제한적이다. 일물일가의 법칙(Law of one price)이 적용되는 공산품의 특성상, 중국을 벗어난 밸류체인 - 인도, 베트남, 멕시코 등 - 에서 생산한 가격이 Made in China보다 가격이 비싸다면 판매되지 않는다. 국제경쟁에 노출되어있고 깊디깊은 세계 공급체인에서 생산자는 쉽게 가격을 올릴 수 없다.

그러나 코로나19 이후 지연된 수요가 폭발하고 이를 위한 비용상승 움직임도 감지된다. 일부 금융사의 투자자금은 원자재로 몰려가 석유, 철광석, 석탄 등 1차 원자재 시장이 요동치고 있다. 장기적으로 미중 패권경쟁으로 세계 공급체인도 변화하고 그로 인해 비용구조도 바뀔 것이다. 인건비, 재료비, 수송비 모든 면에서 큰 변화가 있을 것이고 모두 Cost-push 요인으로 인플레이션에 직접적 요인을 제공하는 것들이다.

또한 최근 각국의 무역정책은 1930년대 대공황시기 보호주의를 연상시키는 조치로 돌아가고 있다. 세계 각국에서 제2차 글로벌라이제이션 30년을 맞아 긍정적 효과와 더불어 부정적 효과가 가시화되었다. 소득불평등이 강화되고 공동체의식이 퇴조되고 국수주의적 보호무역을 요구하는 포퓰리즘이 정치세력화하였다. 트럼피즘과 브렉시트가 그것이다.

기업들은 세계화 퇴조와 일국주의 강화에 발맞추어 현지생산과 판매를 강화하고 원자재 조달선을 다각화하여야 한다. 순혈주의를 버리고 해외 파트너와의 협력을 늘려가 자국 정부뿐 아니라 해외 정부로부터도 보호와 지원을 받을 수 있는 지위를 획득해야 한다. 먼 미래이기는 하지만 이러한 다각화 노력은 신용평가에서도 정당한 평가를 받을 것이다.

참고문헌

1. 『돈의 대폭락』, 애덤 퍼거슨 지음, 이유경 옮김, 엘도라도, 2011
   독일 하이퍼인플레이션의 원인, 경과, 결과를 실감나게 서술한 르포형 저작이다. 인플레이션의 발생경로와 폐해를 쉽게 이해할 수 있다.

2. 『대공황 전후 세계경제』, 찰스 페인스틴 외 지음, 양동휴 외 옮김, 동서문화사, 2008
   대공황이 중앙은행의 실책에 의한 것임을 지역별, 국가별로 논증한 저작으로 대공황 교과서에 해당한다.

3. 『모던 타임스 II』, 폴 존슨 지음, 조윤정 옮김, 살림, 2008
   언론인 출신 역사가 폴 존슨의 저작. 린든 존슨의 '위대한 사회'의 전개와 결말을 재미있게 서술하고 있다.

인플레이션과 금리 상승: 쟁점과 전망*

송기종

백신접종이 시작되고, 글로벌 경기가 완연한 회복세를 보이면서 코로나19 이후의 경제가 어떤 모습일지가 관심의 초점이 되고 있다. 그 중에서도 거시경제와 관련된 가장 중요한 이슈는 이자율과 인플레이션일 것이다.

낙관적인 전망을 가진 측에서는 여전히 인플레이션의 위협이 크지 않다고 판단하고 있다. 대표적으로 Yellen 미국 재무부장관과 Powell Fed 의장은 올해 중순에서 하반기까지 일시적으로 물가상승률이 크게 높아지겠지만, 기저효과와 공급 측면의 병목현상에 따른 일시적인 현상일 뿐이라고 말하고 있다. 내년부터는 2.0~2.5% 내외로 안정화될 것이고, 이 정도 수준은 거시경제 안정에 큰 위협이 아니라는 주장이다.

반면, 인플레이션이 코로나19 이후 경제에서 가장 중요한 위험요인이라는 주장도 강하게 제기되고 있다. 2차대전 이후 가장 공격적인 재정확대 정책이 2008년 이후 지속되어온 완화적 통화정책 기조, 그리고 강한 경기반등과 결합되어 물가상승률이 높아질 수밖에 없는 경제

---

* 이 글은 2021년 1월 28일 작성된 것이다.

환경이 만들어지고 있다는 것이다.

　이 글은 인플레이션에 대한 전망을 제시하고 있지는 않다. 양 진영 모두 나름대로의 논리를 가지고 있고, 주목해볼만한 주장과 아이디어들이 제시되고 있기 때문에 이들의 핵심적인 내용을 정리하면서 함의를 찾아보고자 한다. 그리고, 이를 바탕으로 몇 가지 시나리오를 생각해보자.

1. 인플레이션 논쟁의 배경

　최근 인플레이션에 대한 논의가 시작된 데에는 크게 두 가지 배경이 있다. **첫째는 '기저효과'로 인해 2021년 중순부터 미국 물가상승률(CPI 상승률 기준)이 2.0%를 크게 상회하고 있다는 점이다.** 코로나19 확산에 따른 이동통제 등으로 인해 작년 4~5월 사이 물가상승률은 0.5% 미만의 매우 낮은 수준을 기록했다. 그리고, 이에 따른 기저효과로 2021년 4~5월 물가상승률은 추세 대비 높아질 수밖에 없다. 2020년 말 1.4% 수준이던 미국의 전년 동기 대비 물가상승률은 이미 2021년 5월 5.0%까지 높아졌다.

　물론, 이는 기저효과의 영향이기 때문에 현재 금융시장의 컨센서스는 5월 고점 이후에는 장기 추세를 반영하여 물가상승률이 다시 하락할 것으로 전망하고 있다. 하지만, **2020년 하반기부터 시작된 주가지수 급등이 낮은 물가상승률과 극단적인 저금리에 기반하고 있다는 것을 잘 알고 있는 금융시장 투자자 입장에서 2%를 크게 상회하는 물가상승률을 지켜보는 것 자체가 공포일 수밖에 없다.** 이와 더불어, 재정지출 확대로 미국 정부의 국채발행이 증가하면서 장기금리가 상승추세를 보일 수밖에 없는 상황이다. 중앙은행이 장기금리 상승을 막으려고 시도하겠지만, 성공여부는 결국 인플레이션 추이에 달려있다. 혹시나 2021년 하반기에도 인플레이션이 모멘텀을 가지면서 지속될 수 있다는 우려에 촉각을 곤두세울 수밖에 없는 이유이다.

두 번째 배경은 금융시장이 저인플레이션-저금리 상황이 장기간 지속될 것으로 '너무 강하게' 확신하고 있는 가운데, 과거 경험으로 볼 때 '이러한 전망'이 급격하게 조정되는 시기에 금융시장의 변동성이 커질 수 있다는 점이다. 2008년 금융위기 이후 저인플레이션-저금리 상황은 'New Normal'이라고 할 정도로 일상적이다. 하지만, 코로나19가 본격적으로 확산된 이후 저인플레이션-저금리 상황이 장기간 지속될 것이라는 확신의 정도는 더욱 강해졌나. 작년 4분기부터 미국의 시중금리가 어느 정도 반등하기는 했지만 여전히 금융시장, 특히 채권시장이 생각하는 시중금리 상승 속도는 매우 완만하고, 시중금리가 예상보다 빠르게 상승할 가능성을 아주 낮게 평가하고 있다.

하지만, 이러한 기대가 반전되는 시기에 채권시장과 전체 금융시장의 변동성 확대로 연결되는 경향이 강하다. 2013년 Taper Tantrum 시기를 보면, 시장에서 예상하는 금리 인상 폭 자체는 크지 않았지만 단기금리 상승 경로가 예상보다 가팔라질 수 있다는 리스크를 채권 금리에 빠르게 반영하기 시작했고, 이는 채권 금리의 급등을 낳았다. 이러한 사례는 금융시장에서 전망하는 물가상승률 상승 폭이나 정책금리 인상 폭이 크지 않다고 하더라도, **기대의 변화만으로 시중금리의 급등과 금융시장의 변동성 확대를 가져올 수 있다는 것을 보여주고 있다.** 당장 5%를 넘는 물가상승률이 나타날 것이라고 생각하지 않더라도 **금**

융시장이 인플레이션 경로와 그 변화, 그리고 이에 대한 미국 Fed의 입장에 대해 민감할 수밖에 없는 이유이다.

2. '인플레이션 복귀' 주장의 논리와 근거

그렇다면, 최근 강하게 제기되고 있는 '인플레이션의 복귀' 전망의 근거와 논리는 무엇일까? 그리고, 그동안 여러 차례 제기되었지만, 결국 실현되지 않았던 '인플레이션의 복귀' 주장과 어떤 차이가 있을까? **큰 틀에서 보면 코로나19 확산에 대응하는 과정에서 변화된 경제정책 방향이 이전과 다른 인플레이션 환경을 만들고 있다는 것**이다.

1) '화폐수량설', 이제는 작동할 것

주목되는 **첫 번째 논리는 화폐가 증가하고 있기 때문에 '화폐수량설'에 따라 물가가 상승할 수밖에 없다는 것이다.** 사실, '화폐수량설'에 기반한 '인플레이션 복귀' 주장은 2008년 이후 선진국 중앙은행들이 동시에 극단적인 통화완화 정책을 도입하면서 제기되었었다. 하지만, 2008년 이후 현실에서는 인플레이션이 아니라 오히려 디플레이션이 우려되는 경제상황이 지속되면서 이러한 논리가 힘을 얻지 못했다.

이러한 가운데, 와튼스쿨의 교수이자 유명한 경제평론가인 Jeremy Siegel은 최근 Financial Times 기고문[1]을 통해 2008년 직후의 양

---

[1] Jeremy Siegel, "Higher inflation is coming and it will hit bondholders", Financial Times, January 20, 2020

적완화와 현재의 상황은 다르다고 주장하고 있다. **그동안은 양적완화 (Quantitative Easing)를 통해 풀린 유동성이 은행들의 초과 지급준비금으로 흡수되면서 실물경제에 유입된 유동성이 매우 적었던 반면, 이제는 통화정책 완화와 재정확대가 동시에 진행되어 실물경제에 유동성이 유입되고 있기 때문에 인플레이션 압력이 높아질 수밖에 없다는 것**이다.

2008년 금융위기 이전까지 미국 은행들은 초과 지급준비금을 거의 보유하지 않았었고, 초과 지급준비금에 대해 Fed가 이자도 지불하지 않았었다. 이러한 가운데, 2009년 4월부터 양적완화가 시행되고, 이후 Fed가 초과 지급준비금에 이자를 지불하기 시작하자 양적완화를 통해 풀린 유동성의 대부분이 은행의 초과 지급준비금으로 흡수되었다는 것이다. 지불준비금은 은행이 중앙은행에 예치한 예금이기 때문에 은행은 보유하고 있던 국채 등의 고유동성 금융자산을 중앙은행에 매각하고, 해당 금액을 다시 중앙은행에 예치했다는 의미이다. 반대로, **중앙은행 입장에서 보면, 은행에 돈을 주고 국채 등을 샀지만 해당 금액이 모두 예금으로 다시 돌아왔기 때문에 장부상의 거래만 있을 뿐 실제로 풀린 유동성은 없었다.**

반면, **현재의 상황은 정부가 공격적인 재정확대 정책에 나서고 있기 때문에 당시의 상황과는 차이가 있다는 것이 Jeremy Siegel의 주장이다.** 미국 바이든 신 정부의 1조 9천억 달러 규모 경기부양책은 이미 실행 중이며, 'Build Bank Better'를 모토로 하는 4조 달러 규모의 경제 개건 정책이 의회에서 논의 중에 있다. 유럽 지역 국가들도 미국만큼 공격적이지는 않지만, 코로나19의 충격에 대응하기 위한 재정지출 확대에 나서고 있다. 이와 같이, 각국 정부들이 재정지출을 확대하기 시작하면서 직접 현금지급이나 각종 공공투자를 확대하고, 확대된 재정지출을 조달하기 위해 발행된 국채를 중앙은행이 양적완화, 혹은 Yield Curve Control 등의 명목으로 매입한다면, 이제는 진정한 의미에서 실물경제의 유동성 공급이 증가하게 된다. **즉, 과거의 양적완화가 이미 금융시장에 존재하는 금융자산의 '이름과 주인 바꾸기'에 불과했다면, 이제는 경제주체들에게 직접 현금이 들어가기 때문에 '화폐수량설'에 따라 앞으로 물가상승률은 높아질 수밖에 없다는 것이다.**

2) 중앙은행의 변절과 인플레이션 Tax의 부활

'인플레이션 복귀' 주장의 또 다른 논리는 **중앙은행의 인플레이션에 대한 태도가 변화했다는 것**이다. 코로나19 확산 이전까지 중앙은행들의 통화정책이 과도하게 낮은 인플레이션에 대응하는 수준에 그쳤다면, 이제는 인플레이션을 허용, 또는 방기하거나 심할 경우 노골적으로 조장할 수밖에 없다는 주장이다. 이러한 주장은 2008년 금융위기 이후 꾸준히 제기되었지만, 미국 Fed가 평균 물가상승률 목표제(Average Inflation Targeting)를 도입하면서 더욱 강화되었다. 미국 Fed는 이미 그동안 암묵적으로 유지되어오던 2%의 물가목표를 사실상 폐지하고, 2.5% 내외의 물가상승률을 선호한다고 시사하고 있다.

1990년대 중반 이후 선진국에서 사실상 5% 이상의 물가상승률은 사라졌다. 이러한 안정적인 인플레이션 환경을 조성할 수 있었던 데에는 다른 많은 요소들도 영향을 미쳤겠지만, 중앙은행의 공헌도 무시할 수 없다. 1970년대 고인플레이션 시대를 지나면서 인플레이션의 해악에 대해 경제학계와 정치권의 공감대가 형성되었고, 이는 중앙은행의 독립성 강화와 인플레이션 타깃팅 제도 도입을 비롯한 제도적 기반 확충, 그리고 인플레이션을 억제하기 위한 선제적인 통화정책 사용 등으로 이어졌다. 경기부양을 통해 총수요 증가에만 의존하는 경제성장은 지속 가능하지 않으며, 안정적인 인플레이션을 유지하는 것이 기술개발과 투자활동을 촉진하기 때문에 경제성장에 보다 바람직하다는 경제철학을 반영한 것이다.

하지만, 현재의 상황에서 중앙은행들이 이러한 철학을 고수하기 어려울 것으로 보인다. 그 이유는 **첫째, 노동시장의 회복을 위해서는 장기간의 완화적 통화정책이 필요하기 때문이다.** 코로나19로 인해 노동시장이 크게 악화된 상황에서 비대면 경제활동과 관련된 기술의 급속한 개선 등으로 인해 각국의 산업구조 또한 빠르게 변화하고 있다. 일반적으로 큰 규모의 경제적 충격이 발생할 경우, 노동시장은 다른 시장에 비해 매우 더디게 회복되는 특징이 있다. 이러한 상황에서, 산업구조의 급속한 변동까지 동반되고 있기 때문에 이에 적응하지 못하는 장기 실업자가 증가하면서 향후 노동시장의 회복이 더욱 지체될 것으로 보인다.

이와 같이, 코로나19 확산의 충격이 2차대전 이후 가장 큰 수준으로 평가받고 있는 상황에서 물가안정이라는 추상적인 목표를 추구하는 것은 정치적으로 가능하지도 않으며, 오히려 노동시장을 회복시키고 실업자의 수를 감소시키는 것이 실질적인 급박한 정책목표일 수밖에 없다. 그리고, 이는 **물가상승률이 '일시적'이 아니라 '추세적'으로 높아지는 상황에서도 과거와 같이 중앙은행이 쉽게 통화긴축에 나서지 못한다는 것을 의미**한다.

두 번째 이유는 2006년 일본 중앙은행의 섣부른 통화긴축이 가져온

결과에 대한 반성 때문이다. 확장적 통화정책 기조를 유지해오던 일본 중앙은행은 경기가 다소 회복되고 물가상승률이 높아지는 기미를 보이자 2006년 8월부터 정책금리 인상을 시작했다. 당시 중앙은행은 통화긴축의 정도가 강하지 않았기 때문에 그 효과가 크지 않을 것이라고 생각했지만, 예상과 달리 경제상황은 급속하게 냉각되었다. 그리고, 이러한 정책금리 인상 결정은 일본의 '잃어버린 20년'을 '잃어버린 30년'으로 만든 정책의 실패였다고 오늘날까지도 언급되고 있다. 이러한 **과거 정책 실패의 경험은 당분간 중앙은행이 통화정책 전환을 고민할 때 중요한 역할을 할 수밖에 없을 것이다.** 실패의 결과가 완만한 경기둔화가 아니라 경제와 노동시장의 회복 경로를 영구적으로 바꿀 수 있기 때문이다.

일각에서 제기하는 **세 번째 이유는 크게 증가한 정부부채 문제를 해결하기 위해 중앙은행이 고인플레이션 상황에서도 정책금리를 낮게 유지할 수밖에 없다는 것**이다. 2008년 금융위기와 코로나19 확산에 대응하는 과정에서 정부부채는 크게 증가했으며, 인플레이션 이외에 이 문제를 해결할 마땅한 방법을 찾는 것이 쉽지 않은 것이 사실이다. 잠재성장률이 획기적으로 개선될 여지는 거의 없어 보이며, 재정지출 축소나 증세는 경제상황과 노동시장 회복에 부담을 줄 수밖에 없다.

이러한 상황에서 인플레이션은 정부부채 문제를 가장 손쉽고, 저항 없이 해결할 수 있는 방안이다. 실제로, 1차 세계대전과 2차 세계대전 과정에서 급증했던 영국의 정부부채는 결국 파운드화의 평가절하와 인플레이션을 통해 해결되었다. 2차대전 이후 영국 정부는 물가를 안정시키고 파운드화의 가치를 유지하기 위해 분투했으나, 결국 1949년 이를 포기할 수밖에 없었다. 그리고, 이후 영국의 경제상황은 마법처럼 회복되었다.

궁극적인 결과[2]를 보면, 2차 세계대전 직후인 1946년 영국의 GDP 대비 정부부채 비율은 259%였으나, 이 비율은 1971년 56.3%로 기적처럼 낮아졌다. 이 기간 동안 영국 정부부채의 절대 금액은 줄어들지 않고 오히려 39.5% 증가했다. 하지만, 명목 GDP가 같은 기간 동안 6.4배로 증가하면서 GDP 대비 정부부채 비율이 낮아진 것이다. 그리고, 명목 GDP 증가분 중에서 2/3는 물가상승에 따른 것이었으며, 전후 호황으로 인해 영국 경제가 이 시기 비교적 높은 경제성장률을 기록했음에도 불구하고, 실질 경제성장이 GDP 대비 정부부채 비율 하락에 공헌한 비중은 1/3 정도에 불과했다. **고통스러운 긴축을 지속하는 것보다 인플레이션을 통해 정부부채 문제를 해결하는 것이 손쉽고 전체 국민경제에 보다 바람직할 수도 있다는 것**을 보여준다.

---

2   당시는 고정환율제도하에 있었으며, 영국 정부는 이 기간 동안 1949년과 1967년 두 차례에 걸쳐 파운드화의 평가절하를 단행하였다. 1949년 9월에는 1GBP당 4.03USD에서 2.80USD로 평가절하하였으며, 1967년 11월에는 다시 1GBP당 2.40USD로 절하하였다.

자료: Federal Reserve Bank of St. Louis,
A Millennium of Macroeconomic Data for the UK

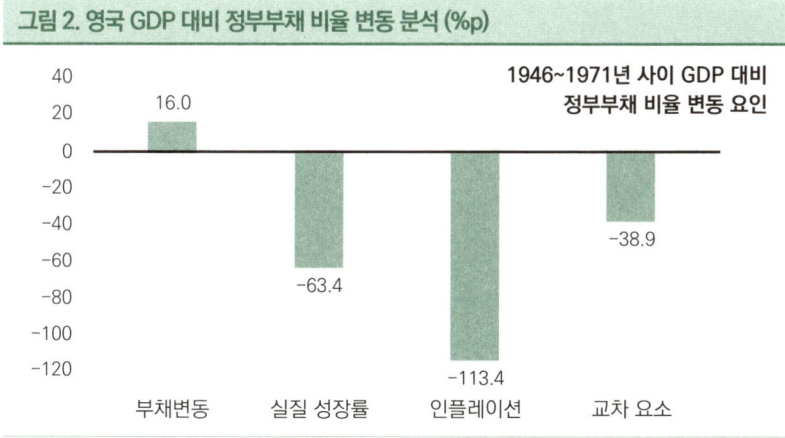

자료: Federal Reserve Bank of St. Louis,
A Millennium of Macroeconomic Data for the UK

 이와 같은 일련의 주장에 따르면, 미국 Fed와 선진국 중앙은행들은 과거와 달리 적극적인 Inflation Fighter로서의 역할을 수행할 수 없을 것이다. 그리고, 미국과 선진국의 물가상승률이 높아지는 가운데에서도 중앙은행은 의도적으로 정책금리를 낮은 수준으로 유지할 수밖에 없을 것이다. 일반적으로 장기금리는 정책금리보다는 물가상승률에 민감하게 반응하기 때문에 수익률 곡선(Yield Curve)이 빠르게 가팔라진다는 것을 의미한다. 채권투자자를 비롯하여 Inflation Protection이 어려운 금융자산에 투자한 투자자들에게는 재앙과 같은 상황이며, 정책 변화나 위험에 민감한 부자들이 금이나 Bitcoin과 같은 대체 현금에 관심을 가질 수밖에 없는 이유이다.

3) 인구구조의 변화와 글로벌라이제이션의 후퇴

'인플레이션 복귀' 진영이 제시하는 논리 중에서 또 하나 주목되는 것은 **인구구조 변화, 즉 노령화와 글로벌라이제이션의 후퇴가 향후 Regime Change 수준의 변화를 일으키면서 인플레이션을 야기한다는 것**이다. London School of Economics 교수인 Charles Goodhart와 전 Morgan Stanley Economist인 Manoj Pradhan은 2020년 8월 출간된 자신들의 책[3]에서 이 주장을 세밀하게 정리하고 있다. 여기서 이 책의 방대한 분석과 논리들을 모두 정리하기는 힘들지만 내용을 간략하게 요약해보면, 이들은 1980년대 이후 글로벌 경제에 거대한 구조적 변화가 있었다고 주장한다. 이 구조적 변화의 원인은 **동구권과 중국이 글로벌 시장경제에 편입된 것이고, 이는 인구학적 측면에서 보면 그동안 글로벌 교역 체계에서 소외되어있던 노동가능인력이 새롭게 대규모로 유입되었다는 것**을 의미한다. 그리고, 이 시

---

[3] Goodhart & Pradhan, "The Great Demographic Reversal: Ageing Societies, Waning Inequality, and an Inflation Revival", August 2020

기 동안 선진국에서 전후 베이비붐 세대가 노동시장에 본격적으로 진입한 것도 인구학적 변동의 한 축이다.

이러한 인구학적 변동은 크게 **두 가지 측면에서 경제적 효과를 가졌는데**, **첫째는 글로벌 경제에서 노동자들의 협상력이 크게 약화**된 것이고, 둘째는 주로 중국 경제의 특성으로 인해 글로벌 경제 차원에서 **저축이 투자를 장기간 동안 크게 초과하는 현상**이 나타난 것이다. 노동자들의 협상력 약화로 인해 실질임금상승률이 장기간 동안 낮은 수준으로 유지되었으며, 이는 다른 요소들과 결합되어 저인플레이션 시대를 열었다. 그리고, 저축이 투자를 초과하여 실질금리도 낮은 수준을 유지하면서 저금리와 부채의 증가로 이어졌으며, 선진국의 저숙련 노동수요가 신흥국으로 이전되면서 국가 간 불평등의 감소, 국가 내 불평등의 확대로 이어졌다. 우리가 1980년대 이후 **글로벌 경제의 특징이라고 할 수 있는 '저인플레이션-저금리, 낮은 실질금리, 부채(민간부채와 정부부채 포함)의 증가, 국가 간 불평등의 감소, 국가 내 불평등의 확대' 등이 앞에서 언급한 인구학적 변동과 글로벌라이제이션의 결과**라는 것이 이들의 주장이다.

하지만, 이러한 글로벌라이제이션과 인구학적 변동(노동가능인구의 증가)의 효과는 감소해왔고, 이제는 **오히려 역전(The Great Demographic Reversal)되면서 앞으로 글로벌 경제는 또 다른 구조적 변화에 직면할 것**이라고 Goodhart와 Pardhan은 주장하고 있다. 동구권과 중국의 노령화도 이미 진행 중이며, 글로벌라이제이션에 대한 정치적 반감도 커졌기 때문이다.

이들의 전망 중에서 인플레이션 및 금리와 관련된 논리를 정리해보면, 우선 노동가능인구의 증가가 정체되고 노령층 인구가 증가하면서 **노동자의 협상력이 강화되고**, 이는 전반적인 임금상승으로 이어질 것이라고 전망하고 있다. 1990년 이후 선진국에서 사라졌던 Wage push 인플레이션이 다시 나타난다는 의미이다. 그리고, 노령화에 따라 투자가 저축을 초과하면서 실질금리가 상승할 것으로 전망하고 있다. 그동안의 낮은 실질금리는 중국의 과잉 저축에 기인한 것인데, 중국 인구의 고령화가 진행되고, 중국 경제의 성장 축도 내수 소비로 점차 이동하면서 **글로벌 경제의 과잉 저축(Global Saving Glut)이 반전된다는 논리이다.**

이 전망이 현실화된다면 인플레이션의 부활과 실질금리 상승이 겹쳐지면서 명목금리는 아주 높은 수준으로 치솟을 것이다. 그리고, 저자들은 이러한 논리를 바탕으로 이 책의 후기에서 **코로나19 확산의 충격이 사라진 이후 인플레이션이 5~10%까지 상승할 수 있다고 과감하게** 주장하고 있다. '고인플레이션-고금리, 실질금리의 상승'으로 특징지어지는 새로운 시대에서는 그동안 과도하게 높아진 부채를 해결해야 한다는 난제가 남아있다는 것을 의미한다.

3. 반론과 쟁점: 일본의 사례에 대한 해석과 그 함의

앞에서는 '인플레이션의 복귀'를 주장하는 측에서 제기하는 논리 중에서 주목할만한 세 가지 논리, 즉 '화폐수량설'의 입장, 중앙은행이 쉽게 인플레이션 통제에 나서기 어려운 상황, 그리고 좀 더 장기적인 추세인 '인구학적 변화'의 영향을 살펴보았다. 이러한 주장과 논리들이 많은 생각할 점을 던져주기는 하지만, 아직까지 시장의 컨센서스라고

하기는 어렵다. 반론들을 간략하게 정리해보자.

1) 반론들의 요점

가장 첫 번째 제기되는 반론은 **유휴 인력과 유휴 생산설비가 넘쳐나는 현재와 같은 상황에서 2%를 크게 상회하는 물가상승률이 지속되기 어렵다는 것**이다. 인플레이션은 '경제의 체온'과 같은 것으로, 어떤 한 두 가지 경제현상에 의해 결정된다기보다는 여러 경제현상들이 상호작용을 하면서 결정된다. 그렇기 때문에, '인플레이션 복귀' 진영에서 주장하는 경제현상들이 없는 것은 아니지만, 중단기적으로 오히려 인플레이션 압력을 낮추는 요소들이 더욱 강하다는 주장이다.

특히, 노동시장의 회복 부진이 가장 많이 언급되는 반론의 근거이다. 높은 인플레이션이 지속되기 위해서는 물가상승이 임금상승으로 이어지는 현상이 있어야 하는데, 물가상승률이 일시적으로 높아지더라도 높은 실업률로 인해 이것이 임금상승과 인플레이션의 구조적인 상승으로 이어지기 어렵다. 이러한 이유에서 아직까지 대부분의 경제기관들은 미국의 내년인 2022년 물가상승률을 2.0~2.5% 내외로 전망하고 있다.[4]

두 번째 제기되는 반론은 **일본의 아베노믹스 사례에서 나타난 것처럼 재정지출 확대와 극단적으로 완화적인 통화정책이 꼭 높은 물가상승률로 이어지는 것은 아니라는 것**이다. 아베노믹스는 아예 물가상승률을 2~3%로 높이는 것을 목표로 했었다. 그리고, 이를 위해 재정지

---

[4] 미국 Fed는 현재 2021년과 2022년 PCE 물가상승률을 각각 3.0%, 2.1%로 전망하고 있다. IMF는 2021년과 2022년 미국의 CPI 기준 물가상승률(연말 기준)을 각각 2.3% 및 2.5%로 전망하고 있다.

출을 확대하고, 무제한적인 금융완화를 통해 중앙은행이 대규모로 국채를 매입하는 방식으로 재정적자를 조달하는 전략을 사용했다. 인플레이션을 만들기 위해 정부가 나서서 기업들에게 임금인상을 주문하기까지 했다.

그 결과 물가상승률이 어느 정도 상승하면서 디플레이션 상황은 벗어난 것은 사실이다. 그러나, 원하는 수준의 임금인상이나 인플레이션은 나타나지 않았으며, 여전히 1%를 하회하는 낮은 인플레이션이 지속되고 있다. **이러한 사례를 근거로, 인플레이션에 대한 우려는 기우에 불과하여 지금은 오히려 디플레이션의 재현을 걱정해야 하는 상황이라는 주장도 제기**되고 있다.

세 번째 반론은 Goodhart와 Pradhan의 주장에 대한 반론으로, **노동가능인구 감소가 반드시 '인플레이션의 복귀'로 이어지지 않으며, 고려해야 할 다른 많은 요인들이 있다는 것**이다. 역시 일본의 사례를 보면, 노동가능인구의 감소가 임금인상으로 이어지기는커녕 오히려 내수경기 둔화와 노동수요 감소로 이어져 낮은 임금상승률과 저인플레이션의 지속을 낳았다. 이와 더불어, 다양한 기술의 개발로 인해 저숙련 노동에 대한 수요가 감소하는 현상도 진행 중이다. 이는 Goodhart와 Pradhan의 주장과 달리, 노동가능인구의 감소가 인플레이션, 실질금리, 성장률, 저축과 투자에 미치는 영향이 매우 복잡하며, 어떤 경로가 실현될지는 아직 불확실하다는 것을 의미한다. 노령화와 같이 천천히 진행되는 현상이 갑작스럽게 인플레이션을 높인다는 주장에도 다소 무리가 있어 보인다는 의견도 제시되고 있다.

2) 일본의 사례에 대한 해석과 함의

앞에서 잠깐 언급한 바와 같이, **일본의 사례는 향후 미국과 여타 선진국의 인플레이션 전망에 중요한 함의**를 가지고 있다. 일본은 현재 선진국들이 경험하고 있는 성장률의 장기 침체와 노동가능인구의 감소라는 상황을 이미 경험했었다. 그리고, 장기 침체를 끝내기 위해 2012년 말부터 재정지출을 큰 폭으로 확대하고, 중앙은행이 국채를 매입하는 방식으로 재정적자를 조달했다. 이는 일본의 상황 및 경제정책이 현재 미국과 여타 선진국의 상황과 유사하다는 것을 의미한다.

하지만, 아베노믹스가 시작된 이후 일본의 물가상승률은 2014년 소비세 인상을 반영하여 잠깐 반등한 것을 제외하면 여전히 낮은 수준을 유지하고 있다.[5] 또한, 경제성장률이나 임금상승률이 의미 있는 수준으로 높아졌다는 징후도 보이지 않는다. 내심 200%를 넘는 GDP 대비 정부부채 비율을 인플레이션을 통해 해결하려는 의도도 있었으나, 결국 성과가 없었다. 임금인상률이 높아지는 가운데에서도 시중금리를 의도적으로 낮게 유지함으로써 금융자산이 많은 노령층의 부와 소득이 청년층으로 이전되는 효과도 노렸지만 이 역시 이루어지지 않았다.

일견 이러한 일본의 사례는 앞에서 살펴본 '인플레이션 복귀' 회의론을 지지하고 있는 것으로 보인다. 일단 현상적으로 보면, 노령화로 인한 소비수요의 위축이 인플레이션에 미치는 영향이 노동가능인구 감소에 따른 노동자의 협상력 상승의 효과보다 크다는 것을 보여주고 있기 때문이다. 또한, 재정지출 확대와 대규모 통화정책 완화도 저인플레이

---

5 일본 소비세는 1989년 4월 세율 3%로 처음 도입되었으며, 이후 세율이 1994년 4%, 1997년 5%, 2014년 8%, 2019년 10월 1일 10%로 순차적으로 인상되었다.

션 상황을 반전시키지 못했다.

하지만, Goodhart와 Pradhan는 **국지적인 노령화와 글로벌 차원의 노령화는 그 효과가 다르다고 반박**하고 있다. 일본의 사례는 국지적으로 노령화가 진행되었기 때문에 일본 기업들이 생산기지를 해외로 옮기는 방식으로 새롭게 글로벌 시장경제에 포함된 생산가능인구를 활용했으며, 이 때문에 일본의 노동자들이 협상력을 강화하여 임금을 올릴 수 없었다는 것이다. 반면, 앞으로 진행될 노령화와 인구학적 변동, 글로벌라이제이션의 후퇴는 글로벌 경제 차원에서 진행되는 것이기 때문에 일본 기업들이 했던 방식으로 회피할 수 없다고 이들은 주장하고 있다.

노령화와 생산가능인구의 감소가 노동자의 임금 협상력과 인플레이션 압력을 높일 것인가? 아니면, 오히려 경기 둔화와 투자 감소로 이어져 임금상승 압력과 인플레이션 압력을 낮출 것인가? 향후 인구구조의 변화가 Goodhart와 Pradhan의 주장처럼 저축을 감소시켜 실질금리를 높일 것인가? 아니면, 투자의 감소 폭이 더 커서 오히려 실질금리를 낮추는 요인일까? '화폐수량설'의 주장처럼 재정지출 확대와 중앙은행의 통화 증발이 인플레이션을 높이는 효과를 가질 것인가? 아니면, 일본의 사례에서와 같이 큰 효과를 가지지 못할 것인가? 아직까지는 열려있는 질문이고, 일본 사례의 함의에 대한 추가적인 연구가 필요하다.

4. 결론 – 세 가지 시나리오

'인플레이션'은 2021년 내내 금융시장과 경제 전체에 중요한 화두가 될 것으로 보인다. 올해 중순에 미국의 물가상승률이 높아지면서, 중장기 인플레이션에 대한 전망과 금융시장, 그리고 전체 경제에 미치는 영향에 대해 관심을 가질 수밖에 없기 때문이다.

앞에서 살펴본 양 진영의 주장을 보면, 지금과 같은 상황에서 인플레이션 전망은 일반적인 경제상황에서와 같이 경제성장률 전망이나 실업률 전망, 유가와 원재가 가격 전망 등을 통해 도출할 수 있어 보이지 않는다. 오히려 인구학적 변화와 글로벌라이제이션의 추세, 재정정책과 통화정책 기조의 큰 변화 등이 얽혀있다. 그동안 이미 크게 부풀어 올랐고, 앞으로 한동안 증가할 수밖에 없는 정부부채 문제도 전망을 어렵게 한다.

하지만, 과도한 단순화의 위험을 감수하고라도 몇 가지 시나리오를 만들어내자면 크게 세 가지 정도를 생각해볼 수 있다. **첫 번째 시나리오는 다른 두 공포스러운 시나리오의 중간에 있는 가느다란 경로를 따라 조심스럽게 운행해야 한다는 측면에서 '골디락스 시나리오'라고 부를 수 있을 것이다.** 이 시나리오에서는 코로나19 확산이 통제되어 경기가 회복된 이후 글로벌 경제가 이전의 성장경로로 점차 복귀하면서 성장하고, 노동시장도 점차 회복세를 보인다. 물가상승률의 변동 폭은 다소 커지겠지만, 평균적으로 2.5% 내외의 물가상승률이 유지되는 가운데 장기금리는 양적완화와 Yield curve control을 비롯한 중앙은행의 적극적인 통화정책으로 너무 높지 않게 관리된다. 이에 힘입어 선진국 정부의 GDP 대비 이자비용은 크게 증가하지 않고, GDP 대비 정부부채 비율은 안정화되며 점진적으로 하향 추세를 보인다. **인플레이션을 너무 높지도 않게, 그리고 너무 낮지도 않게 관리하면서 성장경로와 낮은 장기금리를 유지하는 것이 이 시나리오의 관건이다.**

> "대부분의 미국인들은 인플레이션을 싫어하지만, 예일 경제학자들은 노동시장의 바퀴에 기름칠을 하고, 노동자의 명목임금을 삭감하지 않으면서 상대임금을 효율적으로 조정하려면 약간의 인플레이션이 필요하다고 주장했습니다."[6]
> – Dr. Janet Yellen, 1999

두 번째 시나리오는 "글로벌 경제의 일본화"로 부를 수 있을 것이다. 이 시나리오에서는 일본의 사례에서와 같이 재정지출 확대와 완화적 통화정책이 성장률을 회복시키고 물가상승률을 높이는 데 실패하게 된다. 노령화는 인플레이션 요소가 아니라 오히려 디플레이션 요소로라는 것이 증명되며, 당연히 인플레이션이 아니라 디플레이션이 더 큰 문제가 된다. 코로나19의 충격 이후 글로벌 경제의 성장경로가 구조적으로 낮아지며, 노동시장은 거의 회복되지 않거나 매우 느리게 회복되고 고용의 질은 점차 낮아진다.

유럽인들과 미국인들은 일본인들만큼 순종적이지 않기 때문에 기성 정치권에 대한 불신이 팽배해지고 Populist 정치인의 인기가 더욱 높아진다. 정치권에서는 재정지출을 더 확대하고, 중앙은행이 통화를 더 풀어야 한다고 소리칠 것이다. 아무 문제도 해결되지 않고, 정치적 혼란이 지속되는 가운데 중앙은행과 재무부는 자신들의 무기(통화정책과

---

6 Janet Yellen, Speech 'Yale Economics in Washington' by Dr. Janet Yellen at 'Yale Economics Reunion', April 1999

재정정책)들이 무력하다는 것을 깨닫지만 마땅히 다른 해결책을 제시할 수는 없다.

> "나는 일본을 안정적인 성장 궤도로 되돌리는 데 성공할 수 있습니다. 이것이 제가 '세 개의 화살'이라고 부르는 세 가지 정책에서 취한 근본적인 접근 방식입니다."[7]
>
> – Shinzo Abe, 2013

세 번째 시나리오는 Goodhart와 Pradhan, 그리고 Siegel가 전망한 세상이며, "70년대로의 회귀"라고 부를 수 있을 것이다. 이 시나리오의 가장 큰 특징은 경제변수의 높은 변동성이다. 기본적으로 임금상승률이 높아지면서 물가상승률이 치솟고, 저축이 감소하면서 실질금리가 상승하는 세계이다. 그리고, 거시경제 차원의 변동성과 경기사이클의 진폭이 커지면서 성장률은 70년대와 같이 불규칙한 등락을 거듭할 것이다. 때로는 임금상승률이 물가상승률을 큰 폭으로 상회하면서 실질임금이 상승하고 소비와 투자가 크게 증가하겠지만, 갑자기 물가는 치솟는 가운데 성장률은 하락하는 상황으로 반전이 일어나기도 한다. 1990년대 이후와 같은 안정적인 거시경제 환경과 성장이 지속되는 경제환경과 대비되는 상황이다.

70년대와 가장 큰 차이는 부채 문제일 것이다. 과거와 달리 글로벌 경제는 저금리의 혜택을 마음껏 누리면서 그동안 부채를 축적해왔다. 하지만, 이 시나리오가 현실화되면 실질금리 상승과 인플레이션으로

---

[7] Shinzo Abe, Economic Policy Speech by Mr. Shinzo Abe, Prime Minister of Japan, June 2013

인해 장기금리가 높은 수준으로 유지될 것이기 때문에 정부와 민간 모두 한동안 이자비용 부담에 허덕일 것이며, 이것이 성장경로에 부정적인 영향을 줄 것이다. 이 세계에서 중앙은행은 이자부담 완화를 위해 정책금리를 낮게 유지할 것인가 아니면 인플레이션을 잡기 위해 통화긴축을 할 것인가 사이에서 계속해서 갈등할 수밖에 없다.

> "역사는 대체로 인플레이션의 역사 - 대부분 정부의 이익을 위해 정부에 의해 의도적으로 만들어진 인플레이션의 역사 - 라고 말해도 과언은 아니다."[8]
>
> – Friedrich August von Hayek, 1976

> "대규모 재정 확대와 통화 확장 이후에 이동통제가 해제되고 경기회복이 계속되면 어떻게 될까? 많은 전쟁 이후의 경제적 여파에서 볼 수 있듯이, 그 대답은 인플레이션의 급격한 상승 - 아마도 2021년에 5% 이상, 혹은 10% 정도 - 일 것이다."[9]
>
> – Charles Goodhart & Manoj Pradhan, 2020

세 가지 시나리오 중 어떤 것이 현실화될지는 아직 명확하지 않아 보인다. 아마도 올해 하반기에도 같은 논쟁을 하고 있을지도 모른다. 궁극적으로 '골디락스 시나리오'에 가까운 상황이 현실화된다면 가장 이상적일 것이다. 만일, '글로벌 경제의 일본화' 시나리오가 현실화된다면 우울하겠지만, 우리는 그 세계에서 어떤 일들이 일어날지 대략 짐작할 수 있다.

그렇기 때문에, **현재 가장 미지의 영역은 세 번째 시나리오, 즉 "70**

---

8   F.A. Hayek, "The Denationalization of Money", 1976
9   Charles Goodhart & Manoj Pradhan, "The Great Demographic Reversal", 2020

년대로의 회귀"일 것이다. 70년대는 그리 먼 과거가 아니지만, 기억이 뚜렷하지는 않다. 그리고, 축적된 부채로 인해 경제의 작동 방식도 조금은 달라진 것 같다. 현실화 가능성이 어느 정도인지는 확신할 수 없지만, 위험에 대비하기 위해서는 세 번째 시나리오가 현실화된다는 가정하에 어떤 상황이 전개될지에 대한 고민이 필요하다.

70年代 인플레이션의 교훈과 포스트코로나*

송기종

포스트코로나19 시대에 이자율과 인플레이션은 어떤 모습을 가지게 될지는 투자자들에게 가장 중요한 질문 중 하나이다. 그리고, 이 질문의 한가운데에는 역시 미국 Fed가 있다. 1990년대 이후 경제생활을 한 사람들에게 Fed는 두려움 없는 Inflation Fighter이자 능숙한 경기사이클 조정자로 인식될 것이다. 현실 정치에서 한 발짝 떨어진 '신전 속의 사제'라는 이미지는 Fed가 스스로에게 부여하였고, 비교적 성공적으로 각인시켰다.

하지만, 조금만 겉면을 들춰내면 Fed의 현재와 같은 모습은 1970년대 인플레이션의 폐해에 대한 반성을 바탕으로 형성된 정치적 합의에 기반하여 만들어졌다는 것을 알 수 있다. 그리고, 이는 정치적, 사회적 환경에 따라 우리에게 익숙한 Fed의 이미지들이 언제든지 바뀌거나 사라질 수 있다는 것을 의미한다. **결국, 포스트코로나19 시대에 Fed와 미국의 통화정책이 어떤 정치적, 경제적 환경하에 놓이게 되고, 이러한 도전에 대해 Fed가 어떻게 대응할 것인지에 대한 검토가 필요하다.** 그

---

* 이 글은 2021년 3월 8일 작성된 것이다.

리고, 이에 대한 대답을 찾는 과정에서 현재 미국 Fed를 만든 초석인 1970년대 미국 인플레이션에 대한 이해가 도움이 될 것이다.

1. Inflation과 Stagflation의 시대[1]

1) 1970년대 미국 경제의 경제상황 개괄

이 글에서 1970년대라는 표현을 쓰고 있기는 하지만, 인플레이션을 분석하는 관점에서 보면 이 시기를 1965년 미국의 베트남 전쟁 확전에서 시작해서 '1981~1982년 경기침체'가 종료되는 1982년까지로 구분하는 것이 좋을 것이다. 1965년 베트남전 확전은 이전까지 2% 내외에 머물던 미국의 근원물가상승률이 60년대 후반 5%를 상회하는 수준까지 상승하는 시발점이다. 그리고, '1981~1982년 경기침체'는 볼커 연준의장의 통화긴축이 경기침체와 맞물리면서 마침내 근원물가상승률을 5% 이하로 끌어내리는 시기이기 때문이다.

이 시기 미국은 경제적으로나 정치적으로 매우 혼란했으며, 이러한 혼란은 스스로를 글로벌 경제와 민주주의 진영의 리더라고 생각했던 미국인들의 자긍심에 큰 상처를 주었다. 정치적인 측면에서 보면 베트남전의 정당성에 대한 의구심이 제시되면서 광범위한 반전 운동이 있었다. 그리고, 닉슨 대통령이 워터게이트 스캔들로 사임하면서 기성 정치권에 대한 회의감도 팽배했다. 한편, 글로벌 경제 차원에서 보면 독

---

1 1977년까지의 서술의 상당부분은 Alan Blinder, "Economic Policy and the Great Stagflation", 1979에 의존하였다.

일과 일본 제조업의 경쟁력이 빠르게 개선되면서 어느새 미국 제조업을 위협하는 수준에 이르렀고, 이러한 상황이 결국 달러의 금 태환 중단과 평가절하로 이어진 것도 미국인들에게 위기감을 느끼게 했다.

미국의 경제적 성과도 이전 시기와 비교할 때 매우 실망스러웠다. 먼저 이전 시기인 1950년에서 1964년까지 15년간의 경제상황을 살펴보면, 평균적인 경제성장률은 4.3%로 높았으며, 물가상승률은 2% 내외로 안정적인 모습을 보였다. 한국전쟁으로 인한 일시적인 물가상승이 1952년 마무리된 이후에는 이렇다 할만한 인플레이션도 없었고, 짧고 강하지 않은 세 차례의 경기침체가 있었을 뿐이었다. 특히, 이 세 차례의 경기침체에 대해 정부와 중앙은행이 확장적 재정, 통화정책을 통해 성공적으로 대처했다는 것이 경제정책 측면에서 중요한 함의를 가졌다. 총수요 관리를 통해 경기사이클의 진폭을 완화할 수 있다는 케이지언 경제정책에 대한 신뢰가 커졌다. 그리고, **인플레이션과 실업률 간에 안정적인 역의 관계(필립스 커브)가 있고, 경제정책을 통해 정부가 적절한 수준의 인플레이션과 실업률 조합을 선택할 수 있다는 인식도 확산되었다.**

그림 1. 1950~1997년 실업률과 물가상승률 추이 (%)

주: 그림자 부문은 경기침체 기간
자료: FRED Federal Reserve Bank of St. Louise

그러나, 우리가 주목하고 있는 1965년에서 1982년 사이의 기간은 이와 대조되는 모습이었다. 경제성장률은 이전 기간 평균 4.3%에서 3.0%로 하락했으며, 물가상승률은 평균적으로 6.5%를 기록했다. 특히, 이 시기 경기변동의 특징을 보면, ① 전반적으로 경제성장은 크게 부진했으며, ② 경기침체 기간 동안에도 물가상승률이 많이 낮아지지 않고, ③ 경기회복 기간에도 실업률이 많이 개선되지 않았다. 이러한 상황은 경제정책 방향을 선택하는 데 상당한 난점으로 작용했다. **인플레이션을 잡기 위한 긴축적 경제정책은 자칫 실업률을 크게 상승시킬 우려가 있었으며, 반대로 실업률을 낮추기 위한 확장적 경제정책은 인플레이션을 자극할 수 있었기 때문이었다.**

2) 1970년대 미국 경제의 주요 사건들과 그 영향

다음으로는 이 시기에 어떠한 사건과 경제정책의 선택이 이러한 부진한 경제적 성과를 낳았는지를 대표적인 네 가지 사건을 중심으로 시기를 나누어 조금 더 구체적으로 살펴보도록 하자.

> "대공황 이후로 많은 경제학자들은 인플레이션으로 약간 기운 경제가 좋은 것이라 생각하게 되었다. 인플레이션은 경제에 약간의 활력을 제공하며 지출과 신규 투자를 촉진한다는 것이다. 문제는, 모든 사람들이 인플레이션을 예상하는 지경에 이르러 그 기대로 이자율이 상승하는데도 불구하고 정치적 유혹은 늘 그대로 남아있다는 점이다. 결국, 인플레이션은 더욱 높아지게 된다. 의도적인 것은 아니겠지만 경기침체를 불러올지 모른다는 두려움 때문에 정부는 인플레이션 억제정책을 꺼리게 되는 것이다. 이로 인해 더 큰 침체가 발생할 가능성이 매우 커진다. 안정을 회복하는 데에는 훨씬 큰 고통이 따른다. 그게 1980년대 초의 상황이었다."[2]
>
> – Paul Volcker, 1993

(1) 베트남전 확전과 인플레이션 시대의 시작

첫 번째 큰 사건은 베트남전 확전이다. 1964년 8월 '통킹만 사건' 이후 미국이 베트남전 개입 규모를 확대하면서 재정지출 규모가 1965년부터 가파르게 증가하기 시작한다. 문제는 당시 경제가 긴 확장 국면을 지속하고 있던 상황이었기 때문에 재정지출 확대가 진행되면서 인플레이션을 자극하기 시작했다는 것이다. 이에 따라, 실업률이 하락하고 경기는 호황 국면을 지속했지만 1964년까지 2% 내외에 머물던 물가상승률이 1969년 초부터 5%를 상회하기 시작했고, 1970년 2월에는 6.4%에 이르렀다.

Fed는 물가상승을 억제하기 위해 정책금리인 재할인율을 점진적으로 인상하면서 긴축적 통화정책에 나섰다. 이에 따라, 1964년 초

---

2 Paul A. Volcker & Toyoo Gyohten, "Changing Fortunes", 1993

3.5%였던 기준금리는 6.0%까지 인상되었다. 하지만, 정책금리 인상이 인플레이션에 후행했고, 그 폭도 상대적으로 크지 않은 Baby Step 수준에서 이루어지면서 경기가 확장되고 실업률이 하락하는 시기에 소위 실질금리(물가상승률-재할인율)[3]는 오히려 하락하는 결과를 낳게 된다. 당시의 통화정책이 충분히 긴축적이지 않았다는 것을 의미한다. 이러한 경제상황과 통화, 재정정책의 결과 이 시기는 인플레이션의 시대를 시작하는 시점이 된다.

(2) 닉슨 대통령의 신경제계획(New Economic Plan)과 브레튼우즈 체제의 붕괴

두 번째 큰 사건은 1971년 8월 15일 발표된 닉슨 대통령의 신경제계획(New Economic Plan)과 브레튼우즈 체제의 붕괴이다. 그리고, **이 사건은 선거라는 정치 이벤트에 매몰된 경제정책이 어떻게 브레튼우즈 체제의 붕괴와 이후의 인플레이션으로 이어졌는지를 보여준다고 할 수 있다.**

2차대전 직후부터 세계경제는 브레튼우즈 체제하에서 달러는 금 1온스당 35달러에 고정하고, 다른 통화들은 달러에 환율을 고정하는 금-달러 본위제를 운영해왔다. 그리고, 1960년대 초반까지는 미국을 제외한 모든 국가들이 전후 경제 재건을 위해 달러가 필요한 상황이었기 때문에 달러는 굳건한 국제준비통화로서의 지위를 유지할 수 있었

---

3   이 리포트가 검토하고 있는 기간 동안 Fed는 재할인율과 지급준비율을 주요 통화정책 수단으로 사용하였으며, 오늘날과 같은 Fed Fund Rate를 조절하는 방식은 1982년 9월부터 시작되었다. 이 글에서는 Fed의 통화정책 방향을 검토하기 위한 정책금리를 재할인율을 기준으로 삼았다.

다. 그러나, 1965년 베트남전 확전 이후 ① 미국의 물가상승률이 계속해서 높은 수준을 유지하면서 달러화는 절하 압력을 받게 된다. 고정환율제도하에서 두 나라의 물가상승률이 장기간 큰 차이를 보일 경우 결국 고정된 환율을 조정할 수밖에 없기 때문이다. 그리고, ② 1960년대 중반 이후 독일과 일본의 공업생산력이 회복되면서 미국 제조업의 상대적인 지위가 조금씩 약화되었다는 것과 ③ 이자율 차이 등으로 미국에서 유럽 및 일본으로 유출되는 자본 규모가 점점 커진 것도 달러화 절하 압력을 높였다. **달러 부족(Dollar Shortage)에서 과잉 달러(Dollar Glut)로 상황이 반전된 것이다. 그리고, 과잉 달러를 금으로 태환해달라는 각국의 의뢰가 쇄도하면서 미국의 금 보유량은 꾸준히 감소하여 60년대 후반에는 고점 대비 절반 수준까지 하락한다.**

고정환율제도하에서 미국이 달러절하 압력과 금 보유량 감소 문제에 대응할 수 있는 정책은 **국내 이자율을 높이고, 재정지출을 줄여 국내 경기상황을 둔화, 혹은 위축시키는 것이다.** 이러한 정책이 원활하게 진행될 경우, 경상수지가 개선되고 높아진 이자율로 인해 자본계정을 통한 달러유출 문제도 해결할 수 있다. 이러한 메커니즘은 금본위제가 가지고 있는 '내재적인 인플레이션 억제 장치'이다. 그리고, 앞에서 설명한 바와 같이, 1960년대 후반과 1970년대 초반 미국의 물가상승률이 높은 수준이었기 때문에 이와 같은 정책 방향은 국내 경제의 안정을 위해서도 필요한 것이었다.

하지만, 문제는 닉슨 대통령이 1972년 11월에서 대통령 선거를 앞두고 있었다는 것이다. 선거 1년 전의 경제성과가 선거 결과에 중요한 영향을 미친다는 것은 잘 알려져있다. 그리고, 선거 승리를 위해 닉슨 정부는 당장의 경제적 성과가 필요했다. 1969~1970년 경기침체가 짧고 강하지 않았지만, 그 여파로 인해 1971년 초까지 실업률이 아직 낮아지지 않은 상황에서 브레튼우즈 체제를 지키기 위해 경제정책을 긴축적으로 전환하는 것은 정치적으로 받아들일 수 없었다.

이러한 이유에서 닉슨 대통령은 '어렵지만 바람직한 긴축'을 거부하고 선거 승리를 위한 경기부양을 선택했다. Fed도 실업률을 더욱 낮추어야 한다는 명분하에 정책금리 인하에 나섰다. 이러한 정책 방향은 당연히 달러의 절하압력을 증가시켰으며, 미국의 금 보유량 감소로 이어졌다. 이에 대한 대응으로 미국 정부는 달러의 가치를 유지한다는 약속을 1971년 8월 금 태환을 중단 및 달러화의 평가절하를 선언하면서 벗어던지게 된다. **선거 승리를 위해 미국의 공식적인 약속[4], 그리고 인플레이션을 억제하는 내재적인 메커니즘을 일방적으로 무책임하게 폐지해버린 것이다.**

닉슨 대통령의 선택은 적어도 정치적으로는 올바른 것으로 판명되었다. 달러화 평가절하는 수입품의 가격을 높이기 때문에 물가상승률을 높이는 효과가 있지만, '신경제계획'에 포함된 '임금-가격 동결정책'을 통해 일시적으로 물가상승을 억제할 수 있었다. 그리고, 1969~1970년 경기침체 극복을 위해 시작된 재정지출 확대와 통화정책 완화가 달러화 평가절하에 따른 미국 제품의 경쟁력 상승과 더해지면서 닉슨 대통령은 원하던 경기부양에 성공했고, 1972년 선거에서 압도적으로 승리하게 된다. 1969~1970년 경기침체 이후 1973년 3분기까지 실업

---

4 "The dollar is our currency, but it's your problem," 브레튼우즈 체제 붕괴 이후 새로운 통화체제를 논의하기 위해 1971년 11월 말에서 12월 초 개최된 G10 재무부장관 회의에서 당시 미국 재무부장관이던 John Connally는 미국의 인플레이션을 우려하는 다른 국가의 재무부장관들에게 이렇게 말한다.

률은 크게 낮아지지 않았으나, 1970년 4분기 (-)0.2%였던 성장률(전년 동기대비)은 선거가 있었던 시기인 1972년 4분기에는 6.9%(전년 동기대비)까지 높아진다. 그리고, 물가상승률은 눈에 띄게 안정되어 1970년 2월 6.4%에서 1972년 8월 2.9%까지 낮아졌다.

하지만, 이 시기 물가안정은 전통적인 긴축적 경제정책을 통해 달성한 것이 아니라 '임금-가격 통제'라는 비정상적인 방식을 통해 이루어진 것이기 때문에 진정한 의미에서 물가 압력을 통제했다고 할 수 없다. 그리고, 이는 1차 오일쇼크 이후 문제를 더욱 악화시키게 된다. **결론적으로, 이 시기의 경제정책은 안정적인 경제운영보다는 선거 승리를 위한 무리한 경기부양에 초점을 맞추었다고 할 수 있다.**

(3) 1차 오일쇼크와 임금-가격 통제 폐지, 그리고 Stagflation

1차 오일쇼크는 잘 알려진 바와 같이 1973년 10월 4차 중동전쟁 발발 이후 OPEC이 원유 고시 가격을 17% 인상함과 동시에 이스라엘이 점령지에서 철수하고 팔레스타인의 권리가 회복될 때까지 매월 전월에 비해 5%씩 원유 생산을 줄인다고 선언하면서 시작되었다. 그리고, 이후 국제유가가 급등하고 원유 공급에 차질이 생겼으며, WTI 가격이 2배가량 상승하면서 1973년 11월에서 1975년 3월까지 진행된 스태그플레이션의 직접적인 원인이 된다. 이 기간 동안 미국의 물가상승률은 직전 7.4%에서 12.2%(1974년 11월)까지 상승했으며, 실업률은 직전 4.8%에서 9.0%(1975년 5월)까지 악화된다.

하지만, 사실 미국은 당시 1차 오일쇼크의 영향을 가장 덜 받을 수 있는 위치에 있었다. 원유를 비롯한 에너지의 대부분을 자급하고 있었으며, 국제유가가 상승하자 정부가 즉각적으로 국내 원유 및 에너지

가격을 통제하면서 충격을 완화하는 정책을 폈기 때문이다. 그럼에도 불구하고, 스태그플레이션이 오랜 기간 동안 진행되고 그 고통이 컸던 데에는 다음의 두 가지 요인이 있었다.

첫째 요인은 곡물 가격 상승이었다. 미국의 1972/1973년 시즌 농산물 작황은 크게 부진했으며, 1973년에는 극심한 곡물부족에 시달리던 소련이 국제시장에서 곡물을 대량 매입하면서 농산물 부문 물가상승률이 1973년 15% 가까이 크게 상승했다. **두 번째 요인은 앞서 언급한 임금-가격 통제정책이 1973년 초에서 1974년 초까지 점진적으로 완화, 폐지된 것이다.** 1971년 8월 발표된 신경제계획에 포함되었던 '임금-가격 통제'는 원래 90일간 유지되는 한시적인 제도였으나, 이후 대상 품목과 형태, 강도를 달리하면서 유지되다가 1973년 초부터 자율규제 형태로 완화되었다. **농산물 가격이 치솟는 가운데 그동안 억눌려왔던 임금과 가격이 한꺼번에 상향 조정되면서 1차 오일쇼크가 발생하기 이전인 1973년 9월 이미 미국의 물가상승률은 7.4%까지 치솟아있었다.** 여기에 1차 오일쇼크에 대한 충격이 더해지면서 경기침체가 지속되는 상황에서도 임금과 상품가격이 통제불능 상태로 연쇄 상승하게 되고, 이러한 상황이 스태그플레이션의 고통을 더욱 크게 했다.

이 시기 통화정책의 대응은 무력했다고 할 수 있다. 농산물 가격 상승이 물가상승률의 급등으로 이어지자 통화긴축을 위해 정책금리를 점진적으로 올렸지만, 1965~1969년과 마찬가지로 물가상승에 후행하는 수동적인 대응에 머물렀다. 그리고, 유가급등이 경기침체로 이어지는 상황에서는 이미 물가상승률이 너무 높았기 때문에 통화정책을 통한 적극적인 경기부양에 나설 수도 없는 상황이었다. 과거 경제정책의 실수가 실제 위기 상황에서 경기부양에 나설 여력을 소진시켜버린 것이다.

종합해보면, 1차 오일쇼크의 충격은 농작물 작황 부진이라는 불운과 과거 경제정책의 실수 때문에 증폭되었으며, 통화정책을 사용할 수 있는 공간이 너무 작아 중앙은행은 이 기간 동안 적극적인 통화정책을 사용할 수 없었다. 2000년대 이후 중앙은행과 정부가 비교적 신속하고 탄력적으로 여러 경기변동에 대응할 수 있었던 것과는 대비되는 상황이었다.

(4) 2차 오일쇼크와 볼커 의장의 통화긴축[5]

인플레이션과 스태그플레이션으로 점철된 이 시기는 두 가지 사건을 정점으로 마침내 클라이맥스에 이르게 된다. 첫 번째 사건은 2차 오일쇼크이다. 1979년 초 이란 혁명으로 이란의 원유수출이 중단되면서 WTI 가격이 1980년 중반까지 약 166%가량 상승하게 된다. **이 시기 유가상승은 1차 오일쇼크와 달리 점진적으로 진행되었지만, 이미 그동안의 높은 인플레이션에 적응한 경제주체들이 재빨리 새로운 환경에 적응해 임금과 가격을 조정하면서 물가상승률이 치솟게 된다. 그리고, 기업과 가계 모두 인플레이션에 베팅하여 실물자산을 사들이면서 통화수요가 폭증한다.**

두 번째 사건은 1979년 8월 볼커 Fed 의장이 취임한 직후부터 시작된 통화긴축이다. **볼커 의장은 경기가 위축된 상황임에도 불구하고 그동안 Fed가 보여온 행태와 달리 강력하고, 지속적인 통화긴축에 나선다.** 그리고, 통화량 증가율을 일정하게 유지하고, 단기금리가 시장에

---

[5] 이 부분에 대한 서술은 Paul Volcker, "Keeping at it: The Quest for Sound Money and Good Government", 2018을 참조하였다.

서 자유롭게 결정되도록 하는 방식, 즉 '통화량 타깃팅'으로 통화정책 수단을 변경하였다. 이에 따라, 단기금리가 급등하면서 실질금리(이 시기에는 단기금리-물가상승률)가 비로소 플러스로 전환되었다.

2차 오일쇼크와 통화긴축이라는 두 가지 충격이 더해지면서, 1979년에서 1982년까지 경제는 Double-dip 형태의 불황을 겪었으며 성장률은 매우 낮은 수준으로 하락했다. 하지만, 그동안의 경기침체와 다른 점은 경기침체 기간에도 Fed가 4% 이상의 실질금리가 유지될 정도로 통화긴축의 고삐를 놓지 않으면서 마침내 경기침체가 종료되는 1982년 말에는 물가상승률이 3.5% 수준까지 하락했다는 것이다. 그리고, 83년에는 경기가 회복되는 상황에서도 3% 내외의 물가상승률이 유지되면서 마침내 'Inflation과 Stagflation의 시대'는 막을 내리게 된다. 물론, 미국 경제는 이 기간 동안 엄청난 실업과 경기부진에 시달렸으며, 금융시장에서는 이전 시기 축적된 금융과잉이 해소되는 과정에서 1980년대 내내 'Savings and loan 위기', 중남미 연쇄 위기(Tequila Crisis), Continental Illinois 파산 등 일련의 금융사건들이 발생한다. 하지만, 이러한 비용을 통해 얻은 물가안정이 오늘날까지 이어지면서 이후 거시경제 안정의 초석이 된다.

볼커 의장의 통화긴축에 대해 한 가지 언급할 필요가 있다. **일간에서 알려진 바와 달리 볼커 의장이 초점을 맞춘 것은 통화량의 증가율을 통제하는 것이 아니라 경제주체들의 인플레이션 기대(Inflation Expectation)를 통제하는 것이었다.** 그는 경제학자가 아니고 오랜 재무부와 중앙은행 근무 경험을 가진 관료였기에 경제정책에 대해서 실무적인 관점을 가지고 있었다. 그리고, 실제로 통화량 증가율을 통제하는 것이 실무적으로 불가능에 가깝고, 인플레이션과 관련성을 가진

적절한 기준의 통화량 정의를 찾는 것도 매우 어렵다는 의견을 가지고 있었다. 이는 Friedman과 같은 통화주의자보다는 그 이론적 대척점에 있는 '내생적통화이론'에 가까운 의견이다.

이러한 개인적인 의견에도 불구하고, 볼커 의장이 통화량 타깃팅을 통화정책 목표로 선정한 것은 이론적 이유라기보다는 '대중들에게 우리가 진지하다는 것을 보여주는 길'이었기 때문이었다. 당시 Friedman을 비롯한 통화주의자들은 언론과 대중매체를 통해 인플레이션을 잡기 위해서는 통화량 증가율을 낮추어야 한다고 주장해왔으며, 대중들에게 꽤 인기를 끌었다. 또한, 이러한 논리는 이해하기 쉽기 때문에 통화량 증가율을 통제하겠다고 대중들에게 이야기함으로써 **'보통 사람들의 행태에 영향을 미칠 기회를 얻게'** 되기 때문이라고 훗날 볼커 의장은 회고록에서 통화량 타깃팅을 선택한 이유를 설명하고 있다. 볼커 의장의 전략이 경제주체들의 인플레이션 기대(Inflation Expectation)를 바꾸는 데 주력했다는 것을 알 수 있다.[6]

2. 1970년대 인플레이션에 대한 해석과 함의

1) 전통적 해석과 함의

이 시기의 높은 인플레이션과 두 차례의 스태그플레이션, 그리고 전반적으로 부진한 경제적 성과의 원인이 무엇인지에 대해서는 많은 논

---

6   그리고, Fed는 1982년 9월부터 시장에 명시적으로 발표하지 않은 채 통화주의자들의 이론적 주장과 상반되게 Fed Fund Rate 타깃팅을 통화정책 수단에 추가했다.

의가 있었다. 그리고, 현재 상황에서 크게 세 가지 정도의 함의를 생각해볼 수 있다.

첫째, 1965년에서 1973년 사이 이미 인플레이션에 취약한 거시경제 환경이 조성되었기 때문에 이후 일련의 공급 측 충격이 증폭되었다는 것이다. 이 시기 인플레이션이 높은 수준을 지속했으며 때로는 스태그플레이션 상황까지 전개된 것은 분명 1차 오일쇼크와 1972/1973 시즌의 농작물 작황 부진, 그리고 2차 오일쇼크와 같은 공급 측면의 충격에 기인한 것이었다. 그러나, 앞에서 살펴본 것과 같이 이미 1차 오일쇼크 이전에 베트남전 확전의 영향과 1972년 선거를 위한 무리한 경기부양이 이미 물가상승률을 상당히 높여놓았으며, 이러한 상황이 인플레이션 기대를 계속해서 자극하면서 인플레이션에 취약한 거시경제 환경이 만들었다는 점을 간과할 수 없다.

둘째, 정치환경도 경제주체들의 인플레이션 기대를 높이는 요인으로 작용했다. 이 기간에는 선거 승리라는 현실 정치의 목표를 위해 높은 실업률이나 낮은 경제성장률 문제를 해결하는 것이 중요했으며, 인플레이션 문제를 해결하는 것은 정책 우선순위에서 뒤로 밀릴 수밖에 없었다. 이에 따라, 일련의 경제정책 방향을 선택하는 과정을 보면, 정부와 Fed 모두 경기 둔화나 실업률 상승에 민감하게 반응한 반면, 인플레이션에 대해서는 '우려를 계속하는 수준'에 머물렀다. **인플레이션을 강력하게 억제하는 기능을 가진 금-달러 본위제를 선거 승리를 위해 손쉽게 폐지한 사건은 경제정책을 둘러싼 당시의 정치환경을 상징적으로 보여준다.** 그리고, 2차 오일쇼크가 발생한 이후 인플레이션 문제가 진정한 정치 이슈가 되면서 비로소 볼커 의장의 긴축정책이 정치적으로 지지를 받을 수 있었다.

마지막으로, 중앙은행이 인플레이션 기대를 통제하지 못한 것이 핵심적인 문제였으며, 인플레이션 기대에 대한 통제력을 잃을 경우 재정, 통화정책을 통한 경제운영이 극도로 어려워진다는 것이다. 이 시기 Fed의 통화정책을 살펴보면, 적어도 통화정책이 인플레이션을 야기하지는 않았다는 것을 알 수 있다. 하지만 이와 동시에 Fed가 Inflation Fighter로서 인플레이션에 독자적으로 책임을 진다기보다는 케인지언 경제학에 따라 경기사이클을 조절하는 경제기관이었다는 인상을 지울 수 없다. 이러한 통화정책 운영 철학으로는 경제주체들의 인플레이션 기대를 강력하게 통제할 수 없었다. 그리고, 인플레이션 기대에 대한 통제력을 잃고 물가상승률이 높아지자, 재정, 통화정책을 통해 경제상황을 조절하기가 더욱 어려워졌다. **이미 물가상승률이 높아진 상황이기 때문에 확장적 경제정책을 사용할 여력은 크지 않았으며, 경기부양을 시도할 때 물가상승률은 쉽게 높아지는 반면 실업률 하락 폭은 크지 않았다. 그리고, 마침내 인플레이션을 잡기 위해 나섰을 때 그 비용은 생각보다 컸다.**

그리고, 이러한 반성을 바탕으로 인플레이션의 해악에 대해 경제학계와 정치권의 공감대가 형성되었고, 이는 중앙은행의 독립성 강화와 인플레이션 타깃팅 제도 도입을 비롯한 제도적 기반 확충, 그리고 인플레이션을 억제하기 위한 선제적인 통화정책 사용 등으로 이어졌다. 총수요 증가에만 의존하는 경제성장은 지속 가능하지 않으며, 안정적인 인플레이션을 유지하는 것이 기술개발과 투자활동을 촉진하기 때문에 경제성장에 보다 바람직하다는 경제철학을 반영한 것이다.

2) '평평해진 필립스 커브'와 그 함의

하지만, 최근 들어 1970년대 인플레이션에 대한 이와 같은 전통적인 해석과는 방향을 달리하는 의견도 나타나고 있다. **정치, 경제, 사회환경이 바뀌면서 그동안 경제정책의 '철칙'처럼 여겨졌던 신화에 대한 도전이 시작된 것이다.** 이 진영은 '1970년대와 같은 인플레이션이 재발할 수 있다는 우려'가 과장되면서 미국의 경쟁력 회복에 필요한 교육과 사회간접자본, 환경보호 등을 위한 투자를 방해하고 있다고 주장하고 있다. 이러한 해석은 인플레이션만 통제된다면 정부의 재정확대에 제약이 없다고 주장하는 현대통화이론(Modern Monetary Theory)과 결합되면서, 현재의 상황에서 인플레이션 우려 없이 정책당국이 훨씬 큰 규모의 경기부양에 나설 수 있다는 입장을 지지하고 있다.

이 진영은 전통적 해석을 부정하는 것이 아니라, '임금-가격의 연쇄적인 상승 메커니즘'이 인플레이션 기대만큼이나 이 시기 인플레이션에 중요한 역할을 했다고 생각하고 있다. 그리고, 현재와 1970년대의 환경 차이로 인해 **'임금-가격의 연쇄적인 상승 메커니즘'이 깨져있다는 점을 강조**하고 있다. 이는 물가상승률과 실업률 간의 관계를 나타내는 '필립스 커브'가 평평해졌으며, 경기부양을 통해 실업률이 낮아져도 인플레이션이 크게 높아지지 않는다는 것을 의미한다.

'필립스 커브'가 평평해진 이유에 대해서는 여전히 여러 이론이 제시되고 있지만, 두 가지 정도가 가장 많이 언급된다. **첫째, 생산의 글로벌라이제이션과 노동시장의 환경 차이 때문에 1970년대와 비교할 때 미국 노동자의 임금 협상력이 낮고 이로 인해 1970년대와 같이 임금이 물가상승에 빠르게 적응하기 어렵다는 것이다. 둘째, 상품시장이 개방되어있기 때문에, 임금이 어느 정도 상승하더라도 상품가격 상승에 미치는 영향이 과거 대비 줄어들었다는 것이다. 이러한 시장환경의 변화 때문에, 노동자와 생산자 모두 일시적인 인플레이션에 반응하여 임금과 상품가격을 쉽게 올리지 못한다는 의미이다. 만일, 이러한 '평평해진 필립스 커브'가 앞으로 상당기간 동안 유지된다고 가정할 경우에는 **정부와 Fed가 인플레이션을 크게 자극하지 않으면서 더욱 확장적인 재정 및 통화정책을 사용할 수 있다는 결론에 도달하게 된다.**

3. 결론: 통화정책을 둘러싼 새로운 환경

현재의 물가환경은 2008년 금융위기 이후 지속되었던 것과는 큰 차이가 있다. 가장 큰 변화는 ① **이미 경기가 회복 중인 상황에서 정부가 재정확대를 강하게 밀어붙이고 있다는 것이다.** 그리고, 2008년 금융위기 직후 중앙은행만이 경기부양 부담을 져야 했던 상황은 종료되었다. 코로나19의 영향으로 인한 소비 부진으로 소비자들의 저축률이 이미 높아진 상황에서 정부가 재정을 확대하고, 각종 지원책을 쏟아내면서 올해 서비스 소비를 중심으로 소비활동이 크게 증가할 것으로 예상된다. 이와 더불어, ② **정치적인 측면에서 인플레이션을 야기할만한 상황이 나타나고 있다.** 소득과 자산의 불평등이 확대되면서, 최저임금 대폭 인상, 보호무역주의 강화, 확장적 재정, 통화정책의 지속 등과 같은 요구들이 분출하고 있는 상황이다. 그리고, **정치권은 이러한 유권자들의 요구에 부응할 수밖에 없으며, 여기에 '평평해진 필립스 커브'라는 이론적 배경까지 더해지고 있다. Inflation Fighter로서 Fed의 독립성을 지켜주고 있던 정치적 컨센서스가 약화되고 있다는 것을 의미한다.**

인플레이션 통제에 대한 신뢰성을 지키는 것이 장기금리의 과도한 상승을 억제하여, 경기회복과 정부의 재정자금 조달에 보다 바람직하다는 것은 1970년대의 중요한 교훈이다. 특히, 1970년대 Fed가 경기 사이클을 조절하는 경제기관으로 기능하다 결국 인플레이션 기대를 통제하는 데 실패했다는 것도 기억해야 한다. 어찌 보면, 현재 Fed가 보이는 모습이 1970년대의 모습을 연상시키는 것도 사실이다. Fed가 기존의 교훈과 새로운 정치, 및 경제환경 사이의 간극을 성공적으로 조율할 수 있을지가 코로나19 이후의 안정적인 경기회복을 이끌어낼 수 있을지 여부에 중요한 분수령이 될 것이다.

신용평가사가 들려주는 산업 이야기

2부
산업을 보는 시각

전기차의 미래*

김명수

1. 내륙운송 경쟁의 역사

1) 도로를 누른 철도

제임스 와트(James Watt, 1736~1819)의 증기기관을 상업적으로 활용하기 위해 필요한 것은 내륙운송 체계였다. 면방직 공업의 폭발적 성상으로 산업혁명의 초입에 들어선 영국도 육상 교통과 통신은 로마가도를 보수해서 사용하던 후진적 대륙의 수준과 별반 다를 바 없었다. 여행은 여전히 귀족층의 전유물이고 역마차에 의존한 우편서비스도 평민이 이용할 수 없을 만큼 고가였다.

중량물인 석탄을 에너지로 사용하는 증기기관은 필히 석탄 산지에서 공장지대로의 내륙운송을 필요로 하였고 이러한 영국에 교통혁명을 일으킨 사람은 토마스 텔포드(Thomas Telford, 1757~1834)였다. 스코틀랜드 석공 출신으로 교회건축에 수완을 보인 그는 교량건설에 철강제품의 유용성을 발견하고 중세적 화려함에서 벗어나 근대적 간결미를 추구하는 새로운 교량양식을 선보이며 토목공학에 일대 혁신을 일

---

* 이 글은 2020년 7월 16일 작성된 것이다.

으켰다. 그는 이후 도로, 교량, 운하, 항만 건설에서 전혀 새로운 양식을 선보이며 영국 근대 토목의 아버지로 일컬어졌다.

도로와 교량이 개선되자 수송비 절감으로 철강 등 원자재가격이 인하되고 연이어 마차 가격도 인하되며 중산층도 마차를 살 수 있게 됐다. 마차산업이 탄생한 것이다. 한때 귀족층의 전유물로 부의 상징이던 것은 기술의 발달과 대량생산에 따른 가격인하로 중산층의 필수품이 된다. 국민의 복지는 늘 그렇듯이 정치인의 달콤한 약속이 아니라 고급기술의 보편화와 대량생산으로 인한 시장가격 인하로 구현된다.

텔포드의 말년은 행복하지 않았다. 증기기관차를 발명한 조지 스티븐슨(George Stephenson, 1781~1848)의 등장 때문이다. 레일이라는 정해진 노선을 다녀야 하는 증기기관차의 운송 제약과 소수 철도 사업자의 독점에 반대한 텔포드는 당시 새롭게 등장한 증기자동차의 유용성에 주목하고 편리하면서도 개방된 고속도로 건설을 추진하던 도중 아쉽게 생을 마감하였다. 평생을 바친 도로운송사업이 철도에 잠식되어가는 것을 바라보며 눈을 감은 것이다.

철도가 도로를 잠식한 것은 비용절감 효과 때문이었다. 레일 건설사업은 광산지대-공업지대-항만으로 연결되는 정기노선, 대표적으로 스톡턴-달링턴 노선(1825년)과 리버풀-맨체스터 노선(1830년)을 확보함으로써 산업가들의 지지를 얻었고, 연철로 제작한 'I'형 레일이 개발되며 기존의 철도건설비를 대폭 절감시켰다. 무엇보다 스티븐슨 시대에 이미 마차 운송비의 2/3에 불과한 비용혁신으로 광산업주와 방직사업자의 수요를 만족시키며 시장경쟁에서 마차로 대표되는 도로를 압도하였다. 이후 100년간 프랑스, 독일, 미국, 러시아, 일본을 휩쓸며 전 세계에 철도의 시대가 열렸다.

2) 자동차의 역전

대량수송 경쟁에서 철도에 패배한 도로는 마차사업자들의 천지가 되었고 철도와 마차사업자의 연합 로비로 영국 의회에서 규제가 심화되자 증기자동차는 상업경쟁에서 퇴출되며 귀족들의 장난감으로 전락하였다. 자동차 엔지니어들은 대거 독일과 미국으로 건너갔다. 독일에서 내연기관(1879년)과 디젤엔진(1892년)이 발명되고, 미국에서 T형 포드의 대량생산시스템(1908년)이 성공한 배경이다. 이로써 자동차산업은 증기자동차를 발명했던 영국이 아니라 미국과 독일이 주도하게 되었다.

내연기관 자동차가 결정적으로 대중화될 수 있었던 것은 수제자동차의 10분의 1 가격으로 저렴해진 T형 포드와 록펠러로 대변되는 석유 트러스트 때문이다. 미국의 에드윈 드레이크(Edwin Drake, 1819~1880)가 1858년 세계 최초로 석유채굴에 성공한 후 조명용 고래기름은 등유로 급속히 대체되었고, 석유정제시설은 대도시 인근의 지역별 사업자들에 의해 분점되고 있었다. 록펠러는 1870년 스탠더드오일을 출범시키며 회사명 그대로 석유산업의 표준화를 시도하였고 다소 과격한 인수합병 과정을 통해 미국 내 95%의 석유정제시설을 흡수하였다. 지역에 할거한 석유사업자들과 그들의 후원을 받아온 정치인, 관료들에겐 재앙이었겠지만 석유 소비자들에게는 축복이었다. 석유가격이 10분의 1 수준으로 하락한 것이다. 스탠더드오일이 형성시킨 저렴한 석유가격이 1911년 반트러스트법에 의한 강제 해산 이후에도 낮은 자동차용 가솔린 가격으로 이어진 것은 당연한 결과다.

요컨대 1830년대 철도운송은 마차로 대변되는 도로운송 대비 경제성을 입증하며 산업자본가들의 선택을 받아 주력 육상 교통수단으로 자리 잡았다. 도로운송이 그 자율성과 효율성에도 불구하고 이러한 비용제약을 극복하는 데는 80년이 걸렸다. 내연기관은 1910년대에서야 비로소 T형포드와 스탠더드오일이 확보해준 경제성에 힘입어 대중화의 길을 걸었다. 마차, 철도사업자들의 집요한 방해와 의회공작, 그리고 반트러스트법에 의한 스탠더드오일 해체(1911년) 이후에도 이러한 대세는 바뀌지 않는데 이는 소비자가 선택한 결과이지 정부가 육성한 것이 아니다.

  1차대전을 거치며 고정된 레일에 제한되는 철도보다 자유로운 도로운송의 중요성을 절감한 구미 선진제국들이 석유자원을 확보하러 나선 것은 당연한 선택이었다. 드디어 도로운송이 철로운송을 제압하였으니 텔포드가 지하에서 미소 지을 일이다.

3) 산업의 쌀, 석유

  1차대전의 패전국 오스만투르크 제국이 분해되며 근대 터키로 거듭나는 과정에서 영국과 프랑스의 식민지로 전락한 중동지역은 군소 부족 간 내전이 끊이지 않는 쓸모없고 낙후된 지역이었다. 그러나 1940년대 초반 세계 석유매장량의 대부분이 중동지역에 묻혀있다는 사실이 알려지며 중동의 사막지대는 검은 황금 위에 떠있는 땅으로 변모했다. 영국이 앵글로-페르시아석유회사(후일 British Petroleum)로 세계 석유 메이저의 한 자리를 차지하게 된 이유이고, 역사상 세계 최고의 부호라는 폴 게티의 전설도 바로 여기서 시작되었다.

  전후 국제정치는 미소 냉전이라는 하나의 축과 석유자원 확보라는 또 하나의 축을 중심으로 전개되었다고 요약해도 과언이 아니다. 석유

산유국들의 담합으로 1973년 오일쇼크가 일어나자 2차대전 후 시작된 장기 호황이 끝났다. 스태그플레이션 시대가 온 것이다. 석유 수급을 안정화시켜야 되는 미국은 인도차이나에서 발을 빼고 중국과 화해하여 소련 봉쇄에 동참시키고 절약된 군사력으로 중동을 제압하는 세계전략의 일대 전환을 감행한다. 닉슨과 키신저의 작품이다. 그만큼 석유수급과 유가의 안정은 현대 경제의 초석이다.

2. 환경 이슈의 등장

1) 연비 규제의 시작

양차 대전을 기치며 군수산업의 핵심축 역할을 담당했던 자동차산업은 전후 1970년대 초반까지 경제성장에 따른 중산층 소득증가와 유가안정에 힘입어 Golden Age라 불릴 만큼 호시절을 구가하였다. "GM에 좋은 것은 미국에 좋은 것이다"라는 슬로건이 말해주듯 기업이 나서 재직자는 물론 퇴직자의 노후까지 보장해주는 연금을 지급하며 '기업사회주의'라는 신조어가 유행할 정도였다.

그러나 1971년 로마클럽에서 『인류의 위기』라는 보고서를 발간하며 석유가 곧 고갈될지도 모른다는 공포가 조성되었고, 산유국 간 담합으로 1973년 유가가 급등하자 각국 정부는 자동차산업에 대한 규제를 강화하였다. 본격적인 연비규제가 시작된 것이다. Big 3가 버티고 있는 미국 시장을 개척하기 위해 일본 자동차기업은 이러한 틈새를 이용해 고연비 소형 자동차를 집중 개발하였다. 1980년대 미국, 독일, 일본이 주도하는 세계 자동차산업의 말석에 한국도 동승하며 고연비차량

개발에 달려들었다. 이후 고연비차량은 친환경차와 동의어로 그 하이라이트는 1997년 선보인 도요타의 양산형 하이브리드카 '프리우스'였다. 이 제품은 높은 가격과 조악한 디자인에도 불구하고 한때 미국 연예인과 정치인의 환경 마스코트로 간주되었다. 프리우스를 타는 이는 환경보호에 앞장선다는 이미지를 만들어낸 것이다.

2) 파리협약의 한계

친환경운동을 전지구적 어젠다로 승격시킨 것이 UN의 주도하에 1997년 채택된 교토의정서와 이를 계승한 2015년의 파리협약이다. 원래 UN은 강대국이 주도하는 안전보장이사회를 중심으로 국제평화를 추구하기 위해 만들어진 정치조직이다. 그러나 1991년 소련이 파산하고 중국도 미국 주도의 세계체제로 편입된 후 미국 1강체제에서 국제정치 이슈가 사라지자 UN의 관료들은 환경의 가치와 지구온난화 이슈에 주목하고 이를 주요 어젠다로 승격시켰다.

교토의정서는 2005년 발효되기 전에 이미 미국이 탈퇴를 선언하였고, 중국, 인도, 캐나다, 일본, 러시아가 뒤를 따르며 사문화되었다. 반기문 총장의 주도하에 새롭게 태어난 2015년 파리협약은 지구 평균 기온을 산업혁명 전보다 1.5℃ 이내 수준으로 돌린다는 야심 찬 목표를 설정하고 각국에 의무를 부과하였지만 2017년 트럼프 대통령은 당선 직후 즉각 파리협약에서 탈퇴하였다. 트럼프의 공화당은 지구온난화 가설을 의심하고 2010년대부터 쏟아져 나온 셰일오일에서 입증되듯 에너지 고갈 위기도 과장되었다고 믿는다. 미국은 2010년대 본격 개발된 수평채굴 방식에 의한 셰일오일의 상업화에 힘입어 석유 순수입국에서 45년 만에 다시 석유 순수출국의 지위를 획득하였다. 셰일오일의 부존량은 300년간 사용할 수 있다는 주장도 있을 정도다.

또한 미-중 패권경쟁 시기의 산업정책은 'Reshoring'으로 요약되는 바, 이는 미국 Rust Belt에 제조기지를 다시 가동한다는 것이다. 전통 제조업은 많은 에너지를 필요로 한다. 미국은 더 많은 화석연료를 사용할 수밖에 없고 11월 대선 결과에 관계없이 미국이 파리협약으로 원대복귀하기는 어려울 것이다. 조금 양보해서 말하면 민주당이 집권하여 파리협약으로 복귀하더라도 그 목표치를 순탄하게 이행하기는 어려울 것이다. 지구온난화 가설의 당부당을 떠나서 혜택은 소수가 보지만 비용은 다수에게 분산되어 자원이 오남용될 때 우리는 그것을 '공유지의 비극'이라 부른다. 그래서 파리 기후 협약의 미래는 암울하다.

현재 파리협약을 지탱하는 대주주는 독일과 프랑스가 주도하는 EU 이다. 파리협약 이행을 위해 EU 각국이 준수해야 하는 CO_2 감축량은 경제에 큰 부담이 될 것은 분명하고 그 핵심은 독일이다. 프랑스는 제조업이 공동화되었지만 독일은 유럽의 공장으로 CO_2 감축을 위해 심각한 산업구조조정이 필요할지도 모른다. 파리협약 이행을 위한 중요 과제 중 하나가 자동차 배기가스 감축이고 여기에 전기차 대중화 과제가 있다. 그럼 전기차는 과연 마차〉철도〉내연기관으로 이어져온 경제성 있는 내륙운송의 수단의 계보를 이을 수 있을 것인가?

3. 전기차 논쟁

1) 전기차 경제성 문제

전기차의 불편함과 기술적 한계에 대한 의심은 그동안 대형 자동차 업계가 전기차 개발에 소극적인 이유였다. 전기차의 에너지원인 전기 생산의 환경유해성과 관련한 논쟁, 전기차가 생애 전주기적으로 환경 친화적이냐에 대한 의심, 배터리 진화 속도에 대한 들끓는 예측도 치열하다. 비전문가로서 이러한 논쟁에 참여할 생각은 없다.

그러나 과거 200년간 내륙운송의 역사를 통해 분명한 것은 경제성을 획득하지 못한 운송수단은 도태한다는 것이다. 마차가 그랬고 철도가 그랬다. 내연기관차도 미국 Big 3를 일본 Big 3가 제압하였듯 선택은 항상 소비자가 한다.

현재 전기차는 국가별로 다르지만 세단형 기준 평균 1만 불 내외의 정부보조금을 받고 있고 에너지원인 전기사용료도 상당 폭 감면받고 있다. 따라서 관건은 5~10년 안에 정부보조금과 전기료 감면 없이 경제성을 확보할 수 있는가 하는 것이다. 전기차 사용의 불편을 감안하면 내연기관차 대비 더 저렴해야 할지 모른다.

현재 기술수준에서 전기차는 내연기관차의 파워트레인이 축약되는 대신 대형 배터리가 필요해 동일성능 기준 차량가격이 30%가량 비싸다. 6기통 세단과 유사성능 기준 전기차의 판매가를 4만~5만 불로 했을 때 배터리를 제외한 차체가격이 2.5만~3만 불로 차체가격의 대폭 절감은 어렵다. 결국 40~50%를 차지하는 배터리 가격이 관건인데 배터리 가격의 인하도 쉽지 않다.

배터리는 제조를 위해 필요한 원자재 원가 기준으로 양극제가 33%,

격막, 음극제, 전해액, 배터리 Case 원가가 약 6%, 6%, 10%, 15%를 차지한다. 요컨대 원자재가 생산원가에서 차지하는 비중이 약 70%에 달한다. 또한 리튬, 니켈, 망간, 코발트 등은 희토류로 특정지역에 생산이 편중되어있고 미국, 유럽 등 선진국은 환경문제 등으로 거의 생산하지 않는다.

특히 고가의 코발트는 정정이 불안한 아프리카 콩고에서 전 세계 생산의 60%를 담당하고 있다. 공급부족 상황에서 시장점유율 60%는 사실상 독점이며 독점사업자가 곧 가격을 지정한다. 시장가격이란 없다. 더구나 콩고 광산과 정련업체는 중국 국영업체 소유이다. 오일쇼크 이후 유가 안정화를 위해 미국이 중동을 제압했듯이 코발트 수급 안정화를 위해 중국과 콩고를 제압해야 할 것인가?

결국 배터리 성능의 대폭적인 개선과 원가절감이 필수적인데 희토류 원재료 비중이 원가의 대부분을 차지하므로 이는 기대난이다. 고가의 코발트를 적게 사용하면 가격이 인하된다는 반론이 있으나 이는 세계 원자재시장의 역동성을 모르는 단견이다. 희소자원에 대한 가격은 항상 공급자가 정한다. 현 단계에서 경제성 있는 전기차의 안정적인 대량생산은 아직 현실화되기 어렵다. 보조금이 필수적인 이유다.

2) 보조금을 둘러싼 좌우 대결

보조금은 정부의 전기차 기업에 대한 저리 장기대출, 구매단계에서의 정부보조금, 자동차 운행단계에서의 전기료 감면으로 나뉜다. 미국은 부시, 오바마 행정부를 거치며 이와 관련해 수십억 불의 예산을 집행해왔다. 대표적인 것이 진보기술차량제조(Advanced Technology

Vehicle Manufacture) 대출 프로그램으로 GM, Ford, Nissan, Tesla 등이 그 수혜를 입었다. Tesla 등 전기차 벤처기업의 경우 개발비, 시설대 장기대출에 크게 의존해왔고, 기존 대형업체는 장기대출과 구매보조금이 모두 중요하다. 보조금은 정부예산을 필요로 하고 그 과정은 언제나 그렇듯 정치투쟁의 장이다.

지구온난화 가설로 무장한 미국 민주당 중심의 환경론자들은 경제적으로도 전기차가 중동으로부터의 석유수입을 줄여 궁극적으로 미국 경제를 자유케 한다고 주장하며 보조금 당위론을 주장한다. 미국 공화당은 지구온난화는 미신이고, 전기차 보조금은 외국 기업을 돕는 행위이며, 석유 부존량은 아직 충분하다고 주장한다. 셰일오일의 개발로 45년 만에 석유순수출국이 된 미국의 현실은 환경론자들의 '석유수입론'을 정면으로 반박한다. 미국 트럼프 정부는 브랜드별 누적 20만 대까지 대당 7,500불 지급하던 보조금을 2020년에는 전액 삭감하였다. 물론 주별 지원금은 아직 남아있다.

하이브리드카에 강점을 가지고 있는 일본은 재정적자가 더해져 보조금 지급에 아예 소극적이다. 사민주의 프랑스는 PSA, 르노 등 자동차 기업이 모두 국영화되며 로컬 브랜드로 전락하였다. 전기차 공장을 자국에 유치하기 위해 공장설립 보조금을 약속하고 있는 단계이다. 앞으로 10년 내외를 두고 내연기관차를 금지한 북구 유럽 국가들은 아예 자동차를 생산하지 않으므로 보조금 이슈에서 떠나있다.

남은 곳은 독일과 중국이다. 그러면 독일은 왜 파리협약 준수를 맹세하고 파격적인 지원을 약속하며 전기차산업을 적극 육성하고 있는가? 또 중국 같은 개발도상국이 전기차 개발에 적극적인 이유는 무엇인가?

3) 독일 - 라이언 일병 구하기

2015년 9월 미국 환경보호청에 의해 밝혀진 폭스바겐의 디젤게이트는 EU 환경당국의 이상론과 폭스바겐 경영진의 과욕이 빚어낸 참사였다. EU의 강화된 CO_2 배출기준은 엔지니어들의 필사적 노력에도 불구하고 유럽의 대표적 대중차 업체 폭스바겐에게는 달성할 수 없는 기준이었다. 벤츠, BMW 등 고급차 업체는 추가되는 환경제어장치의 소비자 가격 전가가 가능하지만 한국, 일본 자동차와 경쟁하는 폭스바겐에게는 그럴 여유가 없었다. 이 사건으로 폭스바겐은 전 세계에 걸쳐 37조 원에 상당하는 벌금과 배상금을 물게 되었고 더 심각한 것은 주력 라인업을 잃게 되었다는 사실이다. 바로 친환경 디젤차 라인업이다.

메르켈의 독일 정부는 일벌백계의 기세로 폭스바겐에 징벌적 과징금을 매겼고 경영진을 줄기소하였지만 자동차산업은 독일 경제의 14%를 차지하는 대표산업이다. 아이가 시장에서 물건을 훔치면 남들 앞에서 볼기를 쳐야 하지만 집에 돌아오면 아이를 달래야 하는 것이 엄마의 처지다.

1,000만 대 생산능력을 자랑하는 폭스바겐의 독일 산업 내 영향력은 330만 대의 벤츠, 250만 대의 BMW에 비할 바가 아니다. GM식으로 말하면 '폭스바겐에 좋은 것은 독일에 좋은 것'이다. 재정적 위기를 넘어 시장 퇴출위기에 봉착한 폭스바겐이 탈출구로 삼은 것이 바로 전기차이다.

독일 정부도 WTO 체제하에서 재정적 위기에 봉착한 폭스바겐을 직접 지원할 수 없다. 그렇지만 전 세계에 지구온난화 방지를 위해 공식화된 전기차 보조금 수단을 이용해 폭스바겐을 우회 지원하는 것은 가능하다. 게다가 폭스바겐이 연산 400만 대 생산능력을 갖추고 있는 중국도 전기차 보조금이 풍성하다. 파리협약도 이행해 지구온난화도 방지할 수 있지 않은가? 정치적 명분과 산업적 수요, 그리고 고용안정화를 위해 일석삼조의 비책이다.

4) 중국 - 내연기관을 건너뛰고

아울러 2015년은 중국이 '중국제조 2025' 슬로건을 내걸고 전기차 산업 육성에 적극 뛰어든 해다. 연 판매량 2,800만 대의 세계 1위 시장으로 등극한 중국이 기성의 내연기관차산업을 두고 왜 하필 전기차인가? 중국 자동차산업은 태생적으로 많은 문제점을 안고 있다. 바로 거의 대부분이 외국 대형 브랜드와의 합작기업이란 점이다. 이는 내수 시장에서 자동차산업의 양적 팽창을 빠르게 이끌었지만 독자 엔진이나 모델 개발에 제약이 많고 성공여부도 불확실하다.

일본이 1957년 도요타의 미국 진출을 시작으로 30년 걸려 미국 시장에 안착하였고, 한국도 그 뒤를 따라 포니가 1980년대에 진출한 후 2000년대 후반에 들어서야 7%의 시장점유율을 기록하였다. 기아, 대우는 각각 포드, GM과 결별한 후 독자 모델을 만들다 외환위기 와중에 부도를 맞았다.

중국 자동차산업이 독자 모델로 성공하기 위해서는 백지상태에서 새로 시작하여야 한다. 만일 완성품인 자동차의 수출 육성을 위해 LCD나 반도체, 5G 사업같이 정부 주도의 보조금 지원을 할 경우 반덤핑관세로 수출 자체가 막힐지 모른다. 중국 정부는 경쟁이 치열하고 성공여부가 불투명한 내연기관차를 생략하고 바로 질러가기로 결정하였다.

전기차가 바로 그것이다. 전기차산업에는 무한정 보조금을 지급할 수 있기 때문이다. 정치적 명분도 좋다. 중국 내 환경오염을 막고 파리협약을 선도적으로 이행하기 위해서.

5) 혁명아 테슬라

전기차를 둘러싼 불투명한 전망 속에 실리콘밸리의 전통을 잇는 테슬라가 등장하였다. 테슬라는 기존 대형자동차 업체의 전기차에 대한 접근방식을 완전히 바꾸어놓았다. 기존 방식은 정부의 금융지원과 법적강제에 부응한 시험적 의무생산, 친환경성과 경제성을 감안한 소형차 집중이었다. 전기차가 골프카트, 시티카라는 이미지를 벗어나지 못한 이유다. 닛산의 'LEAF'로 대표되는 일본차 업계를 선두로 독일, 한국 업체들도 비슷한 사업모델을 따르고 있었다.

그러나 바퀴의 발명 이후로 마차는 운송수단인 동시에 계급의 상징이었고 현대인은 자동차로 자신의 부와 신분을 과시한다. 게다가 1980년대 이후 실리콘밸리를 중심으로 뉴에이지 신흥 부호들이 출현한 이래 자동차는 부를 넘어 개성의 표현물이 되었다. 부와 권위의 상징 벤츠가 젊고 역동적인 이미지의 BMW에 추격당한 이유다. 테슬라는 젊은 부호가 신분을 드러내고 역동적인 드라이빙이 가능하며 게다가 환경친화론자 이미지까지 과시할 수 있는 혁신적 제품을 선보였다. 바로 '로드스터'와 그 후신 '테슬라 S'다.

'테슬라 S'는 친환경 전기차 이미지에서 벗어나 벤츠, BMW와 경쟁하는 프리미엄카 시장에서 상품성을 입증하였다. 스포츠카와 같은 디자인, 300마일에 이르는 주행거리, 제로백 4초 이내의 폭발적인 가속력, 오토파일럿과 S/W 업데이트 기능 등 과거의 이미지를 완전히 파괴하는 신개념 전기차를 선보이며 월가와 디트로이트의 전기차 회의론자들에게 충격을 주었다. 이는 과거 20년 동안 명멸해간 실리콘밸리 전기차 벤처업계에서 누구도 이루어내지 못한 성과이다. 미국 투자가들과 소비자들, 심지어 전기차에 대해 비난 일색이던 보수언론과 논평가들도 테슬라 지지세력으로 돌아서고 있다.

그러나 7만 불 이상의 프리미엄카 제품으로 두터운 대중차 시장을 공략할 수는 없다. 머스크는 '테슬라 3'를 제3세대 전기차, 즉 대중차 모델로 자리매김하고 2017년 출시하였다. '테슬라 S'에 비하면 저렴하지만 4만~5만 불대 가격은 아직 대중차 가격이 아니다. 구매보조금이 삭감될 경우 2만~3만 불 내외에서 형성된 동일 성능의 내연기관차 제품들과 경쟁하기 어렵다. 앞에서도 언급했듯이 차량가격의 40~50%를 차지하는 배터리 원가의 획기적인 절감 없이는 차량가격의 인하는 불가능하다. 배터리 가격 인하 여부가 프리미엄 브랜드를 넘어 수백만 대를 생산하는 대중차 메이커로서 테슬라의 성공여부가 달려있다.

테슬라가 날로 험악해지는 미-중 패권경쟁 와중에 중국 상해에 공장을 건설하는 모험을 감행한 배경이다. 중국은 테슬라의 기술을 필요로 하고 테슬라는 안정되고 풍성한 정부보조금을 필요로 한다. 테슬라가 다음 행선지로 독일을 지목한 것은 당연한 것이다. 중국과 같이 독일도 폭스바겐의 생존을 위해 장기간 정부보조금을 지급할 수밖에 없기 때문이다.

테슬라의 성공여부를 논하는 것은 의미가 없다. 그들은 이미 성공하였고 프리미엄 시장에서 상품성과 브랜드이미지를 구축하였다. 세계 대형 자동차 업체가 수십 년 동안 오매불망 갈구하던 프리미엄 브랜드파워를 신생 벤처기업이 구축한 희귀 사례다. 최소한 포르쉐, 더 나아가 80년대 이후 약진한 BMW의 브랜드파워를 가질지도 모른다.

테슬라는 수십 년간 전기차의 고민이었던 비경제성을 고성능 프리미엄카의 상품성으로 극복할 수 있다는 점을 보여주었다. GM의 볼트, BMW의 i시리즈도 그 맥락에서 상품성을 강화한 신제품이고 세계 메이저 자동차 업체들도 새로운 영감을 얻어 급히 전략을 수정하고 있다. 이 모든 것이 혁명아 테슬라 때문이다.

4. 결론 – 내연기관시대의 종말인가?

테슬라의 성공이 보여주듯 과연 미래는 전기차의 시대이며 내연기관의 시대는 끝났을까? 대중적인 내륙운송수단으로 쓰이기 위해서는 그 원자재를 언제 어디서나 구할 수 있어야 한다. 철도와 내연기관시대에 철과 석탄, 그리고 석유는 누군가가 독점하기 어려운 원자재다.

태평양전쟁은 미국의 일본에 대한 석유금수조치가 그 직접 원인이었고, 오일쇼크 이후 미국은 세계전략을 변경하였으며, 2010년대에 이르러 셰일오일로 석유자원을 확보한 미국은 중동에서 떠나려 하고 있다. 전기차가 지구를 뒤덮으면 리튬, 니켈, 망간, 코발트를 통제하는 자가 내륙운송을 지배한다. 가능하지 않은 일이다.

더구나 2차대전은 산업적으로 보면 미국의 GM, Ford 대 독일의 다임러벤츠, 폭스바겐의 대결이었다. 자동차산업은 전시에 비행기 엔진과 탱크, 장갑차를 생산하는 군수산업이다. 강대국 정부들이 테슬라의 성공에 고무되어 내연기관차 생산기업을 고사시킬 정책을 쏟아낼 이유는 없다. 보조금 지급이 제한적일 수밖에 없는 또 하나의 이유다.

극단적 환경보호론을 배제한다면 사람을 안전·쾌적하게 태우는 자동차산업에서 사실 동력원이 무엇인가는 중요하지 않다. 누가 더 값싸고 안전한 자동차를 만드느냐 하는 게임이지 어떤 동력원이냐 하는 것은 여유 있는 부자들과 이념에 경직된 정치인들의 사치스러운 고민일 뿐이다.

테슬라의 성공, 기존 대형 자동차 업체의 태도 변화로 전기차 시장은 분명 더 두텁고 다양해질 것이다. 과거 연구소 시제품 수준이었던 전기차는 앞으로 몇 년 후 프리미엄 카 세그먼트에서 중요한 하나의 카테고리를 형성할 것이다. 스타일리시하고 고성능의 다양한 전기차의 출시에 소비자도 열광할 것이다. 배터리 기술수준의 발달 여부에 따라서 10% 이상의 시장을 잠식할지도 모른다. 열광적인 전기차 지지자들에게는 다소 실망스러운 예상치이겠지만 9천만 대의 세계 자동차시장 규모를 감안할 때 과거 대비 상전벽해라 할만하다.

그러나 대량생산시스템을 통해 제공되는 값싸고 안전한 내연기관차의 경쟁력은 여전하다. 두터운 대중차 영역에서 전기차가 지배적이 되려면 극복해야 할 과제가 한두 가지가 아니다. 결국 내연기관차와 전기차는 공존할 수밖에 없다.

세계 자동차업계는 과거 30년 동안 플랫폼 공유를 통한 대형화만이 살길이라며 초대형 인수합병에 몰두해왔다. 그러나 지금 테슬라가 일으킨 돌풍은 초대형 인수합병이 주는 압박과 공포 그 이상이다. 몇 년 후 완전경쟁을 교란하는 정부보조금이라는 안개가 걷히고 나면 본격적인 시장경쟁이 시작될 것이다. 80년대 일본 차의 공습 이후 수십 년 만에 재현된 세계 자동차업계의 역동적인 경쟁양상을 즐겁게 감상하

자. 혹시 아는가? 제2의 포드와 록펠러가 등장하여 전기자동차와 배터리 가격을 현재의 1/10로 절감시켜줄지. 승자는 항상 소비자가 선택해온 것이 내륙운송의 역사다.

반도체 삼국지 (상)
- D램전쟁*

김명수

1. 컴퓨터의 등장

1) 영국의 기여

제2차 세계대전 개전 초기 벨기에령 됭케르크 해안에서 민간 어선을 얻어 타고 일패도지한 영국군은 전쟁 말기인 1944년 6월 노르망디 상륙까지 유럽대륙에 발을 들이지 못하였다. 영국이 2차대전 승전에 기여한 바가 있다면 그것은 아마도 파일럿들과 수학자들의 업적일 것이다. 롤스로이스 엔진을 단 세계 최강의 영국 전투기 조종사들은 독일 공군에 맞서 자국 영공을 보호하였고, 영국 암호국의 수학자들은 독일군 암호를 해독해 정보전에서 승리하였다. 유럽을 구하기 위해 대서양을 넘어 군사력을 투사해야 하는 미국군을 독일 U보트의 어뢰로부터 보호한 것은 영국의 수학자들이었다.

영국 암호국이 있던 블레츨리 파크에는 두 개의 프로젝트가 진행 중이었다. 하나는 독일 U보트 암호인 애니그마를 해독하기 위해 수학

---

* 이 글은 2020년 11월 6일 작성된 것이다.

자 앨런 튜링(Alan Mathison Turing, 1912~1954)이 이끄는 기계식 연산기 봄브(The Bombe)였고, 다른 하나는 히틀러가 일선 장군에게 보낸 지시문인 로렌츠 코드를 해독하기 위해 영국 우편국의 엔지니어 토미 플라워스(Tommy Flowers, 1905~1998)가 개발한 진공관식 계산기 콜로서스(Colossus)였다. 콜로서스는 전쟁 말기 10대까지 운영되었고 노르망디 상륙 당시 독일군 교란작전에 큰 기여를 하였다. 앨런 튜링의 비극적 인생은 영화 「이미테이션 게임」으로도 그려졌지만, 콜로서스의 운명도 다르지 않아 전후 영국은 그 기계와 설계도를 기밀에 부치다 1960년대에 모두 파괴하고 말았다.

2) 전자공학의 시작

2차대전 이전이 기계공학의 시대였다면 전후는 전자공학의 시대였다. 기계공학이 인간의 팔다리를 모사하여 인류의 신체 능력을 극대화시켰다면 전자공학은 인간의 뇌를 모사하여 정신 능력을 확장시켰다. 영국 암호국의 봄브와 콜로서스의 개념은 모두 미국으로 전해져 미 국방부 후원 아래 1946년 ENIAC(Electronic Numerical Integrator And Computer)을 탄생시켰다. ENIAC은 미사일의 정확한 탄도 계산을 위한 것이었다. 전쟁은 인류를 파멸시키지만 다른 한편 비약적인 기술발전을 가능하게 해 문명을 진보시킨다.

ENIAC은 신기하긴 하지만 인기 없는 계산기였다. 십진수 10자리의 계산을 28,000분의 1초에 할 수 있는 놀라운 능력을 뽐내었지만, 교실 2개 크기에 150kw의 전기를 들이키고 18,000개의 진공관이 뿜어내는 열기로 30분이 안 돼 필라멘트가 터져나가 작동이 멈추는 골칫

덩어리 그 자체였다. 게다가 당시 가격으로 49만 달러(현재가치 60억 원)에 달하니 이런 고가의 비효율적인 계산기를 시험 삼아 주문할 수 있는 곳은 전 세계에 미국 국방부밖에 없었다.

아날로그 진공관을 대체한 것은 널리 알려진 바대로 1947년 미국의 벨연구소에서 일하던 과학자 쇼클리(William Bradford Shockley), 바딘(John Bardeen), 브래튼(Walter Houser Brattain)이 반도체소재인 게르마늄을 써서 개발한 트랜지스터였다. 트랜지스터가 세상에 처음 나왔을 때 뉴욕타임즈의 단신으로 처리될 만큼 사람들은 그 의미를 알지 못했다. 그러나 이 작은 소자는 반도체 시대를 열어 라디오, 텔레비전, 컴퓨터 등 전자산업과 정보통신산업에 일대 혁명을 가져왔다.

2. 반도체산업의 등장

1) 미 국방부의 반도체산업 육성

1947년 미국에서 시작된 반도체산업은 초기에는 어디까지나 군수산업이었다. 반도체산업은 보다 정밀한 고도의 군사장비를 개발하기 위한 노력에서 시작되었고 생산 전량이 군수용이었다. 인텔이 설립된 1968년까지만 해도 군납비중은 거의 40%에 달했다.

미 국방부는 반도체 생산업체들에게 안정적인 수요처를 제공하며 연구개발 및 시설투자로 인한 위험을 사전에 줄여주었다. 실리콘밸리의 수많은 반도체사업자들은 신기술 개발을 위한 자체 연구개발조직은 물론 150mm, 200mm 웨이퍼 가공시설, 노광기를 직접 보유하였다.

노광 공정에 필요한 마스크도 몇 개에 불과했다. 반도체회사들은 적은 투자자금으로 원하는 칩을 이리저리 만들어보고 샘플부터 양산품 생산까지 직접 수행하였다. 최소 생산설비를 갖추기 위한 자본투입량이 그다지 많지 않았고 가동률에 목을 맬 필요가 없었다.

미 국방부는 그렇게 생산된 반도체를 후한 값에 사주었다. 대부분 주문형 반도체(시스템반도체)였기 때문이다. 반도체는 모두 군사장비의 정밀도와 기술수준을 향상시키기 위한 것이었다. 당연히 군사장비의 뇌 기능을 하는 새로운 시스템반도체 개발이 목표였고 저장장치에 불과한 D램은 반도체업체라면 누구나 자체 생산할 수 있는 대중적인 제품이었다. 이로써 미군은 인류 역사상 최초로 반도체로 만든 눈(이미지센서)과 뇌(집적회로)를 가진 무기체계를 갖추게 되었다.

2) 걸프전의 나비효과

1990년 8월 이라크는 호기롭게 쿠웨이트를 침공하여 1주일 만에 양국을 합병하였고 후세인은 미국이 개입 시 제2의 베트남으로 만들어주겠다고 극언하였다. 베트남전의 악몽을 기억하는 미국 조야에서는 개입을 꺼리는 기류가 감돌았지만 석유의 보고인 중동이 이란과 이라크의 수중에 넘어가는 것을 미국은 좌시할 수 없었다. 다만 베트남전의 악몽을 기억하는 조지 H. W. 부시 대통령은 다국적군 편성에 심혈을 기울였다. 개전 후 피해가 확대되고 전쟁이 장기화되는 위험에 대비하기 위해서였다.

6개월간의 준비 끝에 1991년 1월 미국이 걸프전에서 첫 선을 보였던 스마트 전폭기, 토마호크 순항미사일을 포함한 주요 첨단무기들은 전후 45년 동안 미 국방부가 반도체산업을 통해 무엇을 준비하고 있었는지를 극명하게 보여준 사건이었다. 개전 하루 만에 이라크 방공망이 무너졌고 소련과 중국 무기로 무장한 후세인의 60만 대군이 일주일 만에 초토화되고 7만 명의 사상자를 냈다. 미 육군은 이라크 국경을 넘어 소풍 가듯 걸어 들어갔고 지하벙커에서 굶주리던 이라크 병사들은 순순히 투항했다. 이로써 미국은 5만 8천 명이 사망하고도 패전한 베트남 전쟁의 트라우마를 완전히 씻어내었다. 다른 누구보다도 소련과 중국이 충격과 공포에 빠졌다. 미국이라는 적이 이제 자신들과는 차원이 다른 무기를 가지고 싸우게 되었다는 사실을 알게 된 것이다.

1987년 12월 고르바초프가 중거리핵전력협정(Intermediate-Range Nuclear Forces Treaty) 체결을 위해 워싱턴을 방문했을 때 일을 마친 조지 슐츠 미 국무장관은 셰바르드나제 소련 외무상을 굳이 실리콘밸리로 데려갔다. 겉으로는 개혁개방을 통해 전자산업과 정보통신산업을 발전시켜야 국민 생활수준 향상과 국가발전이 된다는 충언이었다지만 속내는 미국의 전자전 능력을 과시한 것이다. 당시 논의되던 스타워즈 구상이 허풍이 아님을 은근히 협박한 것이다. 소련 권력서열 1, 2위였던 고르바초프와 셰바르드나제는 91년 걸프전에서 미국의 차원이 다른 힘을 보며 그때 견학한 실리콘밸리가 무엇이었는지를 분명히 알았을 것이다. 조급한 고르바초프는 페레스트로이카와 글라스노스트의 속도를 더 높이다 그해 8월 불만을 품은 보수파의 쿠데타로 실각하고 몇 개월간의 정치적 대혼란을 겪은 후 12월 소련연방이 해체되었다.

중국의 처지는 더 다급했다. 1979년 집권한 등소평이 추진한 개혁개방노선의 반작용으로 자유와 민주주의에 눈을 뜬 북경 시민들이 1989년 천안문광장에 모여들었다. 모택동이 홍위병들을 부추겨 천안문광장을 장악하고 그 여세를 몰아 반대파들을 숙청(이른바 문화혁명)한 이후 최초의 대규모 시위였다. 리펑을 필두로 하는 보수세력과 조자양의 개혁세력이 정면충돌하였고 전 세계는 평소 개혁개방을 목청 높이던 등소평이 누구의 손을 들어줄지 숨죽이고 쳐다보았다. 급진적인 자유민주주의 도입 시 공산당의 지도력 약화를 우려한 등소평은 세계의 기대와는 달리 인민해방군을 동원하여 천안문 시위를 진압하였다. 그 과정에서 대규모 살육이 있었다.

천안문 이후 조자양이 유폐되고 2년간 보수파의 사회주의 노선과 주자파의 자본주의 노선이 치열하게 노선대결을 펼쳤지만 등소평은 "자본주의에도 계획이 있고 사회주의에도 시장이 있다"는 애매모호한 입장을 유지하며 속도조절에 유의하였다. 그러나 걸프전이 모든 것을 바꾸어놓았다. 중국 지도부는 개혁개방하지 않으면 영원히 미국에 뒤처질 것이라는 점을 깨달았다. 1991년 말 소련이 해체되는 걸 보고서도 1992년 1월 등소평은 80대 노구의 몸을 이끌고 우한, 선전, 주하이, 상하이를 시찰하며 남순강화(南巡講話: 남부지방 순시 및 담화)에 나선다. 이제 등소평은 더 이상 좌고우면하지 않고 본격적인 개혁개방노선을 밀어붙였다. 한국과 중국은 그해 8월 수교하였다.

3. 미일 반도체 전쟁

1) 일본 반도체산업의 약진

미국이 국방과 안보 차원에서 반도체산업을 지원한 반면 일본은 순수 상업적 목적에서 반도체산업을 육성하였다. 미국 텍사스인스트루먼트사(TI)가 트랜지스터를 이용해 1954년 11월 Regency TR-1이라는 트랜지스터라디오를 발매하자 그 10개월 후인 1955년 9월 도쿄통신공업이란 회사가 Sony TR-55라는 동일한 제품을 내놓았다. Sony TR-55의 대성공에 힘입어 도쿄통신공업은 아예 회사명을 Sony로 바꾼다. 이후 Sony는 전 세계 가전제품업계의 제왕으로 등장하고 1979년에는 휴대용 카세트 녹음기인 '워크맨'으로 세계시장을 강타하였다. 지금의 아이폰과 같은 첨단제품의 아이콘이었던 워크맨은 다른 브랜드 제품들과는 차원이 다른 음질과 디자인을 선보이며 세계 젊은이들을 사로잡았다. 그러나 이는 오롯이 소니의 노력만이 아닌 일본 통산성 주도로 이루어진 VLSI(Very Large Scale Integration, 초고도집적회로, 칩당 소자가 10만~100만 개) 기술연구조합이 있었다.

일본은 1975년 '반도체 전쟁'을 선포하고 반도체 최강국인 미국을 따라잡을 시나리오를 만들었다. 분야는 당연히 설계 및 제조 난이도가 낮은 D램 분야였다. 일본 기업들은 1976년에 이미 LSI(Large Scale Integration, 고도집적회로, 칩당 소자가 1천~10만 개) 생산능력을 개발하였으며 VLSI를 제외한 모든 반도체 부문에서 내수시장을 장악하였다. NTT(일본통신)을 내세워 '오직 일본' 정책, 즉 일본산 반도체를 사용하지 않으면 제품구입을 하지 않는 극단적인 보호주의정책을 썼다. 일본 가전기업들은 인구 1억에 육박하는 넓은 내수시장은 물론,

소니와 마쓰시다를 필두로 하는 브랜드를 앞세워 전 세계를 무대로 활약하였다. 일본의 목표는 당시 유일하게 미국에 뒤지던 VLSI 반도체를 개발함으로써 당시 기업용 슈퍼컴퓨터에 광범위하게 쓰이던 메모리 시장을 장악하는 것이었다. 한편 VLSI 반도체는 군사용 컴퓨터에도 필수품이었다.

1976년 VLSI기술연구조합을 구성해서 4년 내 미국을 추월한다는 프로젝트를 시작하였다. 일본 정부가 300억 엔, 5개 반도체회사가 400억 엔을 출자하는 등 총 700억 엔 규모의 거대자금이 투자되었다. VLSI 프로젝트는 출범 후 매년 신제품 개발에 성공하고 정확히 4년 후인 1980년 256Kb 메모리반도체 개발에 성공하며 미국을 따돌렸다.

사실 D램 산업에서 후발주자가 선발주자를 따라잡는 것은 거의 불가능하다. 웨이퍼 크기는 지름의 제곱에 비례하고 IC회로의 선폭이 감소하면 칩의 크기는 선폭의 제곱분의 1로 작아진다. 따라서 웨이퍼가 150mm, 200mm, 300mm로 커지고 선폭이 40nm(나노미터), 30nm, 20nm로 줄어듦에 따라 최신기술과 구세대 기술 간 수율차이는 작게는 30% 이상, 크게는 50% 이상 차이가 난다. 한편 경쟁단위는 국경과 지리적 제한이 없이 전 세계적으로 이루어진다. 품질이 동질적인데 부가가치가 높고 경소단박하기 때문에 항공운송이 가능하므로 주문 시 언제든지 Door-to-door로 배달할 수 있다. 자연히 세계 단일가격이 형성된다. 단일가격하에서 수율 1~2% 차이도 견딜 수 없는데 수율 30%의 회사와 85%의 회사는 경쟁할 수 없다.

추월은 선발주자가 신제품 개발을 멈추거나 차기 공정 투자를 주저할 때 벌어지는 일이다. 그렇다면 어떻게 일본은 미국을 추월할 수 있었을까? 일찍이 텍사스인스트루먼트사는 1960~1970년대 초반에 걸쳐 D램 대량생산체제에 돌입하여 시장점유율을 확보하고 학습곡선을 떨어뜨리기 위해 원가에도 못 미치는 가격정책을 펼쳤었다. 즉 미국 기업들도 D램 시장을 장악하기 위해 무엇을 해야 하는지 알고 있었다.

그러나 1970년대 들어 미국 경기가 후퇴하고 인플레가 만연함에 따라 '인플레이션 파이터'란 별명을 가진 폴 볼커 연준의장이 취임한 후 기준금리를 기록적으로 올리자 반도체회사들은 자금난을 겪게 되었다. 투자규모도 대폭 늘어났다. 1970년대 반도체공장 설립에 300만 불이 들었는데 1980년에는 7,500만 불 규모였다. (이것은 1985년에는 1.5억 불, 1991년에는 5억 불 정도로까지 증가한다.) 미국 반도체 회사들은 시스템반도체라는 독점적인 시장이 있었다. 점증하는 투자규모가 가져올 재무부담에 가격인하 전쟁까지 감수해야 하는 D램사업에 주춤거리게 된 것이다. 일본과 같은 대기업 계열사가 아닌 실리콘밸리의 벤처기업에서 출발한 미국 반도체 기업은 끝을 모르는 가격전쟁을 견뎌낼 수 없다. 차기 공정 연구개발과 설비투자가 지체된 원인이다.

반면 일본 6대 반도체 기업들은 NEC, 히타치, 도시바, 후지쯔, 미쯔비시, 마쓰시다 등 가전, 컴퓨터, 통신장비 등으로 수직계열화된 종합 전자회사였고 더 나아가 거대 그룹의 계열사였다. 충분한 자체 자금 조달이 가능하고 1980년대까지 NTT의 '오직 일본' 조달정책도 유지되었다. 미일 양국의 정부지원과 산업구조의 이 같은 차이점은 1985~1986년의 시장침체기에 일본 기업들이 적극적인 가격공세를 벌일 수 있었던 원천이 되었다. 1986년까지 9개의 미국 기업 중 텍사스인스트루먼트와 마이크론을 제외한 7개사가 D램 생산을 중단하였고 일본 기업이 D램 시장을 장악하게 되었다.

1980년대 일본의 세계 메모리반도체 시장점유율은 70%를 넘었다.

당시 슈퍼컴의 사용연한인 25년 품질을 보증하는 메모리 제조사는 일본밖에 없었다. 고품질의 신뢰성 높은 제품을 저렴한 가격에 제공하는 일본 반도체회사의 능력을 따라올 기업은 없었다. 그러나 문제는 미국의 D램 생산업체들이 방위산업체였다는 것이었다. 미국 정부는 일본 반도체산업의 성장이 자국의 안보를 침해한다고 느끼게 되었다.

2) 일본 통산성의 판단착오

1985년 6월 미국 반도체산업협회(SIA)의 통상법 301조(이른바 수퍼 301조, 불공정무역에 대한 보복관세를 규정)에 입각한 청원으로 시작된 미국 정부와 산업계의 반격은 1986년 8월 미일 반도체 무역에 관한 협정(SCTA)으로 귀결되었다. 일본 시장을 개방하고 배타적인 일본의 상관행을 제거하기 위한 미국 정부의 15년간에 걸친 투쟁이 시작되었다. 일본 기업들이 인수하려 한 30여 개의 미국 반도체장비회사 계약도 당연히 승인 거부되었다. 이 협정은 안보에 영향을 미치는 첨단기술 전략산업에 대한 미국의 역사상 첫 번째 무역협정이다. 일본 정부는 5년 내 외국 기업의 일본 반도체 시장점유율이 20%가 되도록 약속하였는데 이는 기존 수치의 2배 증가를 의미했다.

협정체결로 생사의 기로에 선 일본 반도체회사들은 시장점유율을 뺏기지 않기 위한 가격전쟁의 폭풍전야였다. 반도체 시장의 파괴적인 특성을 감안하면 무시무시한 가격전이 벌어지며 몇 년간에 걸쳐 하위권의 회사가 도태되어야 했다. 그러나 일본 통산성은 6대 반도체회사에게 카르텔 행위를 종용하였다. 전형적인 일본식 관리경제다. 가장 취약한 업체도 생존할 수 있도록 생산과 투자를 삭감토록 유도하였고 자연

고가격이 유지되었다. 1989년 9월 선두기업인 도시바가 생산삭감을 결정하였고 다른 업체도 비슷한 발표를 하며 1990년 말까지 일본 생산업체들은 시장점유율을 내주었지만 이익률은 증가하였다. 이때까지 살아남은 미국 D램 업체들인 텍사스인스트루먼트와 마이크론 역시 가격상승으로 막대한 이익을 누렸다. 이러한 가격담합은 90년대 말 삼성과 지멘스의 출현으로 D램 공급이 증가할 때까지 지속되었다.

미일 반도체 협정으로 일본 기업들의 시장점유율은 하락하였다. 제1차 반도체 협정 기간인 1986~1991년 동안 일본 점유율은 80%에서 57%로 떨어졌다. 그러나 1986년 이후 메모리 생산 재개를 검토하였던 7개 미국 기업들은 D램사업의 진면목인 가격전을 버텨낼 수 없을 것이라고 믿었고 재진입을 포기하였다. 텍사스인스트루먼트와 마이크론만이 특수를 누려 시장점유율 10% 이상을 되찾았다. 미국 입장에서 미일 반도체 협정은 절반의 성공일 뿐, 미국 반도체 기업이 이미 D램 시장에 흥미를 잃어버렸다는 점을 간과하였다.

4. 한국 반도체산업의 등장

1) 한국 반도체산업의 천운

온전히 그 수혜를 본 것은 한국 기업이었다. 80년대 한국 반도체업체들은 엄청난 적자와 불투명한 전망에 시달리고 있었다. 삼성반도체는 미국 마이크론과 기술도입계약을 체결하였고 금성반도체는 일본 히타치에서 생산기술 도입을, 현대전자는 미국 텍사스인스트루먼트의 파운드리 기술을 도입했지만 일본 기술수준을 따라갈 수 없었다.

1990년 세계 반도체 시장의 매출액 상위 20사를 살펴보면 일본 기업이 반도체산업에서 경쟁우위를 확립한 것을 명백히 알 수 있다. 1, 2, 3위를 각기 일본 기업인 NEC, 도시바, 히타치가 차지하고 있을 뿐만 아니라 20사 중에서 일본 기업이 10개나 포함되어있고, 이들의 세계시장 점유율은 44.9%에 달했다. 20사 중 미국 기업은 6개로 세계시장에서 일본 기업의 절반에도 못 미치는 22.3% 점유율을 차지하고 있다.

압도적인 일본 기업의 우위를 따라잡기 위해 한국 정부는 일본 통산성과 똑같은 정책을 폈다. 과학기술처는 ETRI(한국전자통신연구원) 주관하에 국내 3대 반도체회사 개발진을 모두 참여시키며 1986년 10월부터 'VLSI 기술 공동개발 사업'을 발족시켰다. 4Mb D램 공동개발에 나선 것이다. 4Mb D램은 1Mb보다 집적도가 4배로 늘어나 구조적으로는 2차원에서 3차원으로 이전한 최초의 세대였다. 3차원으로는 여러 형태가 가능했다.

즉 아래로 구멍을 뚫는 트렌치(Trench) 방식과 위로 쌓아 올리는 스택(Stack) 방식 두 가지로 나뉘었다. ETRI는 두 가지 방식의 과제를 기업에 따로 배분하여 개발하기로 결정하고 트렌치와 스택 중 원하는 방법을 사용하여 4Mb D램을 개발할 것을 권고했다. 삼성은 일단 연구팀을 둘로 나눠 두 가지 기술을 동시에 추진하였는데 미국 캘리포니아팀에서는 트렌치 방식을, 한국 기흥연구소에서는 스택 방식으로 개발을 시작하였다. 삼성은 오류수정이 용이한 스택 방식으로 최종 결정하여 4Mb D램을 완성했고 현대전자도 스택 방식으로 개발하였다.

이로써 한국과 일본의 반도체 기술 개발격차는 64Kb 개발 당시는

4년, 256Kb는 3년, 1Mb는 1~2년이었으나 4Mb에 이르러서 일본과 대등한 수준에 도달했다. 모두 80년대 후반에 일어난 일이다. 게다가 80년대 초반 엄청난 적자를 보며 사업생존이 의심되던 한국 반도체업체들은 일본 업체들의 가격카르텔 덕에 1988년 최초로 흑자를 시현하였다. 일본 통산성이 주도한 시장 평화와 한국 정부의 기술개발 보조금은 초창기 한국 반도체회사들의 숨통을 틔워주었다.

또한 미일 반도체 협정 준수를 위해 시장점유율을 낮추어야 했던 일본 반도체회사들이 차기 공정 개발과 설비투자집행을 망설일 때 삼성전자 등 한국 기업들은 생명줄을 연장하며 기술을 연마해갈 수 있었다. 일본 반도체산업의 불운이요 한국 반도체산업의 천운이다.

2) 한국 반도체산업의 실력

비교적 넓은 내수시장과 소니, 마쓰시다 등 종합 가전 글로벌브랜드를 가지고 있는 일본 반도체업계는 통산성이 유도한 카르텔 정책에 순응하며 이익을 향유할 수 있었다. 그러나 한국의 삼성전자, 금성반도체, 현대전자 등은 협소한 내수시장, 빈약한 브랜드파워로 세계시장에서 고전하고 있었고 오로지 반도체 단일 품목으로 승부를 보아야 하는 절체절명의 위기에 있었다. 한국 기업들이 과기처와 ETRI 주도하의 기술개발 과정에서도 경쟁사 간에 기술공유를 꺼리고 독자개발할 수 있는 자율권을 주장한 것은 어쩌면 정부가 급변하는 세계 반도체 시장에서 해줄 것이 없고 국내 경쟁사를 동반자로 인식할 수 없는 상황에서 기업들의 당연한 선택이다.

PC시대가 열리기 전까지 세계시장을 주름잡던 일본 메모리 제품은

25년 품질을 보증하였다. 당시 D램은 슈퍼컴퓨터에나 사용되는 고급 부품이었기 때문에 높은 신뢰성이 그만큼 중요했다. 일본의 장인정신은 기본 요구사양인 10년 품질보증을 넘어 25년간 끄떡없는 제품을 고집하였다. 슈퍼컴퓨터 업계가 가격이 조금 비싸도 신뢰할 수 있는 일본 D램 제품을 쓰는 것은 당연한 선택이었다.

그러나 PC시장이 열리자 상황이 달라졌다. 1977년 개인용 컴퓨터인 AppleⅡ가 발매되며 초기 PC 개발의 주도권을 둘러싼 혼란이 한창이던 1981년 8월 IBM은 엄청난 혁명을 시작했다. 자체 개발한 컴퓨터 아키텍처를 공개함은 물론 현대 PC의 얼개를 갖춘 역작을 선보인 것이다. 보조기억장치로는 HDD(Hard Disk Driver)와 플로피디스크, 확장 가능한 D램 슬롯을 갖추고 CPU로는 인텔의 8088프로세서가 사용되었다. OS는 마이크로소프트사의 MS-DOS를 탑재하였다.

컴팩이 IBM PC를 리버스 엔지니어링하며 카피 제품을 내놓고 한·일·대만의 전자회사들이 그 뒤를 따르자 불행히도 IBM PC는 가격경쟁력에서 밀리며 시장에서 도태되어갔다. 그러나 IBM PC는 범람하는 신제품의 숲을 헤매던 소프트웨어 개발자들과 컴퓨터 제조회사, CPU 회사, 주변장치 회사 모두에게 표준을 제시하였다. IT 업계 사람들은 IBM이 제시하는 등대 빛을 따라 제품의 사양과 성능 개선에 주력하면 되게 된 것이다.

삼성전자는 반도체 시장이 IBM이 주도하던 슈퍼컴퓨터에서 개인용 컴퓨터 시장으로 넘어가는 것을 포착했고 이에 맞춰 제품의 개념을 새로 설계하였다. 일반 고객이 쓸 수 있는 정도의 성능을 맞추되 철저히 원가를 줄이는 것이다. 수십만 불의 기업컴퓨터가 아닌 몇천 불대의 PC는 원가가 중요했다. 삼성전자는 일본 장인들이 고집하던 불필요한 기능과 과도한 성능을 제거하고 철저히 가격 위주 전략을 펼친 것이다. 원가를 극한으로 내리고 살벌한 치킨게임을 시작했다.

삼성전자가 시작한 살벌한 가격전쟁으로 기존 반도체회사들은 대규모 적자의 구렁텅이로 빠져들었다. 투자불확실성은 더 높아져갔다. 2001년 9월 일본 NEC와 히타치, 미쓰비시 연합체인 엘피다가 300mm 웨이퍼 공정으로의 전환을 9개월 늦추겠다고 발표했다. 2001년 10월 삼성전자는 300mm 웨이퍼를 기반으로 신형 120나노 기반 D램 양산을 시작하였다. 업체 간 격차는 더 벌어져갔고 삼성을 제외한 모든 D램 업체들은 대규모 적자에 시달렸다.

그러나 실리콘밸리의 가난한 프로그래머들은 돈 걱정 없이 마음껏 메모리를 써가며 개발에 몰두할 수 있었다. 이것이 PC 소프트웨어 산업을 꽃피게 했음은 물론이다. 1980년 1Mb 메모리 가격이 6,480달러였으나 2015년에는 0.0042달러로 무려 100만 배가 넘게 가격이 하락하였다. 포드와 록펠러가 자동차와 가솔린 가격을 10분의 1로 인하하여 자동차시대를 열었듯이 고 이건희 회장은 D램 가격혁명을 주도하여 본격적인 PC시대를 연 것이다. 고인이 세상에 준 선물이다.

PC시대에 저품위 제품의 필요성을 이해하지 못하는 일본의 장인정신은 일본 업체들에게 오히려 독이 되었다. 일본 회사들은 자신들이 정점에 있을 때 시장의 변화를 이해하지 못하고 관성에 집착하다 몰락하고 말았다. 2000~2010년 동안 사실상 매년 한 개의 D램 제조사가 부도가 나거나 인수합병되어 사라졌으며, 엘피다마저 2011년 10조 원이 넘는 부채를 남기며 파산하였다. 컴퓨터가 고성능 첨단기계에서 개인용 전자기기로 변화함에 따라 더욱 낮은 가격으로 메모리반도체를

공급해 PC시장을 꽃피우게 한 삼성전자가 승리한 것이다.[1]

2011년 반도체 시장의 칠흑 같은 암흑기에 SK가 하이닉스를 인수하였다. 시장의 수많은 우려가 있었지만 엘피다의 부도 이후 2012년 시장평화가 찾아왔다. SK하이닉스가 그 수혜를 보았음은 물론이다. 하이닉스는 삼성전자가 시작한 가격전쟁의 여파로 대규모 적자를 기록하며 워크아웃에 들어가 생사의 기로에 섰으나, 결국 삼성전자가 완성한 삼성전자, 하이닉스, 마이크론 천하삼분 구조의 한 축이 되었다. 하이닉스 임직원들의 뼈를 깎는 노력, 정부와 채권단의 인내, SK 경영진의 지략과 용기가 어우러져 현재의 SK하이닉스가 있는 것이다. 결국 이 모든 노력이 합쳐져 세계 D램 점유율 70%, 수출액의 20%, 수출부가가치의 40%라는 엄청난 결과를 낳았다. 한국 반도체산업의 실력이다.

5. 후편을 기약하며

여기까지가 한미일 반도체 전사(前史)다. 이로써 시스템반도체는 미국이, D램 반도체는 삼성, 하이닉스, 마이크론의 천하삼분이 이루어지고 한국이 주도권을 장악하게 되었다. 그러나 최첨단 반도체 시장에 영원한 평화란 없으니 2007년 아이폰이 시작한 거대한 모바일혁명이 반도체 시장을 덮쳤다.

슈퍼컴퓨터에서 PC로 진화한 반도체의 수요처는 이제 개인용 통신기기인 휴대폰을 넘어 손안의 PC라는 스마트폰으로 진화하였다. 뿐만 아

---

1 D Ram 시장의 발전양상에 대해서는 『반도체제국의 미래』 pp. 42~62 참조

니라 진화한 통신환경은 자동차, 홈 어플라이언스, 사물인터넷을 넘어 모든 전기를 소모하는 제품에 눈과 뇌를 장착하려 시도하고 있다. Block Chain, Cloud Computing 등 금융과 기업의 상관행이 변화하고 AI, 안면인식, 자율주행차량 부문에서는 인텔이 주도한 논리연산과는 전혀 다른 새로운 개념의 컴퓨팅기술이 시도되고 있다. 이는 Nand Flash Memory라는 D램과는 다른 새로운 발명이 야기한 결과다.

여기에 1986년을 연상케 하는 국제정치의 Dynamics가 끼어들었다. 중국이 국가주도 펀드를 조성하며 반도체 시장에 뛰어들었다. 미국은 중국에 대해 반도체 전쟁을 선언하였다. 반도체 삼국지 후편에서 이를 다루기로 한다.

참고문헌

1. 『반도체 제국의 미래』, 정인성 지음, 이레미디어, 2019
   반도체산업사, 회사별 동향, 중국 반도체 굴기에 대한 평가까지 폭넓게 쓰여진 수작이다. 본 칼럼의 삼성의 반도체 전략 부분은 이 책에 전적으로 의존하고 있다.

2. 『누가 누구를 후려치는가?』, 로라 니안드레아 타이슨 지음, 삼성경제연구소 옮김, 삼성경제연구소, 1993
   미일 반도체 협정에 대한 개요와 평가가 상세히 쓰여있다. 본 칼럼의 미일 반도체 전쟁에 대한 기술은 이 책에 의존하고 있다.

3. 『IT신화를 이끈 아버지가 보내는 편지』, 한기철·김대용·김명준 지음, 전자신문사, 2014
   ETRI 연구자들이 자녀에게 보내는 편지 형식을 빈 연구 히스토리다. 반노체, 통신, 컴퓨터 분야에 한국 독자 기술개발의 눈물겨운 역사가 서술되어있다. 본 칼럼에서 한국 반도체 개발사의 부분을 의존하고 있다.

4. 『규석기 시대에 재미있고 읽기 쉬운 반도체 길라잡이』, 류장렬 지음, 청문각, 2015
   시중에 반도체 관련 기술 서적이 많으나 그중 가장 알기 쉽게 쓰여져 있다. 반도체에 대한 기초를 잡기에 좋은 책이다.

반도체 삼국지 (중)
- 플래시혁명*

김명수

1. 플래시 메모리의 발명

플래시 메모리는 1980년 일본 도시바의 마쓰오카 후지오 박사에 의해 발명되었다. 그는 '미스터 반도체'란 별명으로 불리던 도후쿠 대학의 괴짜 교수 니시자와 준이치(1926~2014) 문하에서 6년간 수학한 제자였다. 도후쿠 공대 학장의 아들이었던 니시자와는 1949년 23살의 나이에 초음파에 쓰이는 PIN 다이오드를 발명한 천재 과학자다. 니시자와가 약관의 나이에 세계 최초로 발명한 PIN다이오드를 일본 기업에 내놓았을 때 일본 기업의 반응은 실망스러웠다. 미국 기술에 도취된 일본 기업들은 "도후쿠대학의 니시자와에게서 라이선스 받은 것보다는 미국 RCA사에서 들여온 기술이래야 마케팅이 된다"며 관심을 보이지 않았다. 젊은 니시자와는 자신을 깔보는 일본 기업들에게 적의를 품게 되었다. 그는 기업들이 자신의 특허를 침해했다 느껴지면 어김없이 소송을 일삼았고, 창의성 없이 무작정 미국 기술을 라이선스

---

* 이 글은 2020년 12월 9일 작성된 것이다.

하는 사람들을 보면 참지 못하고 "미국 기술에 오염된 녀석들"이라며 독설을 퍼부어댔다. 일본 전자업계는 니시자와 교수를 다루기 힘든 기인으로 생각했다.

니시자와의 제자답게 마쓰오카는 "도시바에 입사한 이후 언제나 독창적인 기술로 해보려고 시도"했고 그 결과 1984년 플래시 메모리를 발명하였다. 그러나 그가 업계의 이단아 니시자와의 제자였다는 출신성분과 도시바가 신기술 개발보다는 외국기술 도입에 함몰된 대기업이었다는 현실은 천재적 발명인 플래시 메모리의 운명을 좌우하게 된다. 플래시 메모리를 꽃피운 것은 도시바가 아니라 인텔과 삼성이었던 것이다.

2. 두 가지 경로

1) 모든 기술은 미국으로부터 나온다

전후 일본 통산성은 외화자금 배분권을 가지고 자국 기업의 미국 기술 도입을 컨트롤하였다. 세계 전자산업을 주도한 미국 기업들도 웬일인지 해외 기술이전에 인색하지 않았다. 반도체업계의 양대 민간 연구소인 AT&T의 벨 연구소(뉴저지 머레이힐 소재)와 RCA의 사르노프 연구소(뉴저지 프린스턴 소재) 연구원들은 마치 명예를 먹고 사는 대학교수인 양 자신들의 연구성과를 미국 응용물리학회지에 열심히 기고하였다. 미 군정청 도서관에는 일본 엔지니어들이 문지방이 닳게 드나들었고, 또 군용 비행기를 얻어 타고 뉴저지로 몰려들었다. 명성이 쌓인 이곳 연구원들은 큰돈을 주는 방위산업체나 해외기업으로 이직했다.

GE, 웨스팅하우스, IBM, 페어차일드반도체, 텍사스인스트루먼트 등 전자·반도체 선도기업의 풍조도 동일했다.

심지어 RCA는 해외 기술이전을 적극 장려했다. 이것이 중요한 현금 창출원이었기 때문이다. 라디오와 텔레비전 관련 특허를 모두 보유하고 NBC 등 미국 방송시장까지 장악하여 미국 법무부의 반독점혐의 심사를 받고 있던 RCA는 고소 취하를 전제로 1958년 미국 내 기업에 자사 보유 기술을 무료로 개방하겠다는 약속을 하였다. 무료 개방 대상에 해외 기업은 빠졌다. RCA는 사라진 로열티 매출을 보상받기 위해 유럽 필립스와 일본의 신생 업체들에게 적극적으로 기술이전하며 연간 로열티수입으로만 2억~3억 달러를 벌었다. 일본 전자기업들에게 RCA 연구원들의 말은 하늘의 복음과 같았다

2) 두 가지 경로: 벤처 VS 대기업

일본의 전자기업은 두 가지 경로가 있었다. 하나는 벤처 경로이다. 원천기술은 미국에서 가져왔지만 이를 전혀 독창적인 제품으로 상업화하여 거대기업으로 성장한 경우이다. 라디오, 워크맨 이후에도 반도체 레이저를 이용한 CD플레이어, CCD소자를 이용한 캠코더를 잇따라 성공시킨 소니가 그 제왕이고 휴대용계산기, 액정디스플레이(LCD), 태양전지를 상품화한 샤프가 왕자라면, 계산기의 카시오, 전자시계와 LCD, 개인용 프린터의 세이코엡슨, 레이저 프린터의 캐논, FM칩을 이용한 신디사이저의 야마하, 청색 발광다이오드(LED)의 니치아화학은 공경대부처럼 일본 전자제국을 단단히 받치고 있다. 이들은 모두 벨 연구소와 사르노프 연구소가 발표한 반도체 소자 기술을 가져와 대량생산에 성공하며 이를 세계 최초로 상업화하였다. 2차대전 후 우리

가 즐겨 사용하는 거의 모든 전자제품은 공통점을 가지고 있다. 미국이 군사기술로 개발하고 버린 반도체 원천기술을 일본 기업들이 창의적으로 상업화에 성공한 것이다.

다른 하나는 전후 이미 대기업이었고 미국의 RCA와 IBM으로부터 완성된 기술을 도입하고 생산기술과 마케팅에서 발군의 실력을 보이며 세계적인 전자기업으로 성장한 경우다. 마쓰시다와 산요가 그 대표적인 예다. 마쓰시다는 자신에게서 가지 쳐 나온 산요와 함께 RCA로부터 전수받은 라디오, 텔레비전 기술을 National, Panasonic, JVC의 다중 브랜드를 내세워 전 세계 전자제품시장을 호령하였다. 1970년대 벌어진 비디오카세트리코더 표준 전쟁에서 VHS 방식의 마쓰시다가 기술적으로 우위에 있던 베타방식의 소니를 업계 연합과 마케팅의 힘으로 물리친 것은 경영학의 유명한 연구 사례다. VHS 방식은 마쓰시다의 주도하에 38개 기업이 생산·판매 연합을 구축한 반면, 베타방식은 소니 주도하에 12개 기업이 참여하는 데 그쳤다. 기술 우위와는 무관하게 대량생산능력, 가격경쟁력, 판매채널 싸움이 승부를 갈랐다. 채산성이 불확실한 신기술에 큰 관심이 없는 마쓰시다가 컴퓨터 시장에 진입하지 않은 것은 당연한 일이다.

3) 대기업 경로의 문제

전자제품업계에 RCA가 있었다면 컴퓨터 업계에는 IBM이 있었다. IBM은 직접적으로 일본 기업에 기술이전하지는 않았지만 이미 1958년 미 법무부의 반독점소송 이후 미국 기업들에게 기술이 공개되어 IBM의 호환제품을 만들어 파는 기업들은 많았다. 이른바 IBM 클론 제품의 저가 공세에 시달리던 IBM은 1964년 세계 상업용 컴퓨터 업계를 뒤집어 놓은 기념비적인 컴퓨터 시스템 360을 출시하였다.

이를 설계한 진 암달(Gene Amdahl)은 기존의 주문자 제작방식을 벗어나 부품 표준화로 비용인하의 문을 연 시스템 360이 엄청난 수익 잠재력을 가졌음을 알아보았다. 1970년 IBM을 퇴사하여 자기 회사를 차린 암달은 미국 경기후퇴로 자금 조달이 끊기자 일본 후지쯔와 손잡았다. 그는 시스템 360을 모사한 제품을 생산하여 1971년 세계 컴퓨터계에 후지쯔를 데뷔시켰다. 후지쯔의 뒤를 이어 NEC, 히다치, 도시바 등도 세계 컴퓨터 업계에 합류한다.

D램 반도체도 이와 유사한 경로를 따랐다. 이미 대기업이던 NEC, 도시바, 후지쯔, 히타치, 미쓰비시 등은 모두 인텔, 페어차일드, 모토롤라, 텍사스인스트루먼트 등 미국 기업의 D램 기술을 라이선싱 받고 공정기술과 생산성을 혁신하여 세계시장에서 가격경쟁으로 승부하였다. 일본 통산성이 주도한 VLSI 프로젝트는 관 주도의 제품개발 프로젝트였지만 결국은 미세화 공정으로 신기술로 보기는 어려웠다.

로열티는 높았고 원천기술을 들여와 일본 기업이 추가 개선을 했을 경우에도 그 개선된 기술은 미국 기업에 귀속되는 등 라이선싱 조건은 불공평하였다. 하지만 미국 기술을 라이선스 하는 것은 일본 대기업의 최고 경영진들에게 당연한 것이었다. 확실한 성공의 경로였기 때문이다. 컴퓨터와 반도체에 집중한 도시바는 전형적인 일본 대기업의 성장경로를 따랐다. 마쓰오카 박사가 도시바 소속이었다는 것이 어찌 보면 불운이었다.

3. 거대해진 플래시 메모리 시장

1) 저급 메모리, 플래시

도시바의 마쓰오카 박사가 발명한 플래시 메모리는 기존의 D램보다 읽기·쓰기 속도가 나쁘고 데이터 덮어쓰기가 어려웠다. 무엇보다 제조과정의 결함으로 불량률 '0'의 D램과는 비교가 되지 않을 정도로 불량이 많은 저급 메모리였다. 마쓰오카의 상사가 그런 아이디어는 지워버리라고 할 정도로 성능이 떨어졌고 도시바는 이를 상품화할 계획이 없었다.

플래시 메모리는 수십 나노초 차이로 연산을 수행하여야 하고 100%의 정밀도를 요하는 중요한 작업에 사용되는 주기억장치로는 사용할 수 없다. 그러나 한번 저장해놓으면 오랫동안 찾아보지 않는 자료라든가, 약간의 에러가 있어도 문제가 없는 데이터를 저장할 수는 있었다. 고밀도라 저장용량도 컸다. 무엇보다 전원이 나가면 기존 데이터가 날아가버리는 D램에 비해 전원이 나가도 데이터가 유지되는 특성(비휘발성)은 보조기억장치로 사용하기에 매우 훌륭하였다. D램과 같이 일일이 저장할 필요가 없는 것이다. 다소 불편한 덮어쓰기 기능이나 불량 문제는 컨트롤러로 해결하면 될 문제였다.

이를 알아본 것이 인텔이었다. 인텔은 마이크로프로세서 전문업체지만 CPU가 동작하기 위해서는 데이터를 저장해야 했다. EPROM, EEPROM 등 보조기억장치 개발을 위한 다양한 시도들이 있었지만 사용의 편의성이나 데이터의 비휘발성 측면에서 플래시 메모리가 월등히 우수하다는 것을 알아챘다. 인텔은 CPU의 보조기억장치로 적합한 플래시 메모리(NOR 플래시)를 개발하여 적극 자사 제품에 채용하며 초기 플래시 메모리 시장을 독주하였다.

마쓰오카 후지오 박사는 인텔의 성공을 보며 이를 라이선스 해준 도시바에 성과보상을 요구하였고 회사는 200만 엔이라는 소액을 지급하였다. 분노한 마쓰오카는 1990년 회사를 퇴사하고 대학으로 옮긴 후 도시바와 11억 엔의 특허소송에 나선다. 일본 경제계에서는 마쓰오카의 행동이 대기업 조직원으로서 있을 수 있는 행동인가라는 거센 비난 속에 개인의 창의성을 인정해야 한다는 의견은 묻히고 마쓰오카는 소송에서 사실상 패소하며 쓸쓸히 업계에서 퇴장하였다.

2) 상업화된 플래시 메모리

인텔의 NOR 플래시 메모리 상품화로 자존심을 구긴 도시바는 1991년 NAND 플래시 개발을 완료하고 시장진출을 선언하였다. 하지만 낸드 플래시를 위한 시장은 크지 않았다. 낸드 플래시는 비트당 가격이 노어에 비해 저렴했지만, 사실 메모리로서의 특성은 노어에 크게 뒤지고 있었다. 덮어쓰기가 되지 않고, 불량이 많은 플래시 메모리의 단점 이외에도 컨트롤러가 노어 플래시 대비 컸다. 인텔, AMD 등 CPU 전문업체들은 보조기억장치로 노어 플래시에 집중 투자하여 시장을 키운 반면, 낸드 플래시 메모리만을 위한 시장은 작았다.

도시바는 1992년 당시 자신들보다 한참 규모가 작던 삼성전자에게 낸드 플래시 기술을 라이선싱 해주었다. 마쓰시다의 VHS 비디오테이프리코더 연합처럼 낸드 플래시 제조·유통사를 늘림으로써 노어 플래시 중심 시장에서 우위를 차지하려던 전략이다. 도시바는 알지 못했겠지만 삼성은 이 시기 낸드 플래시의 가능성을 알아보았다.

이 시기 한국에서는 ETRI를 중심으로 1990년에 퀄컴의 CDMA 기술을 도입하기로 결정하고, 퀄컴과 국내 전자회사가 공동 개발하는 프로젝트를 1991년부터 1996년까지 6년 동안 수행하였다. 퀄컴이 보유한 특허를 이용, ETRI가 단말기 및 기지국 장비 개발을 책임졌고 삼성, LG를 비롯한 국내 기업들은 단말기, 기지국 제조에 전념하여 1996년 세계 최초의 CDMA 상용 서비스를 제공하였다. 비록 퀄컴이 보유한 5개의 핵심 특허 때문에 후일 국내 제조기업이 퀄컴에 고액의 특허료를 지불하게 되었지만 CDMA 상용 서비스 제공으로 한국은 실질적인 ICT 강국으로 일어서게 되었다. 이후 국내에 단말기 기술이 공개되었고 이를 라이선싱 받은 수많은 벤처기업들이 사업에 뛰어들며 국내 이동통신산업은 크게 발전한다.

삼성은 미래 디지털제품의 기술확보를 위해 D램, 낸드, CDMA 3개를 주력 제품으로 선정하고 D램에서 번 자금을 쏟아부었다. 현재 D램 시장의 주요 매출처가 스마트폰이고, 스마트폰의 저장소가 전부 낸드 기반이며, CDMA 기술을 기반으로 한다. 삼성은 낸드 플래시를 자사의 휴대전화에 적용해보고 이것이 디지털시대를 열어나갈 중심 부품이라는 점을 내다본 것이다. 반도체에서 휴대폰까지 일관생산공정을 갖추고 있는 삼성만이 가질 수 있는 통찰력이다. 도시바는 자신이 개발한 기술을 삼성에 라이선스 해줄 때 후일 자신이 삼성의 뒤를 이어 낸드 시장에서 2위에 머물지는 꿈에도 몰랐을 것이다.

3) 거대해지는 낸드 플래시

저급 메모리인 낸드 플래시의 잠재력은 기존 메모리 시장이 아닌 다른 곳에서 폭발하였다. 바로 휴대전화와 디지털 카메라였다. 휴대전화가 단순한 송수신 기능에서 벗어나 다양한 프로그램을 수행할 수 있도록 진화함에 따라 수많은 코드와 그래픽 정보를 저장하여야 했다. 그래픽 정보의 처리에는 낸드 플래시가 적격이었다. 카메라 기능도 강화되어갔다.

디지털 카메라는 기존 렌즈+필름 조합을 이미지센서+디지털저장장치로 바꾼 혁신적 제품이었지만 문제는 저장장치였다. 1990년대 후반 디지털 카메라의 저장장치로 소형 하드디스크드라이버, 플로피디스크, CD-ROM 등이 고안되었으나 그 어떤 것도 낸드 플래시를 당해내지 못했다. 사진을 찍고 나서 별도로 저장할 필요가 없는 비휘발성은 그 어떤 저장장치도 견주지 못할 장점이었다. 낸드 플래시의 큰 결점인 불량 문제는 문제가 안 되었다. 망쳐봤자 사진 몇 장 아닌가?

2001년 낸드 플래시는 최초로 연 10억 불의 시장규모를 기록했고 2003년에는 40억 불로 기하급수적 성장을 했다. 이 시기 D램 시장의 완벽한 승자로 굳히기를 끝낸 삼성전자는 낸드 플래시의 비트당 가격이 D램보다 높음에 주목하였고, 낸드에 대규모 투자를 시작하였다. 그 결과 2004년 낸드가 D램보다 비싸던 시대는 종말을 고하였고, 바꾸어 말해 낸드 시장에도 살벌한 가격전쟁이 벌어졌다.

4) 낸드 혁명의 승리자: 삼성

가격전쟁이 벌어질 때 대규모 납품처를 가지고 대량생산을 할 수 있는 업체와 그렇지 않은 업체 사이에는 큰 차이가 있다. 삼성은 2005년 '아이팟나노'라는 신개념 음향기기로 혜성같이 부활한 애플이라는 수요처를 가지고 있었던 반면, 도시바는 그렇지 못했다. 애플이 삼성과 손잡은 이유는 삼성이 D램 경쟁력은 물론이고 용감한 낸드 플래시 선제 투자로 압도적인 가격경쟁력을 갖추고 있었기 때문이다. 애플은 2007년 '아이팟터치', 2010년 '아이폰'을 잇달아 내놓으며 기존 휴대폰 시장에 메가톤급 충격을 주었고 애플의 선택을 받은 삼성은 애플의 AP(Application Processor) 공급도 도맡으며 파운드리 시장에서도 크게 성장하였다. 삼성이 애플의 AP 공급을 맡은 것은 후일 삼성이 갤럭시 시리즈를 자체 개발할 수 있는 밑바탕이 되었다. 이로써 삼성은 애플의 경쟁자로 올라선 것은 물론, 세계 스마트폰 업계에 AP(엑시노스), D램, 낸드 플래시, 디스플레이를 원스톱으로 제공하는 거대 부품 공급사로 성장하는 계기가 되었다.

삼성전자는 부품생산에 주력한 도시바·인텔과 달리 최종제품인 휴대폰과 가전제품을 함께 생산하여 부피가 작은 저장장치의 가능성을 일찍 내다보았고, 노어와 낸드로 양분된 시장에서 낸드를 선택하여 대규모 선행투자를 단행하였다. 애플의 부품 공급사로 시작하여 스마트폰 시장에서도 승사가 되었고 나아가 낸드 기반의 SSD에도 집중 투자하여 기업용 서버 저장장치 시장을 공략하였다.[1] 2021년 D램 시장 예측치는 457억 불인 반면 낸드 시장은 745억 불로 그 시장규모가 점점 커지고 있고 삼성전자는 낸드 플래시 부문에서도 세계 1위의 시장지위에 있다. SK하이닉스가 인텔의 중국공장을 인수하며 낸드 플래시 시장에서 입지를 키우고자 하는 이유도 여기에 있다.

　삼성전자의 가장 큰 특징은 소재 부품부터 완제품까지 완벽하게 수직계열화되어 있다는 점이다. 과거 수많은 전자업체들이 있었지만 그들은 대부분 시장의 부품들을 조합해 만든 최종제품으로 승부하였다. 그러나 삼성은 D램, 낸드, AP, 디스플레이 등 스스로 첨단부품을 제조하고 스마트폰, 가전, 노트북, 서버, CDMA기지국까

1　낸드 플래시의 발전양상에 대해서는 『반도체제국의 미래』 pp. 88~100 참조

지 수직계열화된 제조능력을 갖추고 있다. 어느 한 제품에서 세계적인 경쟁력을 갖추는 것도 어려운데 삼성은 이 모든 분야에서 누구의 도움도 없이 독립자존할 수 있는 세계 유일의 전자기업인 것이다.

세계 전자산업 내 그 어떤 기업도 보여주지 못한 강력한 시장지위다. 메모리에서는 일본 D램 산업을 초토화시켰고, 낸드 플래시에서는 도시바를 넘어섰으며, 디스플레이에서는 샤프를 뛰어넘었고, 휴대전화에서는 노키아를 밀어젖혔다. 애플도, 소니도, 화웨이도 당분간 이런 능력을 갖출 수는 없다. 삼성의 완벽한 승리다.[2]

그러나 살벌한 반도체 시장에 영원한 평화란 없으니 스마트폰이 불러온 컴퓨팅 시장의 새로운 전쟁이 시작되었다. 모든 사물에 눈과 뇌를 달아 인간과 유사한 컴퓨팅이 가능해지는 세상이 다가오고 있으니 바로 4차 산업혁명이 그것이다.

4. 4차 산업혁명시대의 반도체

1) CPU 연산의 한계

1970년대 카메라렌즈를 대체하는 CCD소자가 개발되었을 때 과학자들은 이제 반도체로 만든 눈으로 시각정보를 디지털화(0과 1의 신호)할 수 있게 되었으니 이를 뇌(CPU, Computing Process Unit)와 결합하여 인간을 대체하는 로봇 제작은 시간문제일 뿐이라고 내다봤다. 공상과학 소설과 「스타워즈」, 「터미네이터」 등 사이보그 로봇이 등

---

2 삼성전자에 대한 평가에 대해서는 『반도체제국의 미래』 pp. 284~299 참조

장하는 영화가 유행하였고, 사람들은 오히려 로봇이 지배하는 디스토피아를 우려하기도 하였다.

그러나 CCD소자를 통해 입력된 과다한 시각정보는 CPU에 혼란만 주고 기계는 오작동을 남발하였으니 과학자들은 인간의 감각기관과 뇌가 어떻게 동작하는지 몰랐던 것이다. 인간은 입력된 아날로그 시각정보를 1,000억 개의 뉴런을 통해 몇 나노초(10억분의 1초)의 순간 사이에 전기화학신호를 주고받고 끊임없이 가치판단(value judgement)을 내리며 정보를 정리하고 저장하고 판단을 내린다는 사실이 인지심리학(cognitive psychology)을 통해 밝혀진 것은 그보다 훨씬 후의 일이다.

이에 비해 기계의 연산방식은 CPU 설계자가 미리 알고리즘에 따라 주어진 질문에 대답하는 방식이었다. 고양이를 판단하는데 "다리가 네 개인가? 꼬리가 긴가? 수염이 있는가? 줄무늬가 있는가?" 등의 질문을 입력해놓고 yes or no의 수형도를 따라가는 방식을 말한다. 그러나 이런 방식으로는 시각정보로 들어온 호랑이를 고양이로 오인할 수 있고, 사고로 다리 하나를 잃은 고양이를 부정할 수도 있다. 또한 입력된 시각정보를 가치판단 없이 모두 동등한 가치를 두고 정보처리를 한다면 중요한 정보(아이의 울음)와 사소한 정보(고양이의 울음)를 구분하지 못하고 오작동을 일으키게 된다. 세상의 모든 가능성을 CPU에 질문 덩어리로 만들어 입력해놓을 수는 없는 것이다. 이러한 문제를 해결하기 위해서는 상상을 초월하는 정보처리능력이 필요하고 여기에 또다시 50년이 소요되었다.

2) GPU 연산의 등장

2016년 3월 서울에서 컴퓨터 프로그래밍 역사상 기념비적인 일이 일어났다. 바둑에서 컴퓨터가 인간을 이기기는 불가능하다는 불문율을 깨고 구글의 알파고가 이세돌 9단을 격파한 것이다. 바둑은 서양 체스와는 차원이 다른 수십억 개의 경우의 수를 가지기에 애초에 CPU 방식의 컴퓨팅 기술로는 불가능하였다. 여기에 동원된 것이 엔비디아가 시작한 GPU(Graphic Processing Unit) 방식의 컴퓨팅 기술이다.

GPU 연산은 고양이를 인식하는 데 있어서 알고리즘을 거치지 않고 고양이의 그래픽 정보를 사전에 대량 입력하는 방식이다. 수많은 종류의 고양이 사진을 정면도 측면도 조감도 가리지 않고 사전 입력(기계학습)해놓아 이를 피사체와 대조해 고양이로 인식한다. 인간이 사물을 인식하는 방식과 유사하므로 '인공지능(Artificial Intelligence)'이라고도 부른다.

그러나 이런 방식은 상상을 초월하는 자원을 동원한다. CPU 방식이 프로그래머가 사전에 입력한 몇천 줄의 질문들에 불과했다면 GPU 방식은 몇천 장의 그래픽 정보로서 이에 필요한 저장용량은 수천 배를 넘어선다. 이세돌이 대국에 임하는 데 필요한 에너지가 점심 한 끼(20W)에 불과했다면 구글의 알파고는 1,920개의 CPU와 280개의 GPU를 사용해 1MW의 전기를 들이켰다. 신경망 학습 과정으로 불리는 이러한 방식은 기존 프로그램들과는 비교할 수 없을 정도로 메모리에 많은 부담이 가해지고 전기에너지 소모도 심하다.

3) 새로운 반도체의 등장

이제 텍스트 정보를 넘어서 그래픽 정보, 음향 정보, 동영상 정보가 넘쳐나며 구글, 유튜브, 페이스북, 트위터, 틱톡 등 거대 Big Tech 회사와 안면인식, 클라우드, 가상화 등 신흥 서비스의 메모리 수요가 폭발하였다. 게다가 GPU 연산의 효시였던 엔비디아의 아이디어를 따라 구글, 인텔, 애플이 각자의 목적에 맞게 이를 변형하여 FPGA, ASIC, ASSP, 뉴로모픽 등 이름만 들어도 현란한 신형 반도체 개발에 들어갔다. 이름은 달라도 목적과 본질은 동일하다. CPU 연산과 GPU 연산을 복합 처리하는 방식이다.

빅텍 회사들은 과거 인텔과 메모리회사로부터 일방적으로 마이크로프로세서와 메모리를 공급받던 데서 벗어나 스스로 필요한 반도체를 설계하고 심지어 제조끼지 하는 방향으로 진화하고 있다. 이들은 비록 반도체 제조에 경험이 없지만 기존 반도체 제조업자들과 체급이 다른 수백억 불의 자금동원력을 가진 기업들이다. 이들은 이미 반도체의 대량 수요처로서 공급자들에게 막강한 영향력을 행사하고 있고, 설계과정에도 참여하여 잠재적 팹리스로서 산업을 어떻게 바꾸어놓을지 모를 일이다.

또한 단순한 휴대형 전자제품이나 스마트폰을 넘어 IoT의 총아인 인간을 모사한 로봇, 자율주행차, 드론 등으로 오면 CPU+GPU 방식의 연산 수행을 위한 반도체의 소형화, 저전력화의 부담은 여전하다. 소형화와 저전력화는 동의어다. 반도체의 전력 소모는 반도체 다이 면적에 비례하기 때문에 초소형 반도체일수록 더 적은 전기를 소모한다. 최소한의 크기로 엄청난 계산능력과 저장용량을 갖추되 배터리 부담을 덜기 위해 저전력화를 달성하여야 한다. 중국 전국시대의 '창을 막아내는 방패와 방패를 뚫는 창의 모순'의 현대판이 반도체산업의 숙명이 된 것이다.

최근 TSMC와 삼성전자가 네덜란드 ASML사의 EUV(Extreme Ultra Violet, 극자외선) 장비를 획득하기 위해 애쓰는 이유도 바로 이 때문이다. 대당 2억 불을 호가하는 이 장비를 눈도 깜짝하지 않고 수십 대씩 살 수 있는 기업은 세상에 삼성전자와 TSMC밖에 없다. 반도체 회사 중 이들만이 엄청난 현금보유고와 안정된 고객선을 갖고 있기 때문이다. 이들만이 7나노, 5나노 등 미세공정으로 들어가 4차 산업혁명 시대에 필요한 초소형 초저전력 반도체를 공급할 수 있는 것이다.

5. 중국 반도체 굴기의 미래

중국은 세계 반도체 매출의 32%를 차지하는 최대의 반도체 수입국으로서 Made in China 2025를 슬로건으로 내걸고 반도체 분야의 굴기를 실현하기 위해 앞으로 10년간 1조 위안(160조 원)의 예산을 사용하기로 하였다. 중국의 반도체 수입대체전략은 크게 두 가지로 나누어지는데, 하나는 적극적 M&A 전략이고, 다른 하나는 천인계획(千人計劃)이다. 그러나 M&A 전략은 2015년 미국의 샌디스크 인수 시도, 마이크론 인수 시도, 웨스턴디지털 지분 참여 시도, 도시바 메모리 키옥시아에 컨소시엄 참여 시도가 모두 미국·일본 정부당국의 반대로 무산되었다.

현재 미-중 패권경쟁이 심화되는 와중에 2019년 9월 미국 정부는 중국 회사의 미국 반도체 기술 사용을 금지하였다. 반도체 기술의 원조는 거의 모두 미국이므로 이는 사실상 한미일 3국의 기술 도입 금지 조치로 보아도 무방하다. 따라서 반도체 부문에서 중국은 자국 시장 사이즈를 무기로 기술이전을 받든가(해주는 기업이 있다면) 아니면 천인계획을 통해 스스로 성장하는 전략밖에 없게 되었다.

중국이 현재 경쟁력을 갖추고 있는 반도체 분야는 모바일AP 부문이다. 화웨이의 자회사인 하이실리콘이 'Kirin'이라는 자체 AP를 보유하고 있다. 그러나 삼성과 퀄컴이 AP를 자체 설계한 것과 달리 하이실리콘은 영국 업체 ARM이 제공하는 코어설계를 사용하고 있다. ARM은 미국 엔비디아에 최근 인수되었고 각국의 공정거래 심사를 기다리고 있다. ARM 중국법인의 지배권을 중국이 가지고 있긴 하나 하이실리콘이 여전히 ARM의 코어설계를 사용할 수 있을지 향후 귀추가 주목된다.

D램 분야에서는 한국에 3년 이상 뒤지고 있는 것으로 평가된다. 전편에서도 기술하였듯이 D램의 기술 격차를 극복하는 것은 미국이 1970년대, 일본이 1990년대 D램 투자를 망설일 때 이를 후발주자이던 일본과 한국이 추월하였듯이 선두 기업들의 미세화와 대용량화가 멈추는 순간에 가능하다. 2020년 들어 메모리반도체 시장 규모가 폭발한 지금 한미일 3국 반도체업체가 이런 선택을 하리라 상상하기는 어렵다.

중국은 반도체 굴기를 위해 10년간 1조 위안(160조 원)을 사용할 것이라고 공언하였다. 이 액수는 상당해 보이지만 수율이 30% 정도 차이가 나는 상태에서 세계시장 10%의 점유율을 유지하는 데에 드는 손실은 과거 하이닉스, 엘피다 등의 예에서만 보더라도 연간 5조~10조 원 가까운 손실이 발생한다. 중국이 메모리 시장에 진입해 현재 수준의 기술격차로 제조를 시작할 경우, 가장 낙관적인 가정을 바탕으로 해도 중국은 매해 5조 원에 가까운 손실을 보게 될 것이다. 뿐만 아니라 삼성, SK하이닉스 등이 살벌한 가격전쟁을 시작하면 순식간에 연 10조 원이 넘는 순손실이 발생하게 된다. 게다가 삼성은 단일기업으로 130조 원의 현금을 보유하고 있고 모든 투자를 감당하고도 매년 20조 원 이상의 Free cash-flow를 누리고 있다. 돈다발을 뿌려서 넘어설 수 있는 벽이 아닌 것이다.

그럼에도 불구하고 중국이 수입대체전략으로 자국 반도체 사용을 고집할 경우 반도체 수입 금액이 격감하기는 할 것이다. 그러나 자국 기업은 국산품을 애용한 대가로 저품질의 스마트폰으로 세계시장에서 도태되고 서버 성능도 낮아져 자국의 AI, ICT 사업경쟁력 자체가 없어지는 부작용이 발생할 것이다.

그렇다면 중국은 반도체산업을 포기하고 해외 의존을 지속할 것인가? 서두에서 언급했듯이 반도체산업은 단순한 경제적 재화를 넘어 국방과 안보의 영역과 밀접한 연관을 가지고 있다. 대국 굴기를 외치고 있는 중국은 군수산업 현대화와 경제의 고부가가치화라는 동전의 양면과 같은 목표를 추구해야 한다. 그러나 미-중 패권경쟁 속, 반도체산업을 둘러싼 진퇴양난의 이 형국을 중국 정부는 어떻게 돌파할 것인가? 세계 최선두를 달리고 있는 한국 기업들의 주의가 요망된다.

참고문헌

1. 『전자산업 100년사』, 알프레드 챈들러 지음, 한유진 옮김, 베리타스북스, 2006

   소비자 가전, 컴퓨터를 둘러싼 미국, 유럽, 일본의 전자산업 역사를 다룬 저작이다. 미국의 해외 기술이전과 일본의 전자산업 두 가지 경로 부분을 참조하였다.

2. 『반도체에 생명을 불어넣은 사람들 1, 2』, 밥 존스턴 지음, 박정태 옮김, 굿모닝북스, 2003

   일본 가전업체의 창의적인 신제품 개발사를 흥미진진하게 서술한 수작이다. 소니, 샤프, 산요, 카시오, 세이코, 야마하 등 일본 기술개발형 전자기업들의 발전사를 통해 벤처기업에 불과하던 일본 전자기업들이 어떻게 세계적인 대기업이 되었는지를 알 수 있다. 니시자와 교수의 스토리를 참조하였다.

3. 『반도체 제국의 미래』, 정인성 지음, 이레미디어, 2019

   전편에 소개한 저작. 낸드 플래시의 기술적 이해, CPU와 GPU 연산의 차이, 중국 반도체 굴기에 대한 의견을 참조하였다.

4. 『한중일 반도체 삼국지』, 권석준 지음, 브런치북, 2020

   한중일 반도체 기업의 최근 현황을 짧은 에세이 형식으로 묶어 쉽게 읽을 수 있다.

반도체 삼국지 (하)
- 파운드리의 진화*

김명수

1. 미미한 시작

대만 정부는 한국과 같이 1980년대의 국가적 과제로 반도체산업 육성을 채택했으나 이를 실현할 방법이 없었다. 일본 전자 대기업의 하청 조립을 주로 하던 대만의 전자회사들은 미국·일본 기업은 물론 선단식 경영의 한국 재벌들과 비교해도 중소기업에 불과하여 거대자본이 소요되고 기술장벽이 높은 반도체산업에 뛰어들 엄두를 내지 못했다. 대만 정부의 선택은 정부 출자 공기업에 해외 전문가를 모셔 오는 것이었다.

대만 정부는 텍사스 인스트루먼트(TI)에서 글로벌담당 부사장까지 오른 모리스 창(중국명 張忠謀, 장중머우, 1931~)을 1985년 대만산업기술연구원(ITRI) 원장으로 초빙하였다. 모리스 창은 대만이 나아갈 길로 시스템반도체도, D램도 아닌 위탁제조업(이른바 파운드리)을 제시하였다. 고육지책이었다. 계산기와 컴퓨터에 들어가는 시스템반도체

---

* 이 글은 2021년 6월 25일 작성된 것이다.

는 인텔의 독주체제였고, D램이 그나마 도전해볼 수 있는 영역이었으나 미·일 반도체 전쟁이 벌어지고 있었다. 그 자신도 텍사스 인스트루먼트에서 D램 마케팅을 담당하며 그 사업을 잘 알고 있었다. 모험적 투자와 살벌한 가격경쟁을 벌여야 하는 D램사업은 정부 출자 공기업이 할 수 있는 영역이 아니었다.

그가 대만 정부에 파운드리사업을 제안한 것은 반도체사업의 위험을 회피할 수 있기 때문이었다. 시스템반도체는 승자독식의 세계였고 D램은 일본 기업의 공세로 자신의 친정인 텍사스 인스트루먼트도 사업 철수를 고려하는 상황이었다. 파운드리는 팹이 부족한 반도체회사들의 주문에 응하면 되는 안정적인 사업이라는 생각이었다.

그 사업모델의 성공을 점친 사람은 아무도 없었다. 당시 세계 반도체 회사들은 모두 IDM(Integrated Device Manufacturer, 종합반도체회사)이었다. 자체 개발을 했건 기술이전을 받았건 자신의 제품은 자기 팹에서 직접 가공했다. 비싼 장비들의 효율을 올리기 위해 남는 생산 용량을 다른 회사들에 가끔씩 열어줄 뿐, 기본적으로 공급자 시장이었고 폐쇄적으로 운영되었다. 따라서 당시 IDM은 팹에서 자사 제품을 주로 생산하되 파운드리사업은 부업에 불과하였다.

시스템반도체회사가 자신의 제품을 타 기업에 외주를 맡긴다는 것은 기피되었다. 인텔은 1970년대 말 8088 프로세서로 전 세계 상업용 계산기 CPU 시장을 석권하였다. 미국·일본에 수천 개의 탁상용 계산기 회사가 생겼고 이들로부터 밀려드는 주문을 해결하기 위해 AMD, NEC, 후지츠 등 10개 가까운 기업에 외주를 주었다. 이러한 아웃소싱을 통해 인텔은 웨이퍼 공장 투자부담을 줄일 수 있었지만 후일의 경쟁자를 키우게 된다. AMD가 이를 모사한 제품을 내놓은 것이다. 인텔은 1985년 개발한 신형 80386부터 외주를 금지하고 자신의 팹에서 전속 생산하기로 하였다. 대신 저가 전쟁이 벌어진 D램 시장은 포기하였다. 인텔은 소중한 팹 자원을 독점적이고 수익성 좋은 CPU에 집중하기 위해 자신이 발명한 D램을 스스로 포기하였다.

종합반도체회사는 자신의 제품을 자신의 팹에서 생산하였고, 주문이 넘치는 인텔 등 소수의 기업은 기술유출이 두려워 외주를 거두어들이는 추세였다. TSMC를 위한 시장은 없었다.

2. 냉전의 종식과 파운드리의 안착

이런 상황은 TSMC를 설립한 지 2년 후 냉전이 종식되면서 변화했다. 군수산업이던 정보통신기술이 민간 부문에 풀려 나오고, 그 핵심에 인터넷이 있었다. 인터넷의 유래는 1969년 미국 국방부 산하의 고등연구계획국(Advanced Research Projects Agency, ARPA)의 연구용 네트워크였던 ARPANET이 그 시초다. 핵전쟁을 이겨내는 분산형 네트워크였던 ARPANET은 1986년에 미국 내 5곳의 슈퍼컴퓨터센터를 연결하여 대학, 연구소, 정부기관, 대기업을 아우르는 통신망으로 발전하게 되고, 드디어 1989년 냉전의 종식과 함께 월드와이드웹이 탄생하였다.

미국 실리콘밸리에는 이를 뒷받침하는 반도체회사 창업 붐이 일었다. 인터넷과 개인용 PC, 휴대폰의 성장에서 사업기회를 찾은 젊은 엔지니어들은 벤처캐피탈의 지원에 힘입어 창업러시를 이루었다. 자일링스(1984년 설립, 프로그래밍 논리소자 개발), 퀄컴(1985년 설립,

CDMA 개발), 브로드컴(1991년 설립, 광대역 통신용회로 개발), 엔비디아(1993년 설립, 그래픽카드 개발) 등 수천 개의 회사들이 벤처캐피탈의 지원을 받아 3~5년 후 주식시장 입성을 목표로 설립되었다. 벤처기업인 이들은 팹을 설립할만한 돈도 시간도 없었다.

웨이퍼의 크기는 2인치, 4인치, 5인치, 6인치, 8인치, 12인치로 커져갔다. 웨이퍼의 크기가 클수록 단일 웨이퍼에 더 많은 칩이 제조되고, 칩 가격이 수직낙하한다. 대신 대형 웨이퍼 설비는 마스크비용, 장비 및 기술에 대한 요구 사항이 높아져 투자비용이 기하급수적으로 증가한다. 실리콘밸리의 벤처기업이 감당할 수 있는 영역이 아니다. 대형 팹을 소유한 IDM들도 경쟁자들을 키워줄 생각이 없었다.

그런데 TSMC가 당시로는 대규모의 팹을 건설했다. 그러면서 자신들은 자체 칩을 생산하지 않겠다고 선언했다. 팹을 필요로 하는 모든 고객들에게 자신의 팹을 사용하도록 팹의 기술적 정보를 고객들에게 공개한 것이다. 실리콘밸리의 신생 반도체 벤처들은 태평양 건너에 있는 TSMC와 분업체계를 구축하였다.

파운드리 회사는 첫째, 많은 '자본'을 필요로 한다. 자체 설계만 하지 않을 뿐, 팹 장비, 테스트 장비, 그리고 반도체 조립 장비도 갖추어야 한다. 8인치 웨이퍼 팹 공장 건설에 8억~12억 달러가 들어가고 12인치 팹은 20억~30억 달러로 늘어난다. 노광기 대수는 팹공장의 생산능력과 비례하는데 이는 일본 니콘의 DUV 한 대당 수천만 불에서 네덜란드 ASML사의 최신식 EUV장비의 경우 대당 2억 달러에 육박한다.

둘째, '기술력'을 갖추어야 한다. 무엇보다 팹리스 회사들이 필요로 하는 수천, 수만 가지의 '셀 라이브러리와 IP(Intellectual property, 트랜지스터 회로도 기성품을 의미)'들을 확보하고 있어야 한다. 영세한 팹리스가 저마다 필요로 하는 다양한 IP들을 구매할 수는 없기 때문이다. 이로써 팹리스는 파운드리와 설계단계에서부터 협력관계를 구축할 수 있게 되었다.

마지막으로 '기술 도용을 하지 않겠다는 신뢰'의 문턱을 넘어야 한다. 수천 개 기업이 치열하게 경쟁하는 반도체 설계 분야에서 설계도의 기밀 유지는 기업의 생사가 달린 일이다. 특급 기밀이 담긴 설계도를 파운드리에 보내는 과정에서 기밀이 샐 우려가 있기 때문이다. 인텔이 AMD를 의심하였고, 후일 애플이 자신의 파운드리였던 삼성을 의심했던 것과 같이 이 업계는 항상 기술 도용의 가능성에 노출되어있는 것이다.

반도체 전문가들은 설계 인력도 없는 회사가 생산라인만 대규모로 지어놓고 남들더러 와서 생산 용량을 채우라니 가당치 않다고 생각했지만 때마침 다가온 냉전의 종식과 실리콘밸리의 새바람에 힘입어 이 비즈니스 모델은 가동하기 시작하였다. 반도체산업의 고도 분업시대가 열렸다.

3. 파운드리의 경쟁

1) 중화권의 경쟁

고객과 경쟁하지 않는다는 원칙하에 TSMC는 철저한 보안운영으로 팹리스들의 신뢰를 받았다. 직원들의 휴대폰, 노트북, USB 사용이 금지되었고, 개인메일은 일절 사용할 수 없었다. 심지어 화장실에 가는 것도 출입카드를 이용해야 했다.

고객은 자연 늘어났다. 높은 가동률을 유지할 수 있었고 코스트에 마진을 더하는 방식의 가격책정방식은 수익성이 높지는 않았지만 가격 파괴적인 D램 업계와는 달리 출혈 경쟁을 할 필요가 없었다.

파운드리 사업모델이 입증되자 수많은 경쟁자들이 뛰어들었다. 1980년 대만 정부의 출연으로 설립된 UMC도 15년간 D램 주변에서 우왕좌왕하던 전략을 버리고 1995년부터 파운드리로 선회하였다. 모리스 창의 텍사스 인스트루먼트사 후배 장루징도 귀국하여 2000년 스다반도체(세계대학반도체)를 설립하였다. 싱가포르 정부가 지원하는 차터드반도체(1987년 설립)도 파운드리 진영에 합류하였다. 장루징의 스다반도체는 TSMC와 특허 문제, 인력 스카우트 문제로 지루한 소송전을 벌인 끝에 패배하여 결국 TSMC에 50억 달러에 매각되었고 이 과정에서 분루를 삼킨 장루징은 대만 국적을 버리고 중국 싱해로 건너가 SMIC를 설립하였다. 이로써 신생 파운드리 업계는 대만, 중국, 싱가포르 등 중화권이 주도하게 되었다.

중화권의 파운드리 경쟁도 치열한 것이었다. 2000년대 초 UMC의 매출은 한때 TSMC에 거의 육박했으나 UMC가 구리공정에 대한 판단착오로 0.13마이크로미터 공정에 뒤처지며 TSMC에 밀려났다. 2001년 TSMC는 파운드리 업계 최초로 12인치 웨이퍼 팹에 선도적 투자를 하고 UMC 등 동업계가 뒤따르며 살벌한 설비투자 전쟁을 시작하였다. 12인치 웨이퍼 하나에서 절개해낼 수 있는 반도체 칩 수는 8인치 웨이퍼보다 2.25배 많고 제조원가는 30% 감소한다. 12인치 웨이퍼 팹이 없다는 것은 경쟁사 대비 제조원가가 30% 비싸게 든다는 것을 의미한다. 평온하던 파운드리 업계에 살벌한 원가경쟁이 시작되었다.

아울러 소송전도 치열했다. TSMC는 스다반도체에 이어 장루징의 신생 SMIC에 대해서도 소송전을 벌였다. SMIC가 스카우트한 100여 명의 엔지니어와 초기 채택 공정에 대한 영업 비밀 침해 문제로 2005~2009년에 걸쳐 SMIC를 4회 고소했으며, 끝내 설립자 장루징을 사임하게 만들었다. 이는 SMIC의 기술개발일정을 지연시켰다. 중화권에서는 TSMC의 독주체제가 완성되었다. 그러나 진정한 경쟁은 그때부터 시작되었으니 인텔, 삼성 등 거대기업이 파운드리사업에 뛰어든 것이다. 그중 삼성의 약진은 눈부셨다.

2) 삼성 플래시사업의 성장

2001년 삼성은 반도체사업에 적자가 나느냐 하는 기로였지만 이건희 회장은 12인치 웨이퍼 팹 투자를 시작하였다. 삼성전자는 플래시 메모리에 집중하였고 TSMC는 파운드리에 집중하여 부문이 달랐을 뿐, 둘 다 12인치 팹에 승부를 걸었다. 삼성은 이제 대규모 판매처가 필요했다.

노키아가 나타났다. 당시 노키아는 인텔로부터 노어 플래시를 100% 공급받고 있었다. 2001년 인텔이 일방적인 가격인상을 통보해 오자 노키아는 삼성에 손을 내밀었다. 노키아는 당시 주종이던 32M, 0.21마이크로미터 기술을 대체할 제품으로 0.18마이크로미터 신기술이 적용된 64M와 128M 고용량 노어 플래시를 요구하였다. 그것도 9개월 안에 납품하는 조건으로.

삼성은 당시 노어 플래시 시장에서 10위권 밖이었지만 12인치 팹 공장을 설립해놓아 노키아의 요구에 응할 수 있었다. 노키아를 놓친 인텔의 매출은 8억 달러에서 0으로 급전직하했고 2007년에는 사업부 매각의 상황까지 몰렸다. 반면, 2004년 삼성전자의 메모리반도체 매출 중 노키아 관련 매출만 2조 원에 다다랐다.

노키아와의 거래는 삼성의 플래시 시장지위에 날개를 달아주었다. '속도'의 노어 플래시와 '용량'의 낸드 플래시 장점을 결합한 퓨전 메모리를 노키아 핸드폰에 탑재하면서 낸드 시장도 개척하였다. 2000년 25%에 불과했던 삼성전자의 낸드 시장점유율은 2004년에 54%까지 성장했다. 2006년에는 노어 플래시의 최강자였던 인텔마저 노어 플래시를 버리고 낸드 플래시 시장에 뛰어들었다.

2000년대 초 메모리반도체는 컴퓨터의 부속 부품에 불과하였다. PC는 어떤 CPU와 OS를 갖느냐에 따라 성능이 좌우되었고 메모리는 이를 뒷받침하기 위한 수동소자였다. 그러나 모바일 시대가 오자 위상이 달라졌다. CPU가 아니라 메모리 반도체가 중요해졌다. '속도'는 CPU가 아니라 네트워크 환경에서 정해진다. 따라서 '저장 용량' 확보가 중요하고 사진과 비디오 등 고용량 콘텐츠를 저장해야 하므로 고용량의 '플래시 메모리'가 진가를 발휘한다.

삼성전자의 플래시 메모리 전체(노어+낸드)의 시장점유율은 2001년 4.6%에서 2005년 34.4%로 올랐고 플래시의 원조 도시바보다 21%나 높았다. 노어에 집중하던 인텔의 시장점유율은 11%로 줄어들었다. 이로서 도시바와 인텔이 주도하던 플래시 메모리 시장은 삼성전자가 주도하게 되었다. 그렇게 짧은 시간 내에 1위 업체가 바뀐 일은 산업사에 없는 일이었다.

3) 삼성의 파운드리 진입

노키아에서의 성공은 애플로 이어졌다. 애플의 히트작 아이팟은 기술적 결함이 있었다. 스티브 잡스는 아이팟이 1,000곡을 담을 수 있어야 한다며 주기억장치로 하드디스크드라이브(HDD)를 고집하였다. HDD는 충격에 약했고, 전기 소모가 컸고, 영하의 기온에서는 작동이 잘 안 됐다.

삼성전자는 애플에 하드디스크 대신 플래시 메모리를 탑재해보자는 제안을 했지만 문제는 가격이었다. 플래시 메모리가 비쌌기 때문이다. 삼성은 12인치 팹 선제 투자로 가격을 낮추고 하드디스크보다 충격에 강하고 전기를 적게 먹는 플래시 메모리를 개발하여 애플의 아이팟나노를 대히트작으로 만들었다. 스티브 잡스가 플래시 메모리의 파격적인 가격 인하를 요구하자 그 대가로 애플의 신형 아이폰 AP(Application Processor) 주문을 확보하였다. 드디어 본격적으로 파운드리 시장에 참여하게 된 것이다. 아이폰에 이어 맥북, 아이패드에도 주요 공급선이 되었다.

이로써 당시 경영의 어려움을 겪고 있던 시스템LSI 사업부(파운드리 사업부)는 애플의 AP 한 제품만으로 조 단위 이익을 내는 사업부로 변신했다. 그 후 6년 동안 애플에 AP를 독점적으로 공급하면서 AP 실력도 강화되었고 이것이 2011년 갤럭시 스마트폰을 개발할 수 있는 역량이 되었음은 물론이다.

스티브 잡스가 모바일시대를 예견하고 애플의 제품으로 글로벌 모바일혁명의 포문을 열었다면, 이를 고성능 저원가의 혁신 부품으로 뒷받침한 것은 삼성전자. 삼성은 그 과정에서 파운드리사업을 정상화시키는 부수효과를 누렸다.

4) TSMC의 승부수

애플의 아이폰이 폭발적 인기를 얻은 후, 가장 중요한 부품인 AP 제조는 그동안 삼성이 독식하고 있었다. 그러나 2011년 발매된 갤럭시의 시장점유율이 올라가면서 애플과 삼성의 긴장관계는 높아갔다. 1980년대 중반 인텔이 AMD를 파운드리에서 뺐듯이 2011년부터 애플도 '탈삼성'을 결심했다. 삼성은 시스템LSI 사업부 매출의 절반을 차지하는 큰 고객을 놓치기 싫었지만 대세는 역부족이었다.

모리스 창은 애플과 삼성의 알력을 알고 있었다. 2008년 금융위기의 여파로 전 세계 반도체 기업들이 자본적지출을 줄이는 가운데, 파운드리 중 유독 TSMC만 설비투자를 크게 늘였다. 아이폰에 필요한 칩 수량, 기술, 양산능력은 자기만 갖추고 있다는 것도 알고 있었다. 2011년부터 100명의 엔지니어를 애플 본사에 보내 20나노 공성에 뛰어들었고 드디어 2014년 아이폰6에 적용될 A8프로세서를 TSMC가 공급하게 되었다. 애플의 파운드리는 TSMC로 바뀌었고 TSMC는 날아올랐다.

애플이 시작한 모바일혁명은 미세화공정의 이점을 한껏 키웠다. 탁상용 컴퓨터 시장에서 소형화, 저전력화의 이점은 크지 않다. 고객은 탁상 위의 컴퓨터가 좀 더 가볍고 전기를 덜 쓴다고 해서 높은 가격을 지불할 의사가 없다. 탁상용 PC는 저가 경쟁으로 치달았고 원조 IBM이 클론 제품의 저가 공세를 견디지 못하고 제일 먼저 시장을 포기한 이유다.

그러나 모바일 제품으로 가면 더 얇고 가벼우며 충전 없이 오래 쓸 수 있는 제품에 대한 소비자들의 가격 지불 의사는 수직으로 증가한다. 과거 D램 시장에서 미세화공정은 B2B 시장에서 단순한 가격경쟁의 영역이었다면 모바일 시장에서 미세화공정은 B2C 시장에서 소비자에게 더 멋지고 편리한 제품을 공급할 수 있느냐 하는 제품력의 과제다. 미세화공정을 수행하지 못하면 시장에서 도태된다. 모바일 제품이 주력으로 떠오르자 파운드리업에서 미세화공정은 사활적 과제가 되었다.

대형 팹 건설에 이어 엄청난 개발비용이 드는 미세화공정을 수행하기 위해서는 안정적인 대량 공급처가 필요하다. TSMC는 20나노 공정에서부터 물량의 70~80%를 애플 한 곳으로부터 받고 여기에 퀄컴, 미디어텍의 수주를 더해 100% 가동률을 보이게 되었다.

파운드리 시장에서 미세화공정으로의 전환이 가속화되자 파운드리도 공급자 시장으로 변화하였다. 팹리스가 파운드리에 종속되기 시작한 것이다. 현재 TSMC는 GPU의 1, 2위인 엔비디아와 AMD, 모바일 칩의 1, 2위인 퀄컴과 미디어텍, 무선 네트워크 칩의 1, 2위인 브로드컴과 리얼텍으로부터 함께 주문을 받는다. 팹리스들에게 다른 대안이 없는 것이다. 2020년 기준 연매출 한화 52조 원, 영업이익률 42%, 기업가치 600조 원의 거대기업이 탄생하였다.

4. TSMC의 독주가 배태할 위기

1) TSMC의 독주

TSMC는 대만, 중국 등지에 12인치 팹 6개, 8인치 팹 6개, 6인치 팹 1개를 보유하고 2개의 신공장을 건설하고 있다. 월 웨이퍼 생산량은 세계 1위인 삼성전자 290만 장에 이어 2위인 250만 장이다. 자체 제품 없이 파운드리로만 쌓아 올린 실적이다.

공정기술에 있어서도 TSMC는 이미 7나노, 5나노 공정기술을 가지고 있으며 선진공정의 시장점유율은 52%에 달한다. 삼성이 7나노, 인텔이 10나노 기술수준으로 TSMC에 뒤진다는 선정적인 보도가 넘쳐나지만, 이는 네덜란드 ASML사의 EUV장비에 전적으로 의존하여 기술력 문제라기보다는 자본력과 고객 확보 능력의 문제일 뿐이다.

2019년부터 보급된 EUV장비는 1년에 30~40대밖에 생산되지 않는다. 저전력 반도체를 만들기 위해 미세화공정을 수행했지만 10나노 이하의 영역으로 들어서자 회로 내 좁아진 선폭으로 누설전류의 문제가 심각해 오히려 효율이 떨어졌다. 이제 무어의 법칙은 종언을 고해 가고 있고 3사 간 기술력은 비슷한 수준이다.

거대 자본이 드는 12인치 대형 팹에 EUV장비까지 들여놓기 위해서는 그 비용을 지불할 장기거래선을 안정적으로 확보하여야 한다. 7나노 이하 공정에서 TSMC는 애플, AMD, 브로드컴, 엔비디아, 퀄컴, 미디어텍, 자이링스 등 10여 개의 세계적인 팹리스와 거래하고 있고, 삼성과 인텔은 2~3개에 불과하다. 그래도 삼성은 미세화공정에서 23%의 점유율을, 인텔은 25%의 점유율을 확보하고 있다. 준수한 성적이다.

그러나 삼성과 인텔은 종합반도체회사로서 모든 팹리스가 경원하는 잠재적 경쟁자다. 팹리스는 삼성과 인텔에 핵심 제품을 맡기지 않는다. 현 단계 미세화공정 시장에서 TSMC의 독주체제는 깨지기 어렵다.

2) 반도체 동맹이 불러올 위기

트럼프 행정부 당시 미국은 세계 모든 기업에 화웨이와의 거래를 중단하도록 요구하였고 TSMC는 두말없이 화웨이 자회사인 하이실리콘과의 거래를 끊었다. 화웨이보다 미국 팹리스와의 거래선이 더 방대하므로 경제적으로 옳은 선택이다. TSMC는 거래중단 전, 화웨이의 재고 확보를 위한 선주문에 응해야 했고 그 여파는 현재 전 세계적인 반도체 공급부족 현상을 낳고 있다.

2021년 4월 미국의 바이든 대통령은 삼성, TSMC를 포함한 전 세계 19개 기업을 초청해 중국을 제외한 한-미-일-대만을 아우르는 반도체 동맹을 결성하자고 제의하였다. 이에 화답하여 삼성전자, TSMC, 인텔 모두 120억~200억 불의 거액을 들여 미국 현지에 파운드리공장을 건설하기로 하였다. 은퇴한 모리스 창은 "집 나간 기술은 돌아오지 않는다"며 미국 현지투자를 탐탁지 않아하지만, TSMC는 미국 투자규모를 350억 불로 증액하겠다며 미국의 신뢰를 얻으려 노력하고 있다. 또 향후 3년간 1,000억 불을 투자하겠다는 발표는 미·중 반도체 전쟁을 기술격차로 극복하겠다는 의지 표명으로 읽을 수 있다.

대만은 민진당의 차이잉원 집권하에 '중국으로부터의 독립' 정책을 펴고 있지만 중국·대만 양안관계는 그렇게 단순하지가 않다. 한반도의 남북관계는 분단 후 70여 년간 인적·경제적 교류가 거의 없었고 아직도 정치·군사적으로 대치해있다. 그러나 중국·대만의 양안관계는 지난 30년간 개혁개방의 물결 아래 인적·물적 교류가 활발하였고 그 결과 양안 간 가족·혼인관계는 물론 경제관계가 긴밀해졌다. 한국 경제는 해외시장에 70%를 의존하고 있지만 대만 경제는 더 심해 중국 시장에 70%를 의존하고 있다. 미국은 대만에 반도체 팹을 의존하고 있지만 대만은 중국에 거의 모든 산업을 의존하고 있다. 양안관계의 파국은 대만 경제를 궤멸시킬 것이고 국민의 재산권에 심대한 타격을 줄 것이다.

2020년 총통선거에서 완패했지만 대만 국민당도 현존하는 정치세력이고 이들은 내지 출신인들과 경제인들의 이익을 대변한다. 당파를 떠나 보통의 대만인들은 자유와 독립을 원하는 만큼 가족의 안녕과 재산권의 보호를 원한다. 자본에는 국적이 없고 오직 이윤을 쫓아다닌다지만 TSMC는 모리스 창의 것도 아니고 정부 공기업일 뿐이다. TSMC의 향배는 정치적 의사결정에 영향을 받을 수밖에 없다. 대만과 중국의 이질성이 클지, 대만과 미국의 이질성이 클지는 대만 국민들이 선택할 문제다. 그러나 대개 피는 물보다 진한 법이다.

   타이페이에는 사실상 미국 대사관 역할을 하는 재대만미국연구소(American Institute in Taiwan)가 있다. 미국연구소 직원들은 오늘도 TSMC를 비롯한 대만의 반도체기업을 쫓아다니며 중국과의 거래 중단을 종용한다. 미국은 한편으로 대만 독립을 지지하지만 또 한편으로 대만을 의심할 것이다. 미국 팹리스들은 앞으로도 지금과 같이 TSMC를 신뢰할 수 있는지 물을 것이다. 거기에 우리 기업들의 사업 기회가 있다. 격동하는 반도체산업 현장에서 우리나라 파운드리사업의 선전을 기대한다.

참고문헌

1. **『빅 컨버세이션』, 황창규 지음, 시공사, 2021**
   황창규 회장의 삼성전자 반도체사업 회고록이다. 플래시 메모리 성장사와 노키아, 애플과의 관계를 이해할 수 있다.

2. **『TSMC 반도체 제국』, 상업주간 지음, 차혜정 옮김, 이레미디어, 2021**
   모리스 창과의 인터뷰를 통한 경영철학 취재기이다. TSMC 발전사에 중요한 순간들에 대한 상세한 기록이 있다.

서광이 비치는 한국 조선업*

김명수
김연수

1. 일본 조선업의 성쇠

  2차대전 전 이미 세계 최대 배수량의 야마토 전함을 제작하였고 진주만 습격 당시 11척의 항모전단을 보유하던 해양대국 일본은 패전 후 세계 최고의 기술력을 바탕으로 군함 제작소였던 미쯔비시중공업, 미쓰이조선, 가와사키중공업, 히다치제작소 등을 상선건조업체로 변모시켜 세계 조선시장을 제패하였다. 일본의 상선시장 등장으로 경쟁력을 상실한 유럽 조선소들은 스웨덴에서는 '말뫼의 눈물'로 상징되는 파산극으로, 폴란드에서는 조선 노동자였던 레흐 바웬사의 반정부운동의 지지기반으로 간간이 언론을 장식할 뿐 산업으로서는 급속한 몰락의 길을 걸었다. 유럽 조선소 중 일부는 허울 좋은 크루즈선 전문으로, 미국 조선소들은 군함 제작소로 변모하여 생존했다.

  세계시장에서 유럽과 미국을 도태시킨 일본 조선업은 그러나 70년대와 80년대 두 번의 혹독한 구조조정을 거치게 된다. 전후 30년 가

---

* 이 글은 2020년 5월 14일 작성된 것이다.
** 공동 저자인 김연수 연구원은 중국·일본의 조선업 산업사 부분 집필을 위한 기초 데이터를 제공하였다.

까이 순항을 거듭하던 세계경제는 1973년 오일쇼크에 이은 세계적 Stagflation의 진행으로 급격히 위축되었고 1985년 플라자합의 이후 엔/달러 환율이 250엔/달러에서 125엔/달러로 평가절상되자 일본 조선업은 구조조정의 소용돌이를 맞게 된다.

1970년대 후반에 진행된 1차 구조조정에서 일본 조선업계는 다소 포퓰리즘적으로 7개 대형 조선소의 설비를 더 많이(40%) 감축하고 17개에 달하는 중형 조선소는 더 적게(30%) 감축하여 조선소의 규모를 하향평준화하는 우를 범했다. 규모의 경제를 상실한 대형사들이 생존을 위해 중소형 선박 건조에 적극적으로 뛰어든 것은 당연한 선택이고 결국 중형업체와 이전투구(泥田鬪狗) 양상으로 경쟁력이 동반 약화된다.

플라자합의 이후 1980년대 후반에 일어난 2차 구조조정에서는 전체 조선설비의 26%를 추가 감축하여 한때 1,000만 CGT에 육박하던 일본 조선업의 생산설비는 460만 CGT로 △50% 이상 쪼그라들었고, 대형사의 야드와 도크는 분할합병을 통해 Universal Chosen, IHI Marine United라는 주인 불명의 연합체로 변모했다. 책임지는 이 없는 연합조선소에서 신규투자는 기대난이었다. 그보다는 절반 이하로 축소된 규모 속에서 채산성을 맞추기 위해 표준선형을 개발, T형 포드 같은 선박을 제작할 것을 고집하였다. 포드가 T형 포드를 앞에 두고 다른 디자인의 자동차는 없냐는 기자의 질문에 "나는 당신들이 원하는 차를 만들어줄 것이지만 그것은 T형 포드일 것이다"라고 일갈했듯이, 세계 조선시장을 좌우하던 일본이 표준선형을 제공하면 선주들은 받아들일 수밖에 없던 시절이었다.

그러나 1991년 소련 멸망 이후 Globalization의 물결 속에서 세계무역이 융성하고 조선시황이 다시 만개하자 상황이 바뀌게 된다. 선박이 대형화, 고속화되고 선주들이 고성능 유지에 필요한 다양한 옵션을 요구하고 1980년대 후반 수주부족과 파업으로 존폐의 위기에 몰리던 한국 조선업체에게 기회가 왔다. 생존을 위해 적자 수주를 마다 않던 한국 조선업체는 선주들의 무리한 요구를 "선주는 왕이다"라는 업계의 복음을 되뇌며 신형 개발 선박 부문에서 한 척, 두 척씩 실적을 쌓아가기 시작했다.

그러나 축소지향의 경영을 지속해온 일본 조선업은 20년간 신규투자를 하지 않아 도크가 작고 대형 선박을 제작하기에 적절하지 않았다. 일본 업체는 위험도 높고 채산성이 불투명한 고사양의 신형 선박 개발보다는 안전하고 검증된 자국 선사 발주 물량에 집중하였다. 대국인 일본은 국수국조(國輸國造)가 가능하니 위험을 감수하고 세계시장으로 나이갈 필요가 없었던 것이다. 그 결과 한때 세계를 호령하였던 일본 조선업에서 미쓰비시, 가와사키, 히다치란 이름은 사라지고 이제 1980년대 중형 조선소에 불과하던 이마바리조선이 일본 업계의 대장 노릇을 하고 있으니 실소를 금할 수 없는 국면인 것이다.

그러나 조선 기술자들의 운명은 달랐다. 구조조정 과정에서 쫓겨난 연공이 높은 고임금의 기술자들은 눈물을 머금고 새로운 일자리를 찾아야 했다. 그러나 고국에서는 그들의 자리가 없었다. 대신 거리가 가깝고 언어가 비슷하며 조선 기술 확보에 목말라있던 한국 조선소가 상대적으로 저렴한 급여에 그들을 영입할 수 있었다. 당시 후발주자이던 한국 조선산업은 현대/대우/삼성이라는 굴지의 대기업이 적극 진출하여 경쟁적으로 대형 도크와 광활한 야드를 갖추었으나 여전히 낮은 기술수준으로 저부가가치선 제작에 그치고 있어 90년대 초까지 극심한 적자를 면치 못하고 있었다.

한국 업체들에게 일본에서 건너온 장인들은 축복과 같은 존재였다. 일본에서 버림받은 조선 기술자들은 한국 조선소로 자리를 옮겨 고난도 기술이 적용되는 대형 유조선, 대형 컨테이너선, 나아가 LNG 선 등 신조선 기술을 적극 전수하게 되었다. 천대받던 조선 도공들이 임진왜란 후 일본으로 건너가 17세기 일본 도자기산업을 일으키고 그것이 극동의 섬나라 일본을 세계무역에 연결시키는 계기가 되었듯이 이제 400년 후 일본의 장인들이 한국으로 건너와 한국 조선업 발전에 기여하여 세계 조선시장을 제패하게 하였으니 이것도 역사의 아이러니라 할 수 있겠다.

2. 한국의 부상과 전략적 미스

후발주자답게 초대형 도크와 야드, 골리앗 크레인 등을 투자한 한국 기업이 1990년대 내내 저기술수준과 과잉투자의 후유증으로 고통을 받다 서서히 불황의 터널을 뚫고 2000년대 들어 도약하게 되었다. 세계화의 물결 속에 폭증하는 상선 수요와 이미 대세로 자리 잡은 선박 대형화에 대응할 수 있는 유일한 조선업체는 한국밖에 없었다. 한국은 현대/대우/삼성 Big 3만으로도 5개 야드에 1,400만 CGT에 이르는 극강의 생산능력을 자랑한다. 외환위기 당시 매년 수백억 불의 외화가득을 기록하며 위기 극복의 선봉장 역할을 하였다. 이른바 조선 10년 호황의 시작이었다.

중국이 한국 조선업의 성공을 목도하고 복제 전략을 구사한 것은 당연한 일이었다. 조선업에 적당한 온대기후, 철강 등 배후산업의 흥기,

무역 증가에 따른 자국 발주 물량의 증가, 저임의 풍부한 노동력을 가진 중국은 조선업을 적극 육성하게 된다. 1990년대 중반부터 국가 주도로 시작된 조선소 건설은 2000년대 들어 지방정부가 경쟁적으로 뛰어들며 남동해안가 전역에 150여 개가 설립된다. 2000년대 중반 조선업 호황기 당시 한국 조선소들이 고부가가치 선박에 집중하는 사이 이들 중국 조선소는 건조 난이도가 낮은 벌크선 위주로 수주하여 시장에 본격적으로 진입하였다.

2000년대 들어 호황을 구가하던 조선업은 우후죽순처럼 생겨나는 중국 조선소로 공급과잉의 조짐을 보이던 중 2008년 Sub-prime 부채위기를 맞았다. 수주가 급랭하였고 도크를 채우기에 급급한 한국 조선소들은 그 대안을 해양플랜트에서 찾았다. 금융위기에도 유가는 고공행진 하여 2012년 120불을 돌파하자 세계 곳곳 신해유전의 채산성이 생기기 시작해 해양플랜트 발주가 러시를 이루었다. 현대/대우/삼성 3사는 중국 조선소와의 저가 경쟁을 피하고 새로운 10년을 준비하기 위해 해양플랜트 분야에 뛰어들었다.

삼성은 원래 FPSO, Drillship 분야에 오랜 경험을 축적하고 있었고 현대도 다원화된 사업구조를 바탕으로 해양플랜트 부문 진출을 오랫동안 타진해왔다. 그러나 대우는 2000년 대우그룹 해체 이후 산업은행 산하로 들어와 위험 사업을 피하고 LNG선 등 신조선 사업에만 집중해왔다. 워크아웃 기업으로서 당연한 선택이다. 그런데 2008년 갑작스러운 수주 절벽이 오자 가장 다급한 것은 대우였고 황급히 대체 거래선을 찾던 대우에게 다가온 업체는 앙골라 소낭골이었다. 사하라사막 이남 제2위의 산유국인 앙골라는 국제전을 방불케 하는 오랜 내전이 2004년 종식되고 국영석유회사 소낭골이 나서 심해유전개발에 들어갔다. 이것이 재앙의 시작이었다.

1970년대부터 기술원리는 알려졌으되 채산성 부족으로 지지부진하던 셰일오일이 2014년부터 쏟아져 나오자 120불을 호가하던 유가가 40불 수준으로 곤두박질치기 시작했다. 배럴당 200불을 바라보던 심해유전사업이 유가급락으로 채산성이 없어지자 추가 발주를 하지 않는 것은 물론, 기 발주 물량도 인도 지연, 거부 등으로 조선 3사는 거대한 부실을 안게 된다.

시중에서는 애초에 적자 수주라서 경영 판단 미스였다고 비난하지만 원래 심해 유전 플랜트 사업은 첫 1, 2호기 사업에서 시행착오를 겪고 축적된 경험으로 앞으로 나올 3, 4, 5호기에서 이익을 내 전체적으로 수지를 맞추는 구조다. 그런데 추가 발주가 중단되었다는 것은 사실상 사형선고와 같다. 특히 대우는 2016년 덴마크 Hejre 해양플랫폼 공사 취소, 호주 FPSO 취소로 어려움을 겪던 중 앙골라 국영기업인 소낭골이 완성된 Drillship조차 인수를 거부한 것이 회사 도산으로 이어지는 결정타였다. 대우는 세계 석유산업에 대한 정보 부족으로 전략적 미스를 범하였고 이를 만회 내지는 은폐하기 위한 일련의 과정 속에서 회계부정이 일어난 것이다. 만일 한국 조선업의 경영자들이 미국 셰일오일의 산업동향, 나아가 유가 전망에 지식을 갖추고 있었더라면 이런 비참한 결과가 나오지 않았을 것이다.

3. 중국 조선업의 난관

한국 조선업과 달리 중국 조선업은 출구를 찾을 수조차 없었다. 대규모 신증설이 극에 달할 즈음에 수주절벽이 찾아온 것이다. Sub-prime 위기에도 세계의 공장이자 유일하게 호황국면에 있는 국가로서 자국 발주 물량을 포함하여 2010년 한때 6,500만 CGT에 육박하던 수주잔고는 2016년 들어 3,000만 CGT 수준으로 △54% 급락하였다.

중국 중앙정부는 2013년부터 신규 조선소 건설을 금지하였고 2014년 150개 조선소 중 70개를 선정, 금융기관 지원과 증치세(한국의 부가세) 환급의 보조금정책을 실시하였다. 즉 조선소 150개 중 80개는 국영은행의 금융지원도 없고 세금환급도 없으니 자력 생존은 불가능하다. 중국형 경제는 계획경제와 시장경제의 중간형 모델이다. 지방정부가 고용문제를 해결하고 황금알을 낳는 거위인 줄 알고 우후죽순 격으로 투자한 조선소의 절반 이상이 중앙정부에 의해 폐쇄 또는 합병되는 운명을 맞았다.

급기야 20년 전 경쟁유도를 위해 분할하였던 중국선박공업집단(CSSC, 21개 야드 보유)과 중국선박중공집단(CSIS) 조선그룹을 2019년에 중국조선집단(CSGC)으로 통합하였다. 이제 중국 조선업은 수십 개의 조선소를 합병한 단일의 국영기업체제로 바뀐 것이다.

단일기업체제하에서 영업은 어떻게 이루어질까? 우선 내수물량인 중국 해운사 발주분은 국수국조(國輸國造) 원칙에 따라 국유자산관리감독위원회가 선종별로 특화하여 조선소에 할당하는 것으로 알려져 있다. 예를 들어 조선소별 설비능력을 감안하여 탱커의 80%를 A조선소에, 20%는 B조선소에 배분하는 방식이다. 그러나 국내 발주 물량은 수주잔고의 30%에 불과하다. 잔고의 70%인 해외물량도 홍콩, 싱가포르 등 화상계열이 40%를 넘어 사실상 중국계가 고객의 대부분이다.

중국 조선업은 극심한 수주 부진으로 국영은행의 금융지원과 정부보조금에 기대어 내수, 혹은 화상계열 국가의 물량에 의존하고 있다. 자국의 구매력을 무기로 선주를 회유하는 전략도 구사한다. 예를 들어 올해 4월에 카타르가 발주한 LNG선 16척을 중국이 수주한 것은 그 LNG의 수요자가 중국이기 때문이다. 요컨대 중국 조선소의 수주는 가격과 품질이라는 시장논리보다는 국수국조(國輸國造) 원칙하의 임의 배분방식, 그리고 자국의 구매력이라는 국가를 배경으로 한 수주 협상력이 크게 작용하고 있다.

4. 한국 조선업의 미래

1) 중국 단일국영기업체제의 문제점

조선업에서 항상 언급되는 것이 공급과잉이 상시적인데 급등락하는 조선시황으로 안정적 수주잔고를 유지할 수 없다는 점이다. 일본·중국과 달리 한국 조선소는 자국 발주 물량이 10% 미만이고 대부분 해외 선사의 주문에 의존한다. 또한 해양플랜트사업 실패로 재무안정성이 저하되어 한때 AA 수준이었던 신용등급이 A, BBB 수준으로 강등되었다. 역시 공급과잉이 주는 압박과 공포는 크다고 할 것이다.

우선 산업사회에서 공급과잉의 긍정적 기능에 대해 알아보자면, 산업혁명으로 대량생산이 가능해진 이후 공급과잉은 모든 산업에 걸쳐 상시적 현상이다. 오히려 이로 인해 산업이 진보한다. 공급과잉은 업체

간 끊임없는 경쟁을 조장하고 서열상 하위에 있는 업체의 생존을 위협한다. 하위권 업체들은 생존을 위해 끊임없이 원가절감을 해나가야 하고 상위권 업체들도 하위권 업체들의 원가절감 압박에 응전하기 위해 기술혁신과 신제품 개발에 나서야 한다.

여기서 가격의 자율조정기능은 핵심적인 역할을 한다. 가격기능이 자유로울 경우 원가절감과 혁신에 성공한 기업은 시장을 장악해나갈 것이고, 그렇지 못한 기업은 도산하여 설비가 해체되거나 성공적인 기업에 합병되어 설비가 재조직되어야 한다. 일본 조선업은 70년대 후반 구조조정 과정에서 가격의 자동조절기능에 따른 업계 구조조정을 거치지 않았다. 오히려 포퓰리즘적으로 비효율적인 중소 조선업체에게 유리한 방식으로 일괄 설비 삭감을 하며 대기업을 시장에서 퇴출시킨 결과를 가져왔다. 이 때 미쓰비시, 가와사키, 히다치 등 대기업은 홀가분하게 조선업을 버리고 플랜트, 원자력, 방위산업, 로보틱스, 중전기 및 중장비 등 고부가가치 업종으로 이행해갔지만 일본 조선업은 해를 거듭할수록 경쟁력을 잃어만 갔다.

중국 조선업은 90년대 중반 중앙정부가 주도하고 2000년대 들어 지방정부도 합세하며 150여 개의 조선소가 난립하였다. 2013년부터 중앙정부 주도로 만든 이른바 White List에 들지 못한 기업은 강제 합병의 길로 들어서 산동, 요동을 중심으로 한 CSIC그룹(중국선박중공집단)과 상해, 광저우를 중심으로 한 CSSC그룹(중국선박공업집단) 양사 체제로 재편하였다. 구조조정 이후에도 실적은 여전히 부진하여 CSSC는 2016년 매출 32억 불, 영업손실 3.3억 불을 기록했고 2017년에도 매출 25억 불, 영업손실 2.7억 불의 손실을 기록하였다. CSIC는 2015년 매출 95억 불에 영업손실 6.8억 불을 기록했고 2017년에는 매출마저 57억 불로 격감하였고 영업손실도 2.4억 불을 기록하였다. 2019년 7월에는 마침내 국가주도로 두 회사를 합병하여 중국조선집단이란 단일의 국영기업으로 만들어졌다.

표 1. 중국 양대 조선소 영업실적 비교 (2015~2018)

표 1-1. CSIC 영업실적

단위: 백만 $

구분	2015	2016	2017	2018
매출액	9,483	7,840	5,744	6,730
영업이익	-681	-156	-238	-159
세전이익	-552	-36	-168	15

자료: Bloomberg

표 1-2. CSSC 영업실적

단위: 백만 $

구분	2015	2016	2017	2018
매출액	4,408	3,231	2,472	2,558
영업이익	-43	-336	-269	11
세전이익	-15	-426	-473	7

자료: Bloomberg

문제는 단일 국영 조선업체 체제하에서 수주물량을 기계적으로 배분하는 체제하에 각 개별 조선소가 기술장벽을 뚫어내고 국제경쟁의 파고를 이겨낼 수 있을까 하는 것이다. 규모가 커진 만큼 여전히 해외영업을 하여야 하고 대형화·고속화·고효율화 되어가는 신조선 트렌드, 게다가 까다로워지는 선주들의 요구와 새로운 IMO 환경규제 등 신기술 사양 도입 등 산적한 과제를 단일 국영조선소가 해결할 수 있을 것인가 하는 질적인 문제에 봉착한다.

혁신은 국가의 지시로 이루어지는 것이 아니라 치열한 가격경쟁에서 그 결과로 얻어진다. 19세기 산업혁명은 과학이 융성했던 프랑스에서 온 것이 아니라 광산기술자 간, 방직기술자들 간 치열한 경쟁이 벌어졌던 영국에서 비롯되었다. 기술혁신은 부실기업 간 합병의 결과로 획득되는 것도 아니다.

한국은 늘 중국 앞에만 서면 작아지는 경향이 있다. 중국 조선업이 거대한 몸집으로 한국 조선업체를 겁박하지만 사실 현대 산업사회에서 크다는 것은 장점이자 단점이다. 톨킨의 명작 『반지의 제왕』에서 지시와 통제 속에 훈련된 사우론의 백만 대군이 자유롭고 창의적인 프로도의 반지원정대를 이기지 못했듯이 중국조선공업이란 공룡 기업이 변화무쌍한 국제 조선 시황에 대응능력이 있을지는 두고 봐야 할 문제다.

2) 설비효율의 문제

게다가 경쟁의 단위는 중국 조선업 전체와 한국 조선업 전체가 아니라 CSGC와 현대중공업, 대우조선해양, 삼성중공업, 더 나아가 각사가 보유한 야드별 경쟁력이 관건이 된다. CSGC는 통계적으로는 큰 회사로 보이지만 개별 도크와 야드, 개별 조선소가 보유한 설비 차원에서 보면 현대/대우/삼성과 경쟁이 되지 않는다. CSGC의 규모란 수십 곳의 조선소를 통합한 통계수치이지만 현대/대우/삼성은 각각 3개, 1개, 1개의 대형 야드에 최적화된 설비로 운영되고 있다.

아래 표에서 보듯이 현대/대우/삼성은 개별 야드별 건조능력이 300만~400만 CGT로 다른 중국 개별 조선소 대비 월등한 우위에 있다. 설비능력에서 경쟁력을 갖추기 위해서는 중국 조선소가 투자를 집행해야 하지만 과투자 후유증을 추스르기가 만만치 않은 실정이다.

표 2. 글로벌 조선사(Yard) 순위 (수주잔고 기준)   단위: 척, 천 CGT

조선소	국적	순위	건조능력	2019년 건조량			2020년 2월말 수주잔량		
				척수	CGT	점유율	척수	CGT	점유율
삼성중공업	대한민국	1	2,972	24	1,303	3.9%	101	5,903	8.0%
대우조선해양	대한민국	2	3,095	45	3,045	9.2%	63	4,341	5.9%
현대중공업(울산)	대한민국	3	3,913	41	2,042	6.2%	79	4,210	5.7%
현대삼호중공업	대한민국	4	1,892	34	1,391	4.2%	72	4,099	5.5%
Chantiers Atlantique	프랑스	5	321	2	321	1.0%	12	1,948	2.6%
Fincantieri Monfalco	이탈리아	6	286	2	275	0.8%	14	1,793	2.4%
Shanghai Waigaoqiao	중국	7	959	19	656	2.0%	46	1,754	2.4%
현대미포조선	대한민국	8	1,904	56	1,196	3.6%	80	1,675	2.3%
Jiangnan SY Group	중국	9	361	7	361	1.1%	47	1,630	2.2%
New Times SB	중국	10	882	31	882	2.7%	56	1,618	2.2%
세계합				1,427	33,063	100.0%	2,953	74,073	100.0%

자료: Clarkson

3) 기술이전의 문제

중국 조선업이 한국을 추월하기 위해서는 기술력의 업그레이드가 필요하다. 이를 위해서는 한국으로부터 기술이전이 필수적이다. 일본은 대형 선박 및 신형 선박에 축적된 경험이 부족하다. 이는 전적으로 한국과 중국 조선업체의 영역이고, 이미 중국은 한국의 조선 기술을 전통적 방법을 통해 입수하고 있다. 즉 어떤 때는 거래를 통해, 또 어떤 때는 탈취를 통해 각종 도면을 입수하고 기술자를 영입하고 있다.

신조 건조기술이 안보를 직접 위협하는 국가기밀이 아닐진대, 위기에 봉착한 한국 중소 조선소의 기술자들이 중국에 도면을 팔아넘기고 재취업하는 것까지 막을 수는 없는 노릇이다. 이는 개인의 생존권과 관련된 영역으로 볼 수 있다. 일부 중순위 기술이 넘어가더라도 한국 업체들이 원가절감과 기술혁신을 통해 중국 업체와의 기술격차를 유지해 가는 것이 관건이다.

거래와 탈취에 의해 넘어간 설계도면과 업무매뉴얼만으로 1억 불을 호가하는 선박의 완벽한 건조가 가능하지는 않다. 여기서 명시적 지식과 암묵적 지식의 문제가 등장한다. 명시적 지식은 교과서나 회사 내 매뉴얼에 적혀있는 지식이다. 이는 누구나 습득 가능하다. 예를 들어 "못은 망치로 정확히 90도 각도로 두드리면 된다"는 지식 같은 것이다. 그러나 어릴 때 내가 시멘트 못을 박으면 언제나 퉁겨져 나오는데 아버지는 어찌 그리 신기하게 잘 박으시는지 경험해보신 분이시라면 매뉴얼의 지식이 무용지물이라는 것을 알게 될 것이다. 여기서 설계엔지니어, 조선 기술자, 현장근로자의 암묵적 지식이 부상한다. 20년 이상 현장 근무를 통해 체화된 지식이 있어 어떤 문제가 생기면 척척 해결해내는 현장 기술자들의 존재, 그것이 암묵적 지식이 갖는 위력이다.

중국 조선업이 한 단계 더 도약하기 위해서는 1980~1990년대 일본 조선 기술자들이 그러했듯 한국의 퇴직 인력이 대거 중국 조선업체에 재취업하는 것이 필요할 것이다. 그러나 2017년 발생한 후동중화조선의 LNG선인 글래드스톤호 폐선 사건, 기술력 부족으로 최근 초대형 컨테이너선 건조 지연 문제 등 선주들이 중국 조선업체의 기술수준에 갖는 의구심은 잦아들지 않고 있다.

한국에서도 2000년대 우후죽순처럼 생겨난 중소형 조선소들이 2010년대 대거 구조조정에 들어갔고 여기서 퇴직한 인력들이 중국에 재취업하였지만 그것으로 그만이었다. 해양플랜트 사업실패로 다시 도산의 위기에 빠진 대우조선해양은 여러 논란 끝에 파산하지 않았고 질서정연하게 현대중공업그룹에 인수되는 과정을 거치고 있다. 이는 고급기술을 보유한 주요 인적자원이 고스란히 국내에 남는다는 것을 의미한다.

대우조선해양의 부실화는 경쟁력 약화 때문이라기보다는 경영진의 전략미스 때문이다. 만일 정부에서 대우조선해양을 파산의 길로 몰아갔다면 한국에서 가장 경험 많은 기술자들이 고스란히 중국으로 넘어갔을 것이다. 거제시 경제가 함몰하는 일이고 대규모 실업사태를 피하기 위한 정치적 판단이었지만 산업적 측면에서 보면 참으로 잘된 선택이었다. 한국은 조선업 구조조정 과정에서 일본처럼 중소형사 위주로 재편하지도 않았고, 대형 조선사를 파산시키지도 않았다. 의도되지 않은 기획이었지만 결과는 나쁘지 않다. 중국 조선업이 한국의 기술력을 따라잡기에 어려운 한국 조선산업 내 고용환경이 만들어진 것이다.

4) 코로나19 이후

아울러 코로나19 이후 서플라이체인상 중국에 전적으로 의존하는 것이 가능한가 하는 문제가 등장하고 있다. 금번 전염병 사태로 선주들의 중국 Field visit, 검수, 인도 등 모든 일정이 100% 중단되었다. 앞으로 선주들이 일국에 발주를 몰아주며 가격할인을 유도하는 것보다는 여러 국가에서 분할 건조하는 방식을 선호하게 될 것이다. 이것도 한국 업체에게는 유리한 측면이다.

5. 마치며

대형화·고속화·고효율화를 추구해가는 현대 상선시장에서 한국 조선업계는 여전히 우수한 설비능력과 기술력을 확보하고 있다. 최근 5년간 구조조정 과정을 거치면서도 대형사 위주의 체제를 유지하고 있고 주요 인적자원의 해외 탈출이 없었다.

반면 일본은 설비능력 측면에서, 중국은 기술인력과 설비 양 측면에서 모두 문제점을 보이고 있다. 특히 중국은 단일 국영조선소 체제에서 방만한 조선소 운영체계를 정비하고 기술적 난관과 시장수요를 모두 맞추어야 하는 지난한 과제를 안고 있다. 한국 조선업계는 중소형 업체가 거의 모두 도산하여 현재 대형 블락업체로 Big 3의 서플라이체인 아래로 들어갔다. 다시 Big 3 체제로 재편된 것이다.

그러나 그 과정이 순탄치만은 않을 것이다. 「이상한 나라의 앨리스」의 후속작 「거울나라의 앨리스」에 앨리스가 붉은 여왕과 함께 나무 아래서 계속 달리는 장면이 나온다. 여기서는 땅이 러닝 머신처럼 움직여 앨리스는 아무리 달려도 나무를 벗어나지 못한다.

앨리스가 숨을 헐떡이며 붉은 여왕에게 묻는다.

"계속 뛰는데 왜 나무를 벗어나지 못하나요? 내가 살던 나라에서는 이렇게 달리면 벌써 멀리 갔을 텐데."

붉은 여왕은 답한다.

"여기서는 힘껏 달려야 제자리야. 나무를 벗어나려면 지금보다 두 배는 달려야 해."

한국의 현대/대우/삼성 3사는 세계 1, 2, 3위의 경쟁력을 가지고 있는 회사들이다. 불행이라면 세계 Big 3가 이 작은 나라에 다 있다는 사실이다. 조선 3사의 경쟁은 붉은 여왕의 달리기와 같다. 남들만큼 달리지 않으면 어느새 뒤쳐져버린다. 그것이 오늘의 한국 조선업을 만들었고 앞으로의 발전도 가능하게 할 것이다.

원자력산업이 나아갈 길*

김명수

1. 원자력의 등장

1) 전기에너지 혁명

17세기까지 과학자들의 장난감에 불과하였던 전기를 에너지원으로 사용할 수 있는 문을 연 사람은 대장장이의 아들로 태어나 학교 근처에도 가보지 못했던 패러데이(Michael Faraday, 1791~1867)다. 무학의 패러데이는 서점 제본공으로 일하며 얻은 책으로 독학하며 화학과 전기학에 두각을 나타내고 전기와 자석이 만나 회전력을 보인다는 사실을 발견(1821년)하여 전자기학을 태동시켰다.

석탄, 석유 등을 태워야만 얻을 수 있던 에너지를 무언가를 빙글빙글 돌릴 수만 있으면 무한정으로 얻을 수 있다는 패러데이의 발견은 수천 년 동안 이어져온 에너지의 개념을 혁명적으로 바꾸어놓았다. 이제 불(火)과 열(熱)의 힘이 없이도 전기만 얻을 수 있다면 전선 위에 일자형 자석을 달아 회전력을 얻을 수 있고, 거꾸로 회전력을 얻을 수 있다면 그 끝에 자석을 달아 전기를 생산할 수 있게 되었다.

---

* 이 글은 2020년 9월 22일 작성된 것이다.

전기는 도체를 이용해 빛으로 전환된다는 점에서 차원이 다른 에너지였다. 니콜라 테슬라(Nikola Tesla, 1856~1943)가 교류전력을 이용해 1893년 시카고박람회장을 형광등과 전구로 밤새 환하게 밝혀 직류전원의 우수성을 주장하던 에디슨과의 '전류전쟁'에서 완승한 것은 유명한 스토리다. 그러나 운동력 측면에서 보면 화석연료인 석유, 석탄을 직접 태워 얻는 열에너지량 대비 여기서 파생시켜 얻는 전기에너지량은 발전 및 송배전단계에서 발생하는 손실 때문에 효율이 현저히 낮고 에너지 저장도 어렵다. 운동력 측면에서 전기에너지가 실험실에서 나와 모터로 상용화되는 데 거의 1세기가 걸린 이유다.

따라서 화석연료 없이 자연에서 전기를 얻기 위한 다양한 시도들이 있었다. 수력, 풍력, 조력, 지열을 이용한 발전이 시도되었고 40년 전 반도체가 태양열을 저장한다는 사실이 알려진 후 태양열발전도 오랫동안 시도되었다. 그러나 자연의 섭리가 줄 수 있는 전기에너지는 그 양과 질이 70억 인구의 대량소비를 만족시킬 수 없음은 당연한 이치다. 인류의 증가하는 에너지 소비 욕구를 채울 수 있는 비장의 에너지원이 있으니 그것이 바로 원자력이다. 우라늄 1kg으로 석유 9천 드럼, 석탄 3천 톤과 동등한 열량을 낼 수 있으니 가히 현대판 프로메테우스의 불로 비견될만하다.

2) 저주받은 불 - 원자력

1933년 영국의 물리학자 러더퍼드(Ernest Rutherford, 1871~1937)에 의해 최초로 규명된 핵분열의 가능성은 독일 과학자들 사이에서 집중적으로 연구되었다. 우라늄을 그 원료로 사용할 수 있다는 것도 독일 학자들이 발견하였다. 독일이 핵물리학의 선두주자였다는 사실은 인류사 최고의 발명 중의 하나인 원자력의 저주받을 운명을 암시한다. 불행히도 독일은 나치 치하였다. 체코의 공업지대 주데텐란트를 합병한 히틀러는 당시 유럽 유일의 우라늄 산지로 알려진 체코의 우라늄 수출을 금지(1938년)하였다. 유럽 각지의 핵물리학자들은 경악하였다.

독일 과학자들의 원자폭탄 개발 가능성을 알고 있었던 헝가리 과학자 레오 실라드(Leo Szilard, 1898~1964)가 뉴욕에 머물던 아인슈타인을 설득하여 프랭클린 루스벨트 대통령에게 보낸 편지(1939년, 아인슈타인-실라드 편지)가 미국의 핵무기 개발을 위한 맨해튼 프로젝트를 태동시킨 것은 유명한 에피소드다. 정작 히틀러는 핵무기 개발보다는 영국의 제공권을 극복할 V2 로켓 개발에 심혈을 기울였고 2차대전 유럽전장은 미국이 핵무기를 개발(1945년 7월)하기 전인 1945년 5월에 끝나버렸다.

태평양전쟁 종반 이오지마 전투(1945.2.19~3.26)와 오키나와 상륙작전(1945.4.1~6.22)에서 전사·실종자 5만 3천 명, 부상자까지 합쳐 총 12만 7천 명을 잃은 미국 트루먼 대통령은 원자폭탄 사용을 결정한다. 이로써 신형 무기의 실전 시험장은 아시아 전장인 일본이 되었고 원폭 투하 당일에만 히로시마에서 10만 명, 나가사키에서 7만 명이 사망하는 비극이 벌어졌다. 인류사 최고의 발명품은 이렇게 아마겟돈의 가공할 불로 대중 앞에 그 첫 모습을 드러내게 되었다. 절대무기로서 등장한 것이다.

2. 절대무기를 향한 경쟁

1) 영국 - 절치부심

원자력의 힘은 원자폭탄으로 시현되었고 각국은 원자력을 무기체계로 인식하게 되었다. 경제논리는 배제되고 오직 정치, 안보, 국방의 영역이다. 미국이 1946년 맥마흔법안을 통해 핵무기의 독점을 기도하자 맨해튼 프로젝트에 적극 협력하였고 승전국 자격으로 핵기술의 공유를 기대했던 영국의 처칠이 분노했음은 물론이다.

맨해튼 프로젝트는 미국이 예산을 제공하였지만 미국, 영국, 프랑스, 이태리, 독일계 망명 과학자들도 대거 참여하여 만든 서방세계 공동의 작품이었다. 게다가 1943년 8월 영국 처칠과 미국 루스벨트는 캐나다 퀘벡에서 비밀 핵협력협정을 맺고 당시까지 축적된 영국의 연구성과를 넘겨주었으므로 맥마흔법안은 이 협정을 배신한 것이다.

영국은 절치부심 맨해튼 프로젝트에 참여한 40여 명의 자국 과학자를 동원하여 독자개발을 추진하였고 1952년 원자폭탄, 1957년 수소폭탄을 완성하였다. 이보다 3년 전인 1949년 소련이 각종 스파이활동을 통해 원폭을 성공하였으니 미국, 소련, 영국이라는 3대 핵강국이 등장한 것이다.

2) 프랑스 - 사생결단

처칠과 루스벨트는 프랑스를 믿지 않았다. 프랑스는 유럽 최강의 육군을 보유하였으면서도 독일과의 개전 1주일 만에 마지노선을 내주었다. 심지어 페탱을 정부수반으로 내세워 남부프랑스에 대한 지배권을 유지하며 전쟁의 참화를 피해간 프랑스 비시정부는 처칠과 루스벨트 입장에서는 배신자였다. 한때 페탱의 부관이었던 당시 국방차관 샤를 드골이 혈혈단신 런던으로 망명하여 처칠의 보호하에 자유프랑스 방송을 이어나갔지만 그는 마이크 앞에서 말로만 싸우는 신출내기 정객에 불과했다. 맨해튼 프로젝트에 프랑스 과학자들이 핵심기술에 접근하지 못하도록 막은 것은 당연하다. 히틀러와의 내통을 우려한 것이다.

  2차대전 후 집권한 드골은 석유주권도 잃어버렸다. 1차대전 후 오스만투르크 제국을 해체하며 시리아, 레바논을 식민지로 얻었고 이라크의 석유지분 25%를 확보하며 안정적 에너지원을 확보하는 듯하였던 프랑스는 2차대전 후 영-미 중심의 이른바 7공주로 이루어진 석유메이저(엑슨, 모빌, 텍사코, 소칼, 걸프오일, 로열더치쉘, BP)들이 주도하는 신질서에서 철저히 배제되었다. 1960년대 초 알제리에서 대형 유전이 발견되었지만 이 또한 알제리가 독립하며 프랑스의 석유에너지 자립은 헛된 꿈으로 끝났다. 에너지 자립을 위해 원자력 개발이 필요해진 것이다.

  결정적으로 수에즈위기(1956년)는 프랑스가 자국의 비참한 현실을 직시하게 된 계기였다. 수에즈운하는 1869년 프랑스가 건설하고 이집트와 50:50의 지분을 나누어 가진 프랑스의 작품이다. 재정위기에 봉착한 이집트가 50% 지분을 영국에 매각하여 영국과 프랑스가 반분하고 있던 운영권을 새로이 집권한 이집트 민족주의자 가말 압델 나세르가 국유화해버린 것이다.

  영국과 프랑스는 이스라엘을 추동해 제2차 중동전쟁(시나이전쟁)을 일으켜 수에즈운하를 다시 수복하였다. 그러나 중동의 환심을 사려던 소련의 흐루시초프가 영국과 프랑스에 대해 이집트에서 철수하지 않을 시 ICBM으로 런던과 파리를 핵공격 하겠다고 위협하였다. 중동의 안정을 바란 미국은 놀랍게도 소련의 위협에 침묵하였고 오히려 영국과 프랑스에 석유 금수조치를 취함으로써 양국을 충격에 빠트렸다.

드골은 미국의 핵우산이 말뿐이라는 점을 깨닫고 사생결단의 각오로 핵무장을 추진하였다. 아이젠하워가 핵개발을 말리며 핵우산 제공을 재삼 약속하자 드골이 힐난조로 "미국은 뉴욕이 핵미사일을 맞을 각오를 하면서까지 파리를 지켜줄 수 있는가?"라고 물었던 것은 유명한 일화다. 프랑스는 4년 후인 1960년 핵실험을 통해 핵 보유국의 지위를 획득하고 1966년에는 수소폭탄 실험까지 성공하여 핵전력을 완성하게 된다. 드골은 NATO에서도 탈퇴하고 일시적이나마 독자 노선을 걸었다. 프랑스의 미국에 대한 불신은 뿌리가 깊다.

3) 일본 - 도광양회

세계에서 원자폭탄을 맞은 유일한 나라 일본은 1966년 제1호 원전의 상업운전을 시작하였다. 핵개발에 대한 외국의 의심을 불식하기 위해 1967년 사토 에이사쿠 총리는 핵무기를 제조·도입·보유하지 않는다는 비핵 3원칙까지 선언하고 노벨평화상까지 수상하였다. 그러나 이를 액면 그대로 믿는 것은 순진한 생각이다.

지진, 화산, 쓰나미가 빈번한 일본이 원자력을 개발한다는 것은 당시 과학수준에서 금기시되었지만 냉전시대 중국과 소련의 위협에 대응하고 경제력에 걸맞은 선진강국으로 대접받기 위해 핵능력을 갖추는 것이 필수라고 본 일본은 전후 원자력(핵무기 원천기술)과 인공위성(로켓 원천기술)을 확보하기 위한 착실한 노력을 기울였다. 1964년에 중국이 핵실험에 성공하고, 1969년 미국 공화당 신정부가 닉슨 독트린을 발표하며 아시아 각국의 자주국방을 촉구하였을 때 일본을 포함한 아시아인들이 받은 충격은 대단하였다. 이른바 '닉슨 충격'은 일본이 독자적인 원자력 기술을 확보하게 한 촉매제였다.

태평양전쟁에 해군장교로 참전하였던 나카소네 야스히로 총리(1982~1987)는 일본 핵의 아버지로 불린다. 일본의 핵무장을 필생의 소명으로 생각한 그는 초임 의원 시절부터 1954년 일본 최초의 원자력 예산을 확보하고 그 2년 후 원자력기본법을 입법하는 등 일본 원자력산업의 기본 얼개를 만들었다. 이윽고 1982년 총리직에 오른 그는 자신의 정치목표를 핵연료 재처리능력 확보에 두고 국내외 비난을 무릅쓰고 한국, 중국에 유화정책을 펴고 극단적인 친미정책을 펴는 노회한 행보를 거듭한 끝에 1987년 그 서원을 달성하였다. 1985년 플라자합의에서 파격적으로 미국의 엔화 절상요구를 들어준 것도 곧 있을 미일 원자력협정에서 양보를 받기 위한 것이었다.

핵무기 개발을 위해서는 핵 농축을 위한 재처리능력이 필수적이고 이를 갖춘 나라는 핵무장국가밖에 없다. 핵무기 제조능력이 없는 나라로서 유일하게 핵 재처리능력을 갖춘 나라가 일본이니 이것이 무엇을 말하는지는 불문가지다. 후쿠시마 원전 사고 이후 원전 정지를 선언한 것은 이미 핵전력의 문턱까지 가있는 일본에게 원자력발전은 단순한 경제의 문제로 치환되었다는 것을 의미한다. 등소평의 도광양회를 가장 잘 실천한 나라가 일본이 아닐까?

미일 원자력협정 개정 이틀 후 나카소네는 총리직을 사임하였으니 그의 정치인생이 무엇을 위한 것이었는가를 알 수 있다. 국가에 대한 공헌을 평가받아 종신 참의원(상원의원)의 영예를 누리던 나카소네 야스히로는 2019년 11월 세상을 떠났다. 영국 대처총리가 말했듯 무엇이 되려는 사람(What to be)이 넘쳐나는 세상에 무엇을 하려 하였던 사람(What to do)으로 일본인들에게 기억될 것이다.

3. 원자력산업의 부침

1) 번영의 시대

1949년 소련, 1952년 영국이 원자폭탄 실험에 성공함으로써 핵무기 독점이 깨진 미국은 1953년 12월 아이젠하워 대통령이 유엔총회에서 '원자력 평화적 이용 선언(Atoms for Peace)'을 함으로써 원자력 개발의 역사적 전기를 마련하였다. 원자력에 대한 정보를 민간에 개방하고 자유롭게 연구개발을 장려함으로써 원자력을 무기로써가 아닌 신 에너지원으로써 사용할 수 있게 된 것이다.

사실 우라늄을 97% 이상으로 농축하여 한꺼번에 핵분열시키면 핵무기가 되고 농도 3% 수준의 원료를 감속재를 써서 천천히 분열시키면 물을 끓여 터빈을 돌릴 수 있으니 두 기술은 한 갈래에서 나온 쌍생아다. 일찍이 1942년 이태리 과학자 페르미의 실험에서 핵분열로 열을 얻을 수 있다는 점이 증명되었다. 남는 문제는 핵분열 속도를 어떻게 조절하느냐, 뜨거워진 핵연료를 어떻게 냉각시키느냐, 쓰고 남은 핵연료를 어떻게 처리하느냐 하는 부분이고 이 과제는 몇 년간의 연구로 모두 해결되었다.

영국은 1950년부터 윈드스케일 원자력단지에서 플루토늄 생산용 원자로를 운영했으며 1958년 세계 최초의 상업용 원자력발전소인 영국 콜더 홀(Calder Hall)을 운영하였다. 50~200MW 정도의 소형 가스냉각로를 1956년부터 1968년까지 26기 건설하였다. 가스냉각로는 플루토늄을 얻기는 쉽지만 냉각재로 사용하는 가스 누출의 위험이 커 안전성에 문제를 보여 영국은 비교적 이른 시기에 원전 건설을 중단하였다. 1973년 오일쇼크 이후 북해 유전 개발에 박차를 가해 저렴한 가스발전 중심으로 옮아간 것이다. 현재 북해 유전 고갈에 따라 미래 에너지계획을 다시 세워야 하는 영국은 미국의 가압경수로(Pressurized Water Reactor, PWR) 노형을 채택하고 프랑스-중국 컨소시엄 업체로 하여금 건설하게 하고 있다.

미국도 1958년 쉬핑포인트(Shipping Point)가 운영을 시작한 후 1960년대까지 전력회사마다 앞다투어 원자력발전소 건설을 시도하였다. 1970년대 말 원전 100기를 보유한 세계 최대의 원자력발전 국가가 되었고 당시 미국 원자력위원회는 앞으로 1,000기의 원전을 건설할 것을 선언하기도 하였다. GE, Westinghouse, Combustion Engineering 등 대기업이 모두 참여하며 산업이 활성화되었으며 특히 오일쇼크 이후 시장이 대폭 확대되며 원전 전성시대를 열었다.

중국, 소련 등 공산권 국가들은 원전 개발에 관심이 없었지만 앞에서 언급했듯이 프랑스, 일본, 캐나다, 독일, 스웨덴 등 선진국들은 한편으로는 핵기술 확보를 위해(프랑스, 일본), 또 한편으로는 오일쇼크 극복을 위해 정부의 후원하에 원전 건설을 산업으로 육성시켰다. 이 시기 기술주도권은 100% 미국이 가졌다. 스펙을 정하고 가격을 부르고 턴키 베이스로 납품할 뿐 기술이전이란 없었다.

2) 쓰리마일과 체르노빌

이런 공급자 우위의 시장을 송두리째 바꾸어놓은 것이 1979년 미국 쓰리마일(Three Miles) 원전 사고였다. 실상 쓰리마일 사고가 난 후 인명손실은 한 명도 없었지만 미국은 더 이상 새로운 원전을 짓지 않았다. 1987년 소련의 체르노빌 사고는 대중들이 쓰리마일 사고의 기억이 희미해질 쯤 발생해 원전의 위험성을 다시 한번 각인시켰다.

체르노빌 원전은 뒤늦게 원전사업을 시작한 가난한 소련이 건설비용을 절약하기 위해 방사능 유출을 막기 위한 격납용기조차 생략한 채 운영하다 난 후진국형 사고였지만 원전에 대한 경각심을 불러일으키기에 충분했다. 화재 진압과정에서 소방관을 비롯한 수십~수백 명이 사망한 것으로 알려졌다.

일감을 찾을 수 없었던 원전업계 내 수많은 미국 업체들은 생존을 위해 해외진출을 시도하였고 프랑스, 일본, 독일, 스웨덴 업체에 굴욕적인 기술이전을 약속하며 명맥을 이어나갔다. 한국도 웨스팅하우스의 가압경수로 기술을 획득하며 세계 원전산업에 어깨를 겨루게 되었다.

3) 탈원전 운동의 대두

엎친 데 덮친 격으로 환경운동도 등장하였다. 태평양 마샬제도의 아름다운 환초섬 비키니에서 미국은 1946년부터 1958년까지 총 23차례 핵폭탄 실험을 하였고 그 여파로 섬 3개가 사라졌다. 1950년대 여성운동의 영향으로 탱크톱 수영복이 등장하자 서구언론은 그 충격을 핵실험으로 사라진 비키니섬의 이름을 따 지을 정도였다.

반핵무기 운동은 반원자력 운동으로 바뀌었다. 미국의 환경보호단체 '시에라 클럽(Sierra Club)' 내 원자력발전에 반대하는 사람들이 갈라져 나와 1969년 '지구의 벗(Friends of the Earth)'을 창립하였다. 한국에서는 '환경운동연합'으로 알려져있다.

독일 태생의 경제학자 슈마허(Ernst Schumacher, 1911~1977)는 1973년 『작은 것이 아름답다』를 출간, 오염을 방지하는 작은 경제를 찬미하고 원자력발전 같은 대량 에너지 생산기술을 금지할 것을 주장하였다. 특히 그는 원전의 경제성 논리에 반론을 제기하며 사용 후 핵연료 처리와 원전 폐로에 천문학적 비용이 든다는 주장을 최초로 제기하며 파장을 일으켰다.

가장 격렬한 반핵운동이 발생한 나라는 독일이다. 2차대전의 기억으로 애국심을 갖는 것이 금기시되었던 독일 국민들은 독일에서 시작된 핵무기개발 시도에 대해 일종의 원죄의식을 갖고 있었다. 녹색당 창립자 페트라 켈리(Petra Kelly, 1947~1992)를 중심으로 1975년부터 핵연료 재처리 시설의 건설을 반대하는 운동이 시작되었고 원자력발전소 신규 건설부지를 점거농성 하는 등 격렬한 반대를 이어갔다.

4) 중흥기에 터진 후쿠시마

시간은 인간을 치유하고 인간은 망각의 동물이다. 쓰리마일과 체르노빌 사건이 대중들에게 잊히고 2000년대 들어 지구온난화 문제를 해결하기 위한 대안으로 원자력이 재부상한 것이다. 유가가 고공행진하자 그 누구도 화석연료 발전을 입에 올리지 않았다.

프랑스와 일본이 가장 앞서 나갔다. 프랑스는 국영기업을 내세워 곤경에 처한 웨스팅하우스의 기술을 온전히 터득하였고 2020년 현재 총 58기, 자국 에너지의 75%를 원자력에서 얻는 원전대국으로 성장하였다. 일본의 히타치는 GE의 원자력 사업부문과 합작법인을 만들고 도시바는 웨스팅하우스를 인수하였다. 미국이 원자력 분야에서의 리더십을 잃고 있는 상황에서 프랑스와 일본은 중국과 러시아를 견제할 수 있는 서방세계의 선두주자로 떠올랐다. 그러던 도중 2011년 3월 동일본 대지진과 후쿠시마 사고가 터졌다.

후쿠시마 사고는 역사상 유례없는 쓰나미와 우연히 겹친 비상발전 불량으로 노심이 용융해 발생한 방사선 유출 사고이다. 다행히 사망자는 한 사람도 없었다. 그러나 인근지역이 방사선 누출의 여파로 황폐화되었고 오염된 냉각수의 대량 유출은 일본 수산물의 안전성에 의문을 제기하는 근거가 된다.

이 사건은 원전사에 있어 두 가지 점에서 중요한 계기가 되었다. 첫째로 독일, 스위스, 스웨덴, 대만 등 원전 재개와 탈원전 사이에서 오락가락하던 많은 나라의 주요 정당들이 대중들의 불안을 반영해 탈원전 정책을 지지하게 되었다. 탈원전이 정강정책에 들어감으로써 정치세력화한 것이다. 심지어 70년대 이후 스웨덴에서 원자력은 두 개의 정부를 몰락시킬 만큼 정치적으로 민감한 사안이기도 했다. 오늘날 탈원전은 국민투표, 혹은 선거공약으로 내걸고 결정하는 정치사안이 되어버렸다. 이탈리아, 스위스, 스웨덴, 독일, 대만이 대표적인 경우다.

둘째로 가스냉각로, 중수로 등이 안전과 경제성 문제로 상업경쟁에서 퇴출되고 2000년대 들어 이제 남은 비등경수로(Boiling Water Reactor: BWR)와 가압경수로(Pressurized Water Reactor: PWR) 간 시장경쟁에서 가압경수로가 승리하게 된 것이다. 각종 원자로방식에 대해서 비전문가로서 논할 바는 아니지만 후쿠시마 원전은 GE가 제작한 비등경수로였고 자연재해에 대한 취약성이 실례로 증명되었다.

세계에서 가압경수로 노형은 미국 웨스팅하우스의 AP1000, 프랑스의 EPR(유럽형 표준원전), 그리고 웨스팅하우스사 기술을 개량한 한국수력원자력의 APR1400뿐이다. 우리나라가 유일하게 확보한 기술이 가압경수로 노형인데 그것이 세계 표준이 되었으니 한국 원전산업의 천운이다.

5) 질식사한 원전산업

가압경수로형 원전기술을 가지고 있다고 탄탄대로인 것은 아니다. 대중의 관심사가 되고 정당이 정책과정에 관여하게 됨으로써 이제 원전의 설립, 운용, 폐기에 대한 결정은 전력 테크노크라트들이 독단으로 결정할 수 있는 사안이 아니다. 민관 공동위원회와 의회의 심사와 의결을 거쳐야 하는 고도의 정치 프로세스가 되어버렸다.

원전의 강점은 경제성이고 약점은 안전성이다. 따라서 원전 반대론자들은 원전의 경제성에 의문을 제기하기 위해 다소 극단적인 주장도 마다 않는다. 이제 경제성 분석에서 표준이 되어버린 사용 후 핵연료 폐기비용과 폐로비용의 부담은 물론이고 심지어는 9·11 테러에 준해 비행기가 격납용기에 충돌하더라도 방사능 유출이 안 되는 설계를 요구한다. 지진과 쓰나미는 물론이고 드론 공격과 테러 공격도 이겨내야 한다. 정상적인 원전 운영 과정에서 발생할 위험에 대비하는 것이 아니라 극단적인 상황에도 대비해야 한다.

또한 사업타당성 검토를 위한 비용편익 분석에서 초고율의 할인율을 적용한다. 미래에 어떤 추가비용이 발생할지 모르니 이를 선반영하라는 것이다. 영국에서는 지금과 같은 저금리시대에 원자로 교체수요 프로젝트에 11%의 할인율을 적용하였다. 40~60년 사용연한의 사업에서 통상 5~7%의 할인율을 11%로 상승시킬 때 투자효율성을 보일 수 있는 프로젝트는 지구상 어디에도 없다.

계약위반도 허다하다. 독일은 후쿠시마 사고 직후인 2011년 5월 원전 비상중단조치(moratorium)를 선언한 후 2022년까지 가용연한과 무관하게 전부 폐로를 결정하자 독일의 4대 전력기업(독일국적 E.ON사, RWE사, EnBW사, 스웨덴 국적 Vattenfall사)은 독일 정부를 상대로 총 200억 유로에 달하는 소송을 진행하고 있다. 독일 전력회사는 공기업적 성격을 갖고 있으니 독일 정부가 해결책을 내놓겠지만 스웨덴 Vattenfall사는 47억 유로의 손해배상을 청구하였으나 독일 정부는 10억 유로로 거래를 마감하려 하고 있다. 이미 원전산업은 신의성실의 원칙에 입각한 비즈니스의 장이 아니다.

서방세계의 원전기업이 차례차례 도산한 것은 당연하다. 미국의 웨스팅하우스는 일본의 도시바에 인수되었다가 2017년 파산보호신청을 하였고 도시바도 원전사업 포기를 선언하였다. GE와 히다치는 합작법인을 만들었으나 비등경수로 전문으로 사업전망이 불투명하다. 프랑스의 AREVA는 부실화되어 다시 국유화되며 ORANO로 새 출발을 하였고 앞으로 폐로 전문회사로 자리매김하겠다고 선언하였다.

이런 와중에 손익개념이 없이 외교·국방 지원과 버무린 러시아와 중국 국유기업이 동유럽, 아프리카, 중동 등 신흥지역의 원자력발전소 건설사업에 시장점유율을 높여가고 있다. 러시아 국영 Rosatom은 우크라이나 침공 이후 EU의 제재를 뚫기 위해 차관을 제공하거나 무기 수출과 연계해 원전 수출에 독보적인 실적을 올리고 있다. 최근 들어 프랑스와 일본 업체의 도움으로 원전산업에 진출한 중국은 일대일로 사업과 연계해 아프리카와 중동 후진국에 대규모 차관을 제공한 대가로 원전을 수주해가고 있다. 서구 민간기업과 경쟁이 되지 않는 것은 당연하다.

4. 원자력산업이 나아갈 길

1) 한국형 원전의 경쟁력

우리나라에 운영되고 있는 24기의 원자로는 가압경수로(PWR)가 20기, 가압중수로(PHWR)가 4기로 구성되어있다. 가압중수로는 캐나다 원자력공사로부터 도입한 것으로 천연 우라늄을 그대로 사용하므로 사용 후 핵연료, 플루토늄이 상대적으로 많이 발생한다. 월성 1~4호기가 그것인데 이 중 1호기는 폐로를 결정하였다.

우리나라가 확보하고 있는 가압경수로 기술은 웨스팅하우스 원천기술에 기반한 것이다. 한국전력은 쓰리마일 원전 사고 발생으로 인한 미국 업계 불황으로 업계 간 경쟁구도를 이용해 원자로 계통기술(Nuclear Steam Supply System: NSSS)의 기술전수를 받을 수 있었다. 한국원자력연구소가 원자로 계통설계, 한전기술이 플랜트 설계, 주기기 생산은 한국중공업(현재 두산중공업), 핵연료국산화는 한국원자력연료(현재 한전원자력연료)와 한국원자력연구소가 확보하고 있다. 현대건설, 대림건설, 삼성물산 등 민간 건설업체도 시공경험을 보유하고 있다.

세계에 원자력발전소를 수출할 수 있는 국가는 미국, 일본, 프랑스, 한국, 러시아, 중국 등 6개국에 불과하다. 그중에 미국은 제조업 공동화로 경쟁력을 상실하였고 일본은 도시바 몰락 이후 비등경수로 노형밖에 없다. 중국과 러시아는 국가차원에서 원전사업 해외진출을 지원하고 있으니 서구식의 기업 간 경쟁상황이 아니라 비교하기 어렵다. 아마도 사업의 성패가 미·중 패권경쟁의 영향을 크게 받을 것이다. 남은 나라는 한국과 프랑스 정도로 한국이 세계 Top 3에 꼽히는 이유다. 한국은 이미 UAE에 APR-1400 원자로 4기를 수출한 실적도 있다.

2) 긍정과 부정이 교차하는 산업전망

트럼프의 공화당은 제조업 부흥을 위해 원자로를 포함한 전통적 화석연료로 돌아가려 하고 있고, 미국 민주당 바이든도 대선 공약에 지구온난화 방지를 위해 원전 복귀를 반영하였다는 소식이 들려온다. 미국 민주당의 입장 변화는 중요한 의미를 갖는다. 그동안 원전에 반대해온 진보진영이 그보다 더 위험하다고 평가하는 기후변화 방지를 위해 제한된 수준이나마 원전 찬성론으로 돌아선 것이다. 이런 변화 조짐은 전 세계 환경운동에 영향을 미칠 것이다.

신재생에너지 비중을 늘리고자 했던 영국, 일본, 대만도 원전으로 복귀할 조짐이다. 러시아와 제2가스관 건설을 추진하던 독일 메르켈도 느닷없이 자국과 별 관계도 없는 러시아 야당지도자 나발니의 독살 시도를 문제 삼으며 탈원전의 대안이었던 가스관 프로젝트에 제동을 걸고 있다. 미국의 반대를 의식해 출구전략을 모색하는 것인가?

그러나 원전산업이 1960년대나 2000년대처럼 다시 부흥할 것이란 주장도 시대착오적이다. 유럽은 독일 등 일부 국가를 제외하고 제조업 공동화로 산업용 전기수요가 거의 없다. 북구유럽, 서유럽 국가들은 신재생에너지와 가스발전으로 인한 전기요금 인상을 국민에게 전가할 수 있다. 부유한 나라들이기 때문이다. 지금 원전의 딜레마에 처한 나라는 산업용 전기수요가 25~40%를 차지하고 국제 가격경쟁의 압박에 시달리는 제조업을 보유한 일본, 대만, 독일, 한국 정도라고 보아야 한다.

원전 반대운동도 강력한 설득력을 가지고 있다. 원전의 문제는 사고시 방사능 유출의 문제로 요약되는데 미국, 러시아와 같이 영토가 넓어 인구가 희박한 격오지에 건설할 수 있는 나라와 달리 대부분의 국가는 인구밀집지역에 원전을 건설해야 하는 것이 문제다. 원전 찬성론자들이 주장하는 경제성과 효율성을 인정하더라도 만에 하나 사고의 위험을 고려할 때 대중이 불안한 것은 어쩔 수 없다.

선진국으로 갈수록 소득은 늘고 건강과 장수에 대한 수요는 체증적으로 증가한다. 건강과 장수는 사치재이기 때문이다. 최근 사망률 1%대의 코로나19 사태에 전 세계 각국 정부의 대응을 살펴보면 원전에 대한 예민한 대응도 이해할만하다. 이를 NIMBY(Not in my Backyard) 현상으로 비난하는 것은 또 다른 독선이다. 신규 원전 건설은 이제 지역주민의 동의뿐만 아니라 전 국민의 동의를 얻어야만 진행할 수 있는 사안으로 발전하였다.

3) 사업방향 전환을 모색해야

인간은 에너지를 필요로 한다. 지구온난화 가설이 유효하고 화석연료 사용은 금기시되는데 미국, 일본은 리쇼어링을 추진하여 에너지 수요는 더 확대될 조짐이다. 신재생에너지의 비효율은 개선되지 않고 가스발전은 고가이며 석유, 석탄은 이산화탄소를 뿜어낸다. 원전의 효율성은 인정하지만 대중들의 거부감은 여전하다. 어떻게 해야 할 것인가?

제조업이 없는 부유한 국가의 원전 폐로 정책은 지속될 것이다. 그러나 제조업 중심 국가의 원전 폐로 정책은 수정될 수밖에 없다. 그렇다고 새로운 부지를 마련해 신규 원전을 건설할 수 있다는 것도 기대난이다. 순차 폐로에 따른 교체 수요 정도가 현실적 전망이 아닐까?

4세대 원자로 기술개발 관련 두산중공업이 미국 원전 전문회사 뉴스케일파워와 원자로 모듈계약을 맺었다고 한다. 신재생에너지의 간헐성을 보완하기 위해 소형 원자로 기술개발에 박차를 가하는 것이다. 소형 원전은 500MW 급 이상의 대형 원전 대비 위험도도 현저히 낮고 태양열과 풍력이 가진 간헐성을 보완하는 기저전력으로 쓸 수 있어서 미래의 원자력으로 불린다. 한국 기업이 미국의 신형 원자로 사업에 초빙되었다는 것은 한국 원전산업의 위상을 반영하는 것이다.

프랑스의 ORANO가 폐로 전문기업으로 변신을 선언한 것도 주목할 일이다. 산업대국의 폐로화 정책은 교체수요 문제에 필연적으로 부딪칠 것이다. 프랑스 마크롱이 자국 원전 비중을 75%에서 50%로 축소하는 것을 선언했다가 현재 가동되는 수준을 유지하는 방향으로 정책을 재고하는 것도 이런 맥락에서 이해된다.

한국 원전산업도 불필요한 정치적 논쟁에서 벗어나 환경친화적 에너지산업이 대세라면 오히려 이를 활용하는 방향으로 사업 재조정이 필요하다. 1987년 일찍이 탈원전을 결정하여 폐로사업의 선두주자가 된 이탈리아처럼 국내 폐로사업에서 경험을 축적하는 것도 좋을 것이다. 아울러 폐로사업에 부가되는 교체수요를 확보하는 방향으로 나아가는 것이 현실적 대안이 아닌가 한다.[1]

---

[1] 다행스럽게도 우크라이나 전쟁 이후 한국 원전산업의 경쟁력과 중요성이 부각되고 있다. 이에 대해서는 『신용평가사가 들려주는 산업이야기3』, '나토 마드리드 회의의 산업적 의미'를 참조하기 바란다.

참고문헌

1. **『원자력을 말하다』**, 이익환 지음, 대영문화사, 2012
   원자력에 대한 기초를 잘 설명해놓았다.

2. **『에너지 비하인드』**, 김철민·임만성 지음, MID, 2018
   에너지의 역사와 각국의 에너지정책을 쉽게 이해할 수 있다.

유통전쟁*

안영복

2021년 3월 11일 한국법인 쿠팡 지분의 100%를 보유한 Coupang, Inc는 뉴욕증권거래소(NYSE)에 상장하였다. 기업 전체의 가치(상장일 종가 기준 약 100조 원), 상장으로 인해 신규조달된 자금(약 4조 원) 규모는 국내 관련 업계뿐 아니라 금융시장 전체를 흔들기에 충분했다. 시장에서는 쿠팡 기업가치의 적정성 혹은 유지 가능성에 초점을 맞추었으나 쿠팡의 상장은 국내 소매유통업계의 경쟁양상이 '전쟁' 수준의 강도로 전개될 것이라는 예상을 가능케 하였다.

1. 온라인 시대

1) 아마존과 쿠팡의 성장

1995년 온라인서점 영업을 개시한 아마존과 2010년 소셜커머스로 출발한 쿠팡이 현재와 같은 규모의 기업으로 성장할 것으로 예상한 사람은 소수에 불과했을 것으로 보이는데, 아마존과 쿠팡의 연혁을 살펴

---

* 이 글은 2021년 4월 12일 작성된 것이다.

보면 그 소수 사람들의 판단력과 인내력에 감탄하게 된다. 특히 아마존의 경우 1997년 IPO 이후 장기간의 적자지속 및 설립 이후 현재까지 한 번의 배당도 실시하지 않았음에도 지속적인 증자가 이루어진 사실은 '성장기업은 배당보다 재투자하는 것이 낫다'는 재무관리 이론이 실제 자본시장에서 적용되고 있는 좋은 사례라고 생각된다. 요약하면 아마존과 쿠팡의 성장은 CEO, 주주 그리고 소비자가 같이 써온 드라마라고 할 수 있다.

  2010년 설립된 쿠팡의 모회사 Coupang, Inc(사명변경 전 Coupang, LLC)는 2011년 벤처캐피탈로부터의 초기 자본유치 이후 2021년 3월 NYSE 상장에 이르기까지 지속적인 증자를 통해 투자재원을 조달하였는데, 그 투자규모와 시기를 살펴보면 적자기업일지라도 미래 전망에 기반을 둔 장기투자가 가능한 미국시장이었기에 가능했으며, 이러한 미래 전망을 보여준 것이 바로 아마존이라는 사실을 부인할 수 없다.

표 1. Coupang, Inc 자본조달 History

일자	투자자	금액
2011	메버릭캐피탈, 알토스벤처스	0.2억 달러
2014	세쿼이아캐피탈	1억 달러
2014	블랙록	3억 달러
2015	소프트뱅크그룹	10억 달러
2018	블랙록, 피델리티, 웰링턴 등	2.3억 달러
2018	소프트뱅크 비전펀드	20억 달러

그림 1. 국내 주요 리테일 기업 시가총액

	이마트 4.9	
쿠팡 89.4	롯데쇼핑 3.6	
	호텔신라 3.5	GS리테일 3.0
	BGF리테일 2.8	신세계 2.8
	현대백화점 2.1	GS홈쇼핑 1.0 / 현대홈쇼핑 1.0

단위: 조 원, 2021.03.30. 기준

　아마존과 쿠팡의 성장 이력을 보면서 '예전에는 위대하면 유명해졌지만 요즘에는 유명하면 위대해진다'라는 말을 떠올리게 된다. 많은 이해관계가 얽힌 비즈니스 세계에서 '위대하다'라는 표현이 적절한지는 의문이지만 두 기업 모두 좋은 의미에서든 나쁜 의미에서든 '유명하다'라고 표현하는 것에는 아무 이의가 없으며, 유명해진 것이 성장을 지속해나갈 수 있는 바탕이라는 것 또한 명백하다. 수많은 소비자를 고객으로 유치해야 하는 리테일 비즈니스는 아이디어만으로는 성공할 수 없으며, 이를 구현하기 위해 막대한 투자를 수반해야 한다고 전제할 때, 쿠팡의 금번 IPO는 시장지배력 강화로 이어질 수 있는 강력한 토대이며, 경쟁사에게는 엄청난 충격일 수밖에 없다.

2) 온라인 리테일의 성장 요인: 기울어진 운동장

　그렇다면 최근 수년간 국내 소매유통, 이른바 리테일 시장에서 온라인이 급속히 성장하게 된 이유는 무엇일까? 산업분석적 관점에서 설명하고 있는 요인 외에 오프라인 리테일 입장에서 보면 개별 기업의 노력만으로는 극복이 어려워 '기울어진 운동장'이라고 인식할 수 있는 사회적 및 구조적 관점에서의 요인 몇 가지를 생각해볼 수 있다.

(1) 인프라 구축의 절반은 소비자가 한다

온라인 쇼핑 확산의 주요 인프라로 많이 제시되는 것이 배송시스템의 혁신이지만 보다 근원적인 것은 바로 주문을 전달하는 통신망과 스마트폰/컴퓨터로 대변되는 주문단말기이다. 배송은 늦고 빠르고의 문제이지만 통신망과 단말기가 없으면 온라인 쇼핑 자체가 성립되지 않는다. 통신망의 고도화는 통신사가 몇 년마다 지속적으로 수행하며, 단말기는 소비자가 여건이 허락하는 한 최신 기종으로 교체하여 온라인 리테일 기업이 자체적인 경쟁력 강화를 위한 투자에만 집중할 수 있도록 도와준다. 기업 입장에서 혁신에 필요한 기본적인 인프라를 소비자, 기업 그리고 정부가 상당부분 책임져준다면 얼마나 행복한 상황인가.

다른 경제주체가 막대한 투자비용을 부담하는 이러한 통신 인프라의 고도화가 온라인 리테일만을 위한 것은 물론 아니지만 최근 산업변화 양상을 볼 때 넷플릭스로 대표되는 OTT와 온라인 리테일이 대표적인 수혜산업이라고 할 수 있으며, 매출규모, 부가가치 등을 기준으로 할 때 그 수혜 정도는 온라인 리테일이 압도적이다.

(2) 효율을 중시하는 배송문화

코로나19로 인해 다른 국가에서도 최근 비대면 배송이 확산되고 있으나 우리나라는 온라인 침투율이 높은 국가 중에서 코로나19 이전에도 이른바 '문앞 배송'이 일반화된 거의 유일한 나라일 것이다. 아파트 등 집합건물뿐 아니라 단독주택 등 대부분의 최종 배송이 무대면으로 가능하다는 것은 배송료를 낮게 유지하는 데 기여할 수 있음은 물론 처리가능물량 자체를 크게 확대시켜 과장을 좀 보태자면 '온 국민이 온라인으로 주문해도 하루나 이틀 내에는 대부분 받을 수 있는 환경'을 조성하고 있다. 무대면 배송문화는 질적인 측면에서도 온라인 확산의 기반으로 작용하고 있는데, 변질 우려가 있는 신선식품 등의 쇼핑에서도 비대면 배송이 거부감 없이 자리 잡게 되면서 온라인 침투율이 급격히 상승하는 요인으로 분석되고 있다(물론 이를 위한 리테일 기업들의 치열한 노력이 더해진 결과이다).

외국(주로 미국)의 경우 코로나로 최근 완화되었다고는 하지만 온라인 주문 후 매장 픽업이 혁신으로 여겨질 정도인 데 비해 우리나라의 경우 여성들이 안전을 이유로 편의점 등 집 밖에서 수취하는 것이 선호되어 이를 서비스화할 정도로, 배송지역의 협소 등 물리적 이점을 감안하더라도 우리나라의 배송편의성은 세계 최고 수준이다.

요약하면 무대면 배송은 저렴한 배송비를 요구하는 소비자와 시장 확대를 원하는 리테일 기업 및 배송기업의 이해가 조화를 이루고, 효율을 중시하는 보다 근본적인 차원의 우리나라 문화가 결합된 국내 온라인 쇼핑 확산의 숨은 공신이라고 할 수 있다.

(3) 영업규제

2003년 신문기사를 살펴보면 할인점에 관한 헤드라인을 발견할 수 있는데 다음과 같은 것들이다.

- "할인점, 백화점 제치고 '유통 황제'에 등극"
- "할인점 10년, 한국 유통산업 발전 40년은 앞당겼다"
- "할인점, 물가안정 및 경제성장에도 기여"
- "지역상권 활성화를 위해 일부 지자체 할인점 규제 나서"

지금은 잘 사용하지 않는 '할인점'이라는 용어는 대부분 긍정적인 의미로 사용되고 있음을 알 수 있는데, 가장 흥미로운 것은 마지막에 있는 할인점 규제에 관한 것이다. 즉 그때도 할인점 규제는 있었고 지금도 있다. 물론 규제의 수준이 2003년과 2021년 간 상당한 차이가 존재하는 것은 사실이지만 대표적인 규제대상인 오프라인 할인점 입장에서 새삼스럽게 '영업규제'가 더 뼈아프게 느껴지는 이유는 무엇일까? 한마디로 강력한 적군의 존재 유무라고 할 수 있는데, 같은 마트 의무휴업 규제를 적용하더라도 2003년에는 하루 쉬면 그만이고 고객의 상당수는 다음 날 혹은 다음 주말 다시 마트를 찾았다. 즉 매출에 있어 '시차는 있지만 오차는 없는' 규제였던 것이다. 그러나 지금은 상황이 다르다. 강력한 경쟁자인 '온라인'이 그 편리함을 앞세워 세력을 확장하고 있어 평일보다 훨씬 많은 매출이 발생하는 주말 휴무는 바로 해당 매출 대부분의 상실로 이어짐은 물론 마트에서 평균적으로 이익률이 가장 높은 것으로 파악되는 신선식품류의 경우 휴무일 전날 '눈물의 할인판매'를 통해 처분할 수밖에 없는 상황으로 이어지게 된다.

오프라인 리테일 기업은 대부분 온라인 부문을 강화함으로써 규제에 대처하여왔으나 이는 현상유지를 위한 어쩔 수 없는 선택으로서 최근 수년간 다른 요인과 맞물려 오프라인 마트 이익률 저하의 원인으로 작용한 것으로 보인다.

(4) 사업전략 선택의 자유도

온라인이 오프라인 매장을 확보하는 이득이 오프라인 기업이 온라인 기업을 M&A 하는 것보다 활용도가 더 높다고 할 수 있다. 아마존이 홀푸드 마켓을 인수하여 프라임 회원만 들어갈 수 있게 하는 경우와 반대로 오프라인 기업이 온라인 마켓플레이스를 인수하여 회원만 이용할 수 있게 할 경우 기존 혹은 잠재고객에게 어떤 것이 매력적일지를 생각해보면 쉽게 이해할 수 있을 것이다.

사업전략 선택의 자유도가 온라인이 훨씬 높은 것은 구조적인 요인에 기인하는 것으로 오프라인 사업자의 잘못은 전혀 없다. 온라인의 경우 아마존 프라임과 같이 유료회원만 살 수 있는 품목을 지정할 수 있지만 오프라인 마트에서 싸고 품질 좋게 느껴지는 상품을 진열해놓고 유료회원이 아닌 일반 고객이 구매하지 못하게 한다면 일반 소비자의 반발을 불러와 다른 상품의 매출저하와 공급자의 불만에 직면할 것이다.

위에서 제시한 몇 가지의 기본적 핸디캡을 안고 온라인과 경쟁해야 하는 오프라인 기반 리테일 기업 입장에서는 현 상황을 개선하고자 시도하는 전략 선택에서도 온라인에 비해 그 선택지가 제한되어있는 상황이다.

(5) 가격 조정력

현재까지 가격이 리테일 시장에서의 가장 큰 경쟁요소라고 전제할 때 오프라인은 온라인에 비해 가격 조정력이 떨어진다. 여기서 말하는 가격 조정력이란 싸게 내놓을 수 있는 능력이 아니라 시장상황에 대응하는 가격 변경 능력 그 자체를 의미한다.

예를 들어 오프라인 매장에서 매출을 증대시키기 위해 할인행사를 한다고 할 때 큰맘 먹고 저렴한 가격을 설정했다 하더라도 한번 정한 가격은 다시 변경하기가 매우 어렵다(설사 전자 가격표를 매장에 설치하여 물리적으로는 실시간 가격 변경이 가능한 경우에도 매장에 방문한 고객 간 가격 차별 문제가 제기될 수 있다). 이에 비해 온라인은 가격 차별화를 위한 가격 변경이 용이하여 탄력적인 판매전략 사용이 가능하다(온라인 세상에서는 그 순간에 그 상품을 사는 사람은 오직 한 사람, 단말기를 보고 있는 소비자뿐이다).

오픈마켓에 상품을 입점시키고 온 가족이 경쟁 판매자의 가격을 관찰하며 몇 시간 사이에 수십 번 천원 백원 단위의 가격 조정을 한다는 사실을 알고 난 후 마트 광고전단지에 쓰여진 '온라인보다 싸다'라는 광고문구를 보게 된다면 오프라인 매장의 가격은 더 이상 구매의사결정에 영향을 주는 요소가 아닐 것이다.

본 칼럼을 작성하고 있는 동안에도 온라인과 오프라인 간 '최저가 보상제'를 통한 가격경쟁 소식이 다시 들려오고 있다. 각 기업이 치열한 분석을 통해 결정한 정책이겠지만 소비자가 오프라인에서 상품을 구매하기로 결정한다면 가격 때문이 아니라 바로 사용해야 하는 소비자의 시간제약에 따른 것일 확률이 높기 때문에 그 효과는 여전히 제한적일 것으로 보인다. 최저가 보상을 통한 충성도 제고 시도도 의미가 있으나 중요한 점은 고객이 일단 매장에 방문해야 무엇이든 할 수 있다는 점은 변함이 없다는 데 오프라인의 고민이 있다.

3) 아마존 VS 쿠팡: 공통점과 차이점

아마존의 과거는 쿠팡의 현재이고, 아마존의 현재는 쿠팡의 미래라고 하면 쿠팡 입장에서 서운할까? 오히려 그 반대라고 생각한다. 20년 이상 전 세계 온라인 커머스의 지배적 사업자이며, 온라인 리테일 산업의 상징적인 존재인 아마존과 비교된다는 것 자체가 쿠팡 입장에서는 성장 혹은 성공이라고 평가받을 수 있는 확실한 근거이기 때문이다.

싫든 좋든 아마존은 쿠팡의 벤치마크인 것은 사실이지만 두 기업 간에는 기업규모를 제외하더라도 공통점과 함께 몇 가지 측면에서의 차이점도 분명히 존재한다. 여기서 두 기업의 공통점과 차이점을 생각해보는 이유는 국내 진출이 예상되는 아마존의 한국 시장에서의 사업전개 양상과 쿠팡의 미래를 그려보는 데 도움이 될 것으로 보기 때문이다.

(1) 아마존과 쿠팡: 공통점

- **사업모델의 전개 양상**: 두 기업은 커머스 사업을 전개함에 있어 설립 초기를 제외하면 거의 동일한 경로를 거치고 있다. 아마존이 쿠팡의 벤치마크라고 전제하면 당연한 결과라고 할 수 있는데, 상품에 대한 온라인 판매를 시작으로 배송강화, OTT 서비스 제공 등을 통한 고객 Lock-in에 주력하고 있다.
- **수익성보다는 성장에 주력**: 주지하는 바와 같이 두 기업은 수익성보다는 시장지배력 강화에 주력하고 있는데, 거래액을 기준으로 하는 소비자 점유율과 풀필먼트 서비스를 통한 판매자 생태계 확보라는 두 주요 사업영역에 대한 지배력 강화를 동시에 추진하고 있다.
- **투자재원 확보**: 지속적인 유상증자를 통해 외부로부터 투자재원을

마련하고 운전자금 관리를 통해 내부 현금흐름을 강화하는 것 외에 두 기업 모두 법인세와 배당을 실질적인 투자재원으로 활용하고 있다. 아마존은 최근에 와서 법인세를 부담하고 있고 쿠팡은 법인세 납부액이 전무하며(오히려 이연법인세 공제 가능), 두 기업 모두 설립 이후 배당은 한 번도 실시한 적이 없다. 이익이 없으니 세금과 배당이 없는 것은 당연하지만 만약 이러한 적자 혹은 적은 이익이 계획된 투자와 비용지출의 결과라면 두 기업은 사업경쟁력 강화를 추진하면서도 양질의 내부자금을 창출하고 있는 것이다.

(2) 아마존과 쿠팡: 차이점

- **사업모델 적용의 확장성**: 현실적으로 아마존의 핵심 사업지역은 여전히 미국이지만 기본적으로 전 세계 시장에 적용함을 목적으로 사업모델을 개발하고 있다. 이에 비해 쿠팡의 사업모델은 현재까지 한국에 특화된 것으로 볼 수 있으며, 투자여력 측면을 제외하더라도 아마존에 비해 사업모델의 확장성 면에서 제한적이다.

- **사업부문의 질 혹은 경쟁력**: 마켓플레이스로 대표되는 이커머스를 제외하더라도 아마존의 각 사업부문은 해당 영역에서 세계적인 경쟁력을 지니고 있거나 시장을 선도하고 있다고 볼 수 있다. 예를 들어 미디어 사업영역에서 아마존은 현재 유일하게 CPND 가치사슬(Contents-Platform-Network-Device로 이어지는 미디어 산업 자원의 통합과정)의 완성단계에 이른 사업자로 평가된다. 쿠팡은 이커머스 외에 '쿠팡이츠'로 대표되는 플랫폼 서비스가 활성화되고 있으나 전반적인 사업의 깊이 측면에서 아마존과 비교하는 것은 아직 무리다.

- **기업의 성격**: 현재 아마존은 본질적으로 기술기업으로 볼 수 있으나 쿠팡은 커머스기업으로 보는 것이 타당하며, 이 차이는 단기간 내에 좁혀지기는 어려울 전망이다.

Distruptor로 출발하여 전 세계 리테일 시장에서 지배적 사업자 혹은 Game Changer로 자리매김하고 있는 아마존과 한국 시장에서 치열한 경쟁을 벌이고 있는 쿠팡을 비교하는 것은 두 기업 간 우열을 가리기 위한 것이 아니라 현실적으로 국내에서 아마존을 벤치마크로 삼아 사업을 전개할 수 있는 유일한 기업이 쿠팡이기 때문이다.

아마존도 기본적으로 사업의 기획과 테스트가 미국에서 이루어지고 이를 해외시장으로 확산시키고 있음을 고려할 때 쿠팡도 한국에서 성공한 모델을 수정하여 해외에 진출하는 것이 가능하겠지만 국내 경쟁강도를 고려할 때 상당기간 쿠팡의 해외진출 여력은 크지 않을 것으로 판단된다. 그러나 사업지역의 확대 여부와 관계없이 쿠팡이 아마존 사업영역의 일정부분에서 보다 혁신적일 수 있다면 쿠팡에 대한 시장의 평가는 우호적일 것이며, 성장 지속에 필요한 자금 조달의 안정성을 높일 수 있을 것이다.

2. 유통전쟁: 소비자 관점

1) 소비자 후생 혹은 잉여

오프라인 쇼핑만이 가능한 세상에서 소비자는 기본적으로 가격순응자에서 벗어나기 어렵다. 소비자가 할 수 있는 일은 주어진 가격에서 사거나 사지 않거나 둘 중의 하나뿐이다. 소비자가 많이 부지런하다 해도 인근 2~3개 점포의 가격을 비교할 수 있을 뿐이며, 결국 사게 된다. 왜냐하면 지나가다 우연히 가게에 들어간 경우가 아니라면 시간과 비용을 지불하면서 찾은 점포에서 판매자가 결정한 가격을 받아들이는 것이 평균적으로 보면 현명한 행동이기 때문이다. 이렇듯 오프라인 세상에서 쇼핑과 관련해서는 소비자의 후생 혹은 만족을 따지는 것이 큰 의미가 없다.

온라인은 소비자에게 신세계를 가져다주었다. 게으른 소비자라도 손가락 몇 번만 움직이면 동일한 상품에 매겨진 수십 개의 가격을 비교할 수 있고, 부지런할 경우 그 상품을 파는 세상 거의 모든 판매자의 가격을 알아볼 수 있다. 시간을 포함한 탐색비용이 거의 들지 않기 때문에 소비자는 구매의 이연이 가능하며, 온라인 세상에서 담합이 어려운 판매자들의 경쟁으로 인해 시간이 지날수록 대부분의 상품가격은 내려간다. 온라인 쇼핑에서 시간은 일방적으로 소비자 편이므로 약간의 시간적 여유만 있다면 소비자는 실질적인 가격결정자가 될 수 있는 것이다.

어차피 구매해야 할 물품을 구매하면서도 온라인 세상에서 소비자의 만족이 커질 수 있다면, 경제학에서 말하는 개념과 다를지는 몰라도 온라인 쇼핑은 소비자에게 '후생 증가'를 가져다줄 수 있다. 여기서 말하는 후생은 화폐적 혹은 사후적으로 측정이 어려워도 상관없고 심지어 샀던 물건의 가격이 나중에 올라도 큰 문제는 아닐 수 있다.

중요한 점은 오프라인은 물건을 사용함에 따른 즐거움만 주지만 온라인은 구매시점에도 '만족할 수 있는 기회'를 제공한다는 것으로, 최근 강조되고 있는 '사용자 경험' 측면에서 볼 때 온라인이 오프라인에 비해 우세를 보이는 이유가 될 수 있다.

2) 소매유통시장의 후생 혹은 잉여는 제로섬 게임

온라인의 등장이 소비자가 구매행위를 함에 있어 후생 혹은 잉여를 느껴볼 수 있는 여건 조성이라는 의미를 지닌다고 할 때, 온라인의 급격한 성장으로 초래된 '유통전쟁' 상황은 소비자가 후생을 큰 폭으로 증가시킬 수 있는 기회를 제공한다.

여기서 '소매유통시장에서 발생할 수 있는 후생의 원천은 무엇일까'라는 질문이 제기될 수 있다. 소비자, 판매자 그리고 중개인으로 소매유통시장의 참여자를 단순화해볼 때 현재 시장의 핵심 플레이어는 소비자도 판매자도 아닌 중개인, 즉 온라인 쇼핑 플랫폼 사업자라고 단언해도 무리가 없을 것이다. 쿠팡과 같이 직매입매출 비중이 높은 사업자라도 본질적으로 중개자이며, 중개자는 원론적으로 수수료 외에 다른 경제행위 주체를 위한 후생 창출에 관심을 두지 않는다.

그러나 현재 온라인 리테일 시장의 중개자는 시장참여자의 후생 혹은 잉여를 적극적으로 이전시키고 심지어 자신의 자원을 투입하여 시장에 후생을 공급하는 역할을 하고 있다. 쿠팡을 예로 들어보자. 쿠팡은 판매자 혹은 공급자에게 최저가를 유도하고, 손실을 감수하며 물류시스템을 구축하거나 배송 서비스 가격을 매우 낮게 책정하여 소비자의 후생을 증가시키고 있으며, 쿠팡 자신도 매입 및 매출채권 결제시기 조절 등을 통해 내부자금을 창출하고 있기 때문에 단순한 중개자가 아니라 시장의 주연을 맡고 있다고 보여진다.

따라서 현재 소비자가 누리는 후생의 원천은 대부분 판매자가 제공한 것이며, 일정부분은 쿠팡이 제공한 것이라는 답을 얻을 수 있는데,

특히 쿠팡이 시현한 누적적자는 거의 대부분 소비자의 후생 증가로 이어졌다고 보는 것에 무리가 없다. 이를 통해 두 가지 결론에 도달할 수 있는데 우선 소매유통시장의 후생은 일방적으로 이전되는 제로섬 게임이라는 것, 다른 하나는 쿠팡은 최근 수년간 소비자를 위한 충실한 대리인 역할을 수행했다는 것이다. 쿠팡이 이커머스 사업자이기 이전에 플랫폼 사업자라는 사실을 감안할 때 이는 매우 자연스러운 것이다.

유통전쟁 상황에서 판매자 잉여와 중개자의 자발적 공헌이 소비자로 이전되는 상황은 향후 상당기간 지속될 것으로 전망되나 중개자의 자발적 공헌은 점차 축소될 것으로 예상된다. 이는 중장기적으로 외형성장이 소득수준 증가율에 수렴할 가능성이 큰 상황에서 중개자인 온라인 리테일 플랫폼 기업이 시장지배력보다는 수익성에 중점을 둘 수밖에 없기 때문이다.

3) 소비자가 왕이다

상장 이후 쿠팡이 언제 영입이익을 시현할 수 있을 것인지 그리고 중단기적인 이익률 수준은 얼마일지에 대한 시장의 관심이 지속되고 있다.

그러나 소비자 입장에서는 기업의 이익 시현에 별 관심이 없다. 이익을 발생시키는 구조 혹은 이익의 원천이 중요한 것이다. 쿠팡이 최근 수년간 국내 온라인 소매유통시장에서 소비자 후생 증대를 가장 많이 가져다준 사업자이며, 제공한 소비자 후생의 일정부분이 쿠팡의 적자를 바탕으로 한 것이라고 전제할 때 쿠팡의 흑자는 바로 소비자 후생의 감소로 연결될 수 있다.

현재와 같은 경쟁강도가 유지된다는 전제하에 쿠팡의 이익 시현 혹은 적자 감소가 소비자의 후생 감소에 기인한 것이라면 혹은 그런 인식이 확산된다면 소비자의 충성도 저하로 이어져 쿠팡의 성장은 멈출 가능성이 높다. 이러한 상황은 완전한 시장지배력을 확보하지 않은 상태의 쿠팡에게 매우 부정적인 것으로, 쿠팡은 소비자의 후생 감소를 바탕으로 이익을 창출하지 않거나 적어도 그렇지 않다는 주장을 할 수 있어야 한다. 현재의 사업구조에서 이것이 가능한 일인가?

단기적으로는 소비자의 선택을 받는 것이 최우선 과제이지만 동전의 양면이라 할 수 있는 공급자 생태계도 계속 유지해야 하므로 더 이상 공급자 잉여를 가져오기도 어렵다. 이 어려운 과제를 해결할 수 있는 방법은 개념 수준이지만 두 가지로 요약된다. 첫째, 온라인 플랫폼의 이익은, 금전적으로는 소비자의 후생을 감소시킬지는 몰라도 비금전적인 부분의 후생을 증가시킴으로써 총 후생을 유지 혹은 증가시킬 수 있다면 정당화될 수 있다. 두 번째는 경쟁기업의 이익을 내 것으로 만듦으로써 가능하다.

첫 번째 솔루션의 가장 중요한 기반은 훌륭한 '사용자 경험' 제공이다. 이는 소비자와 공급자에게 공히 적용될 수 있는데 현실에서 이를 실행에 옮기고 있는 대표적 온라인 리테일 사업자가 바로 아마존이다. 소비자에게는 프라임 서비스를 통해 대접받고 있다는 인식을 강화시키고 공급자에게는 풀필먼트 서비스를 통해 사업의 파트너라는 점을 강조하고 있다. 아마존의 이 두 가지 핵심서비스는 사업이기도 하지만 보다 근원적으로는 생존전략이라고 인식하는 것이 옳다. 쿠팡은 이를 복제하고 한국 시장에 특화하려고 노력하는 중이다.

두 번째 솔루션이 다른 기업의 몰락에 의해서만 달성될 수 있다면 의미가 크지 않을 수 있으나 아마존은 이 또한 AWS를 통해 현실에서 구현하고 있다. AWS는 직접적으로 커머스 부문에서 다른 사업자와 경쟁하지 않고 다른 사업자의 이익을 가져오는 역할을 하고 있는데, 심지어 아마존과 직간접적 경쟁관계에 있는 다수의 온오프라인 커머스기업들이 AWS를 이용할 정도로 막강하다(일부 리테일 사업자는 AWS를 이용하는 것을 자사 사업안정성 측면의 강점으로 홍보할 정도로서, AWS는 커머스 시장에서의 경쟁구조와 관계없이 우수한 시장지배력을 확보하고 있다).

신용평가에서 흔히 수행하는 '사업부문별 수익성 분석'에서는 AWS가 '아마존의 수익성을 지탱하는 효자사업' 정도로 인식되지만 AWS는 아마존의 사업전략에서 그 이상의 의미를 지니는 아마존의 '비대칭 무기'이며, 마이크로소프트 등 일부 거대 IT 사업자 이외에 커머스 영역에서 이에 도전할 수 있는 사업자는 당분간 출현하기 어렵다. 쿠팡은? 현시점에서 판단할 때 거의 불가능하다고 판단된다.

여기서 소비자의 위상이 드러나게 되는데 이렇듯 자본도 풍부하고 치밀한 사업전략을 지닌 거대 온라인 리테일 사업자에게 충성을 강요할 수 있는 유일한 존재가 바로 소비자이다.

소비자에게 온라인과 오프라인의 구분은 아무런 의미가 없다. 내연기관차든 전기차든 싸고 좋은 차를 선택하기만 하면 되는 것과 마찬가지다. 전환비용이 적은 가운데 충성을 바치겠다고 다가오는 새로운 사업자가 늘 등장하는 온라인은 오프라인에 비해 소비자에게 오히려 좋은 먹잇감이다.

온오프라인을 석권하여 소비자의 일상생활을 완벽히 장악하는 사업자가 등장하기 전까지 소비자는 시장에서 왕의 지위를 유지할 것이며, 냉정하고 변덕스러운 선택을 통해 자신의 지위를 위협할 수 있는 지배적 사업자의 등장을 쉽게 허용하지 않을 것이다. 오늘날 소비자를 시장의 왕으로 만들어준 것이 유통전쟁을 촉발한 온라인이라는 점은 매우 역설적이다.

3. 리테일의 미래

1) 오프라인에 대한 걱정

'공룡'이란 단어는 비즈니스 세계에서 부정적인 의미로 사용되는 것이 일반적이다. 환경에 적응하지 못한 공룡은 멸망했다고 한다. 본 절의 소제에 거창하게 '미래'라는 단어를 사용했지만 가까운 미래에 적어도 물이나 휴지를 구입하기 위해 주기적으로 마트를 방문하는 일은 많이 줄어들 것이라고 상당히 자신 있게 예측할 수 있다.

온라인이 오프라인을 잠식한다고 하지만 최근 수년간 오프라인 자체의 비효율이 많이 노출된 것은 사실이다. 가장 기본적인 비효율은 수요에 비해 과도한 점포 수에서 발생하였다고 판단되며, 정밀한 분석을 실시한 것은 아니지만 오프라인 기반 대형 리테일 기업은 국내외를 막론하고 이른바 '규모의 비경제' 구간에 진입한 것이 아닌가 생각된다. 코로나19 이전부터 온라인의 침투가 성공적이었다는 것은 앞서 언급한 온라인이 가지는 기본적인 이점과 함께 오프라인 기업의 매장 수가 적정 수보다 많았다는 반증이 될 수 있다.

규모의 비경제는 매장 수 측면뿐만 아니라 유통기업의 사업영역 간에도 발생할 수 있다. 주요 오프라인 기반 기업들은 경쟁기업과의 점유율 경쟁, 카테고리 킬러의 침투 대응 등을 위해 SSM, 창고형 매장, 편의점 등 리테일의 전 영역에 진출하면서 동일 혹은 유사한 상품을 판매하는 점포의 수를 크게 증가시켜왔다. 동일 권역 내에 본질적인 차별성을 확보하지 못한 다수의 매장이 들어서면서 소비자의 추가 지출을 유도하지 못하는 가운데 매장투자비용의 증가 등으로 평균비용이 상승하면서 수익성이 하락하고 외형확장이라는 최소한의 성과도 거두지 못하는 상황에 직면하고 있는 것으로 판단된다.

세계적인 저성장기가 지속되면서 오프라인 유통기업과 점포 수가 시장수요를 초과하게 되었으며, 소비패턴의 양극화(일반상품에 대해서는 심한 가격경쟁이 요구되고 고급품 가격에 대해서는 관대화)로 인해 중간 품질 중간 가격의 상품을 주로 취급하는 오프라인 매장에 대한 수요가 감소한 것이 산업분석 관점에서 제시하는 최근 오프라인 리테일 기업의 위축요인이다.

그러나 사회적 관점에서 본 오프라인의 가장 근본적인 문제는 온라인과 비교할 때 오프라인 또한 상품 및 서비스에서 비교우위를 가지는 부분이 분명히 그리고 상당히 존재함에도 불구하고 이를 소비자가 인식하지 못한다는 점이다. 즉 오프라인이 온라인에 비해 장점인 부분은 당연한 것으로 여기고 온라인의 장점은 크게 인식한다는 것으로, 심지어 온라인이 차별적인 유료 서비스(아마존의 프라임 서비스가 대표적)를 도입하더라도 이를 추가적인 서비스를 이용하기 위한 당연한 대가로서 큰 거부감 없이 받아들이는 상황은 주차비용을 포함하여 많은 매장 내 서비스를 무료로 제공하고 있는 오프라인 기업 입장에서 보면 매우 억울한 상황일 것이다.

2) 시장참여자 경험이 핵심 경쟁요소

'할인점'이라고 불리는 마트가 우리의 소비생활에서 주도적인 위치를 확보하게 된 데에는 여러 가지 요인이 있을 것이다. 저렴한 가격, 깨끗하고 편리한 시설, 대기업이 제공하는 브랜드의 신뢰도 등등. 여기에 한 가지 '쇼핑 카트에 아이를 앉히고 가족과 시간을 공유하며 느끼는 만족감'을 추가하고 싶다. 쇼핑에는 좀처럼 동참하지 않던 아버지, 남편, 아이들 모두 큰 거부감 없이 마트에 가게 되었고, 나중에는 자발적으로 쇼핑을 즐기는 단계로까지 발전하였다.

마트 입장에서 쇼핑을 위해 한 사람이 오지 않고 여러 사람이 오면 얻을 수 있는 이득은 어느 정도일까? 매우 크다. 식사거리 이외에 실제로 물건을 보면서 구매욕구가 발생한 가족 구성원들은 다양한 상품을 구매하게 된다. 충동구매해도 큰 상관이 없다. 마트에 자주 오니까 환불이나 교환을 하면 된다. 대기업이 운영하는 마트에서 뭐 환불 교환 안 해주겠어 하고 안심하고 구매한다. 이렇듯 오프라인 리테일 기업의 선순환을 가져온 핵심요인은 '소비자 경험'으로서, 가격경쟁을 통해서는 달성할 수 없는 거대한 경영성과로 연결되는 핵심 경쟁요소이다.

최근 오프라인은 제반 환경적 요인과 코로나19라는 특이한 상황요인이 겹치면서 소비자 경험이라는 핵심 경쟁요소 측면에서 경쟁력이 약화되고 있는 것으로 보인다. 마트 쇼핑 경험자가 점점 재래시장에 가지 않게 된 것처럼 온라인 쇼핑 경험자는 총소비에서 온라인 구매 비중을 늘리고 있다. 일부 소비자에게 마트는 급할 때 이용하거나 온라인이 커버하지 못하는 부분을 채워주는 '보완재'로 인식되고 있는 것으로 보이는데, 막대한 고정비를 부담하며 매장을 운영하는 오프라인 중심의 리테일 기업에게는 매우 서운할 일이며, 어떻게든 이러한 상황에서 벗어나야 한다.

온라인 입장에서는 가치 있는 소비자 경험과 함께 판매자 경험 제공 또한 매우 중요하다. 온오프라인 리테일의 경계가 사라지고 있는 상황에서 모든 리테일 사업자에 있어 가치 있는 '시장참여자 경험'을 제공하는 것은 향후 경쟁우위 확보 여부의 관건이 될 것이다. 그렇다면 어떻게 이를 달성할 수 있을 것인가? 오프라인 사업의 경우 단기적으로는 매장 축소가 가장 기본적인 전략이 될 수 있다. 우리나라와 같이 매장 방문의 용이성이 높은 환경에서 더욱 유용할 수 있는 전략으로, 양호한 품질의 상품과 바로 먹을 수 있는 즉석식품으로 가득 찬 매장에 방문하는 것이 귀해져야 한다는 생각, 너무 흔하면 좋아도 가치를 인정받을 수 없다는 단순한 생각에 기반한다. 그러나 기존 오프라인 기반 리테일 기업에게 있어 성장의 결과물인 매장을 축소하는 것에는 큰 고통이 따를 수밖에.

한편 온라인의 경우 배송경쟁력 등에 기반한 소비자 경험 제공과 함께 풀필먼트 서비스 등에 기반한 판매자 경험 측면에서의 우위 확보가 중요한 과제이다. 앞에서 언급한 바와 같이 온라인 리테일 사업자의 무기인 '소비자 후생'의 원천은 판매자가 제공한다는 전제에 동의한다면 온라인 사업자가 공급자에게 '저가 공급'을 요구하더라도 이를 보상할 수 있는 '판매자 경험'을 함께 제공하는 것은 장기적인 경쟁력 유지의 필요조건이 될 것이다.

당장은 극심한 가격경쟁이 벌어지고 있지만 점차 가격 이외의 요소로 승부하는 시대가 도래할 것이다. 온오프라인 공히 모든 판매자와 공급자 그리고 중개자가 '가격경쟁'은 비극을 초래할 것이라는 것을 잘 알고 있으며, 현실적으로는 가격경쟁을 포함한 중단기적인 경쟁에서 탈락하는 기업이 발생할 것이기 때문이다. 결국 가격이 비싸더라도 선택할 수 있게 만드는 것이 경쟁력의 핵심이다. 모든 혁신의 궁극적 목표는 선택받기 위해서이고 이는 낮은 가격과 신속함 그리고 그 이상의 것을 제공함으로써 가능하다. 전략적인 측면에서도 낮은 가격만을 찾는 소비자는 리테일 기업에게 핵심 고객이 아닐 확률이 높아 거기에 집중할 필요가 없으며, '성장 이후의 위대함'을 추구하는 기업이라면 앞서 소비자 잉여부분에서 이야기한 바와 같이 가격경쟁력 확보에 필요 이상의 자원을 투입하는 것은 바람직하지 않은 결과를 초래할 가능성이 높다.

3) 온라인과 오프라인은 만난다

비즈니스 세계 혹은 사회적 관계를 막론하고 서로 가지지 못한 것을 가지고 싶어 하는 것은 자연스러운 이치이다. 리테일 시장에서 오프라인이 온라인 확대를 추진하고 있는 것과 같이 온라인도 오프라인으로의 확장을 원한다. 현실에서 온라인의 오프라인 진출 사례를 찾기 어려운 이유는 대부분의 온라인 기업의 투자에서 후순위이기 때문이며, 보다 근본적으로는 진출할 능력이 부족해서다.

온라인이 오프라인에 거점을 확보했을 때 가져올 수 있는 효익과 관련한 예로 제시되는 것이 '의류 피팅'에 대한 것이다. 마진율이 일반 공산품에 비해 매우 높은 의류(신발류 포함)의 경우 현재 온라인이 시장 확대를 원하는 상품 순위 최상단에 위치한다. 그러나 의류의 경우 온라인 사업자 입장에서 두 가지 장벽을 극복해야 하는데 첫 번째는 구매 자체의 유도이며 두 번째는 반품 문제이다. 일단 신체 크기 문제로 인해 구매율 자체가 낮으며, 구매했더라도 반품률이 높아 배송비용이 급격히 늘어나게 되므로 매출이 늘어나도 문제다. 이 문제를 해결할 수 있는 방법이 오프라인 거점에서 3D 스캐너 등을 사용하여 소비자 신체 크기를 정밀측정하고 동 데이터를 판매자 혹은 공급자와 공유하는 것인데, 이를 통해 반품률을 획기적으로 낮출 수 있다는 것이다.

개념상으로는 깔끔하지만 오프라인 거점 확보와 제반 시스템 구현을 위해 막대한 투자가 필요한 것 외에 가장 어려운 점은 따로 존재한다. 바로 '온라인 피팅'을 원하는 고객 확보 문제로서, 온라인 쇼핑을 위해 자신의 신체 크기를 온 세상에 공유해도 무방한 소비자를 얼마나 확보할 수 있느냐가 온라인 의류 시장 확대의 관건이다. 이는 아마존을 비롯한 온라인 리테일의 유료회원 확보는 멤버십 수수료 수익과 배송할인비용 등 상응하는 비용비교만으로 그 효율성을 평가하기 어려운 이유가 된다. 온라인에 있어 소비자 유료회원 확보가 중요하듯이 풀필먼트는 판매자에게 있어 유료회원에 가입하는 것과 같다.

앞서 온라인 사업자가 오프라인 거점 확보를 원하지만 현재는 능력 부족 상황이라고 언급한 바 있는데 오프라인 매장은 물리적으로 플랫폼 자체가 될 수 있다는 사실은 리테일의 온오프라인 융합시대에 많은 의미를 지닌다. 이 소중한 플랫폼을 이미 가지고 있는 오프라인 기반 사업자의 혁신 여부에 따라 오프라인 매장은 고정비만 발생하는 골칫거리가 될 수도, 온라인 사업자가 가지고 싶지만 막대한 자본을 쏟아부어도 쉽게 확보할 수 없는 소중한 자산이 될 수도 있다.

온라인 확산에 최적화된 우리나라의 환경은 반대로 대규모의 자본을 투입할 경우 오프라인 사업자가 온라인으로 전환하는 것 역시 단기간 내에 가능하게 한다. 그러나 양적인 전환에 그칠 경우 현재와 같은 온라인 시장의 경쟁강도와 대형 온라인 사업자의 자본력을 감안할 때 온오프라인 양쪽 모두의 경쟁력 유지가 어려울 수 있어 거래액 점유율 등 단기적인 성과목표에 치중한 온라인화는 위험한 전략일 수 있다.

온오프라인 융합과 관련한 현재까지의 생각을 종합하면 현 상태에서 상상할 수 있는 리테일의 미래는 '판매'를 넘어 '인프라'가 되는 것이다. 온라인 기업은 온라인에서 제공할 수 없는 인프라를 제공하기 위해 오프라인 기반을 갖추어야 하며, 오프라인 기반 기업은 소비자의 선택을 받기 위해 온라인화에 나서야 한다. 소비자 판매자 중개자 중 누가 배송할 것인지는 향후 구매의사결정의 핵심 요소가 아닐 수 있으며, 구매채널보다는 리테일 브랜드에서 제공받는 서비스 전체의 가치가 선택의 기준이 될 것이다.

온라인과 오프라인의 구분은 수년 내 무의미해질 것이며 오직 리테일 '기업' 혹은 서비스의 연합인 '브랜드'만 남을 것이다. 서로의 사업영역으로 성공적으로 진입하지 못하는 리테일 기업은 장기적으로 생존하기 어려울 수 있다. 중단기적으로는 '판매' 수준에 계속 머무르는 기업, 판매와 함께 다양한 서비스를 제공하는 기업 그리고 생활의 인프라라고 할 수 있는 정도의 사업영역을 추구하는 기업으로 분화될 것이고, 이러한 각 수준의 리테일 기업에는 서비스 제공에 최적화된 판매/서비스 포인트가 존재할 뿐 그 포인트가 온라인이든 오프라인이든 채널의 형태는 중요하지 않게 될 것이다.

4. 소비자의 선택은?

한국에서 벌어지고 있는 소매유통전쟁의 승자는 누가 될 것인가? 지금까지의 생각을 종합해볼 때 시장지배력과 수익성이라는 두 가지 기준을 모두 충족하는 승리자의 출현은 향후 3~4년 내에는 어려울 것으로 예상된다.

전쟁이라 표현해도 무리가 없는 양적, 질적 경쟁심화 양상이 지속되면서 자기자본과 타인자본을 막론하고 막대한 자본투자 및 비용증가로 인해 영업이익률의 하향평준화가 예상된다. 당연한 이야기지만 단기적으로는 혁신을 실현한 소수의 사업자만이 시장지배력을 확대할 수 있을 것이며, 이러한 혁신을 지속할 수 있는 사업자가 있다면 중장기적 관점에서 업계 평균을 상회하는 영업이익률을 시현할 수 있을 것이다.

소비자는 이 과정에서 후생의 증가를 극대화하기 위한 선택을 지속할 것이다. 온오프라인 간 혹은 리테일 기업 간의 유통전쟁에서 소비자는 변덕스러우면서도 냉정한 심판관이며 중재자인 동시에 진정한 승리자가 될 것이다. 온라인과 오프라인의 경계가 사라지는 과정에서 오랜 기간 동안 매달려있던 지역 마트 간판이 '쿠팡 체험센터'로 바뀌고, 기존 오프라인 기반 유통기업의 매출에서 온라인 매출이 대부분을 차지하는 상황을 바라볼지도 모를 일이다.

시장지배적 국적항공사*

최우석

　항공운송산업은 코로나19로 가장 극심한 영업타격을 받은 산업이다. 코로나19 확산을 우려한 각국 정부는 외국인의 출입을 제한했으며, 이에 대부분의 국제노선은 운항을 멈췄다. 극심한 실적부진의 장기화로 항공운송산업의 존립이 위협받았으며, 각국 정부는 상황에 따라 국적항공사(flag carrier)를 국영화하거나, 지원하거나, 파산절차를 진행했다.

　한국에서는 항공산업에 대한 정부차원의 대규모 금융지원 및 출자가 진행되었으며, 그에 따른 대한항공의 아시아나항공 인수로 시장지배적 국적항공사가 나타날 전망이다. 시장지배적 국적항공사가 코로나19 이후 단기적으로는 실적회복이 가능할 것으로 보지만, 중장기적으로 안정적 실적과 건실한 재무구조를 보일 수 있을지에 대한 의구심은 여전히 크다.

　항공운송산업은 특이한 산업이다. 평시에는 민영기업 위주로 상업적으로 운영되고 있었는데, 산업에 위기가 오니 국가가 나서고 있다. 한국만 그런 것은 아니다. 거의 모든 주요국 국가들이 항공운송산업 지

---

* 이 글은 2021년 3월 31일 작성된 것이다.

원을 위한 예산을 확보하고 금융지원, 고용지원 등 다양한 정책을 동원하고 있다.

왜 유독 항공산업에 대해서만 전격적인 정부의 지원이 이루어지고 있는 것일까? 항공산업과 마찬가지로 코로나19로 타격이 극심한 호텔, 영화관, 크루즈선 산업 등에 대해서는 이 정도의 지원은 이루어지지 않고 있다.

항공운송산업에 대한 정부의 전격적 지원이 이루어지면서 주주, 채권자간의 이해가 상충되는 경우가 발생하고 있다. 특히, 백신보급이 지연되고 있는 가운데 정부차원의 지원과 구조조정은 어떻게 진행될지, 그리고 그에 따른 향후 항공운송기업 사업, 재무실적과 투자자의 권리는 어떻게 될지 그 향방에 대한 가늠이 쉽지 않은 상황이다.

향방을 가늠함에 있어 참고하기 위해 항공운송산업에 있어 과거에 해외 주요 국적항공사에 어떠한 투자자손실 사례가 있었는지, 그리고 어떠한 산업특성이 그에 영향을 미칠 수 있는지를 간략히 살펴보면 다음과 같다.

1. 파산신청 사례

1) 이탈리아 Alitalia 2008년, 2017년 파산신청: 경쟁력 부족에 따른 손실지속과 미온적 구조조정

알리탈리아(Alitalia)는 1946년 설립 이후 국영기업으로 운영되어 왔으나 2000년대 들어 만성적 적자를 보여왔다. 이에 2000년대 중반에 경영개선 노력을 했으나 미온적이었으며, 이후 민영화 시도의 무산으로 2008년에 파산신청에 이르게 된다. 만성적 적자의 원인은 국영기업으로 운영됨에 따른 여러 비효율과 EU 역내의 경쟁강도 심화, 그리고 노조의 구조조정 반대 등에 따른 원가비효율의 지속 등이 꼽히고 있다. 2008년 이탈리아 정부의 파산신청 목적은 채무조정 등을 통해 알리탈리아의 매각을 용이하게 하기 위했던 것으로, 파산신청에도 영업은 지속되었으며 이를 계기로 정부는 매각을 본격화했다.

당시 이탈리아 정부는 매각하여 민영화하되 자국 기업에 매각하여 국적항공사로서의 위상은 유지해야 한다는 입장이었다. 그 결과 이탈리아 투자자연합 및 노조와의 협상을 통해 2008년 말에 이탈리아 투자자연합에 매각을 완료하였다. 이 과정에서 채권자와 주주의 손실은 불가피했다. 한편, 2009년에는 자본유치와 경쟁력확보 등을 목적으로 Air France-KLM의 알리탈리아의 지분 25% 인수가 진행되었다.

투자자연합에 매각된 알리탈리아는 이후에도 지속적인 손실을 보였으며, 결국 2014년에는 지분의 49%를 아부다비를 근거지로 하고 있는 에티하드항공(Etihad Airways)에 매각한다. 또한, 2015년에는 Air France-KLM과의 제휴를 종료한다. 에티하드항공으로의 지분매각 이후에도 지속적인 실적부진으로 인력감축 등을 도모했으나, 노조의 반발로 경영개선이 어려워지자 2017년에 또다시 정부의 승인하에 파산신청을 진행한다.

이번에도 이탈리아 정부는 알리탈리아를 국영화하지 않겠다는 방침을 정했으며, 해외 항공사 등에 매각을 추진했다. Delta Air Lines, EasyJet, China Eastern Airlines 등이 관심을 표명했으나, 성사되지는 않았다. 그러던 중 2020년 3월에 이탈리아 및 해외기업과의 협상 실패와 코로나19에 따른 독자생존 불가 판단에 따라 이탈리아 정부는 불가피하게 알리탈리아를 인수하기로 결정했다.

2020년 10월 이후 이탈리아 정부는 별도법인 설립과 이를 통한 알리탈리아의 자산 인수 등을 통한 구조조정을 추진 중이다. 그러나, EU는 공정경쟁을 위해 법인 간의 사적계약이 아닌 공개된 투명한 절차로 자산매입 등의 구조조정이 이루어져야 한다는 입장을 밝히고 있어 파산절차의 진행과 핵심자산의 매입을 통한 국영항공사로서의 원활한 재생에 어려움을 겪고 있다.

이탈리아항공은 항공자유화가 진행된 EU권역 내에서 사업경쟁력을 확보하지 못한 상태에서 안이한 경영과 노조의 반발로 원가경쟁력을 못 갖춘 채 사업을 지속하다 2008년, 그리고 2017년 파산절차를 진행한 사례이다. 국영기업으로 운영되다 민영화된 국적항공사로서 정부 차원의 금융 및 사업적 지원이 있었음에도 불구하고 채권자 및 주주의 손실이 반복되었던 대표적 사례라 볼 수 있다.

2) 일본 Japan Airlines 2010년 파산신청: 형식적인 민영화와 방만한 경영, 그리고 안전문제

일본항공(Japan Airlines)은 1953년 국영항공사가 된 이후 노선확장 등을 통해 성장했으며, 1972년에는 제도적으로 공식 국적항공사가 되었다. 이후 일본에서는 1970년대 말 항공규제 완화가 논의되기 시작했으며 1987년에 상장하며 민영화되었다. 2002년 당시 세계 3위의 항공사였던 일본항공은 적자가 지속되던 일본에어시스템(JAS)을 인수하고, 이후 통합과정을 진행하여 2006년 흡수합병했다. JAS의 인수로 노선 재정비 및 관리 효율화를 통해 경쟁력을 개선할 계획이었다.

그러나, 인수 이후 통합과정에서의 혼선과, 사고발생 등으로 고객이 이탈하는 등 부진한 영업실적이 지속되었다. 이 과정의 채무부담 급증으로 2009년 정부차원의 경영개선이 추진되기도 했으나 결국 2010년 부도에 이르게 된다. 상장폐지가 진행되었으며, 채권자와 주주의 대규모 손실이 현실화되었다. 이후 일본 정부 주도의 회생기구를 통해 구조조정을 진행하였다.

2010년 파산신청 이후 급여삭감 및 대규모 인력 구조조정, 노후기종의 퇴역을 통한 원가경쟁력 제고, 화물기 사업의 축소 등 구조조정을 거쳤으며, 공공펀드의 자금투하 등을 통한 재상장으로 2012년 회생절차를 종료한다. 타 민영항공사(ANA: All Nippon Airways)가 있던 상황에서 당시 정부 주도의 대규모 지원이 적절했는지에 대한 논란은 여전히 남아있다.

일본항공은 2012년 회생절차 종료 이후 사업 구조조정과 재무여력 강화 등을 통해 양호한 실적을 보여왔으며, 일본 내 1위 항공사로 성장한 ANA와 경쟁하며 효율성을 유지해왔다. 다만, 일본항공도 2020년 이후 코로나19에 따른 실적부진으로 대규모 여신한도 확보와 함께 신주발행 등을 추진하는 등 다시 한번 재무적 위기를 겪고 있다.

일본항공이 2010년 파산에까지 이른 이유는 다양하게 회자된다. 1987년 민영화가 이루어졌지만 형식적이었을 뿐 실질적으로는 국영기업처럼 운용되면서 비효율이 누증되었다는 의견이 가장 지배적이다. 물론 JAS 인수 후 통합과정상의 혼선과 통합의 실패, 안전운행 관련 체계적 관리의 부재 또는 관리체계의 진부화 등도 일조했다는 의견이다. 형식상 민영기업이었으나 국영기업과 유사한 관리형태를 보였던 항공사 부도의 대표적 사례이다.

3) 미국 Pan American Airways 1991년 파산신청: 투자, 인수 등 전략실패, 국내선 경쟁 심화

팬암항공(Pan American Airways)은 민영항공사였으나, 1927년 설립 이후 1991년까지 미국 항공사 중 가장 많은 국제노선을 운항하는 비공식적인 미국의 국적항공사였다. 팬암항공은 제트항공기, 점보제트, 전자예약, 유니폼 등 현재 항공산업의 주류를 만들어온 항공사였다. 1970년대에 대규모 항공기 투자 직후 오일쇼크에 따른 수요감소로 과잉설비능력 등에 따른 손실이 누적되자 대규모 구조조정을 실시하여 1970년대 말에는 다시 흑자로 전환되는 모습을 보였다.

그 이후 미국 내 노선을 강화하기 위해 National Airlines 인수를 추진하였으나, 인수 후 통합과정의 비효율 등으로 재무상황이 다시 악화되었다. 이에 1980년대 이후 비핵심자산 매각 및 기종 구조조정, 사업부문 매각 등을 진행하였다. 그럼에도 재무적 불안정성이 지속되어 1987년에는 회사에 대한 인수시도가 나타나는 등 경영권 이슈가 발생되기도 했으며, 1988년에는 PanAm flight 103 폭파사건으로 신인도가 크게 훼손되기도 했다. 또한, 1989년에는 국내선 확대를 통한 경쟁력 회복을 위해 Northwest Airlines의 인수가 추진되기도 했으나, 실패했다.

이후 1990년 걸프전 발발에 따라 유가급등과 국제선 수요급감이 동반되면서 이미 재무적으로 약화되어있던 팬암항공은 핵심노선 및 자산을 타 항공사에 매각한다. 회복을 위한 제반 노력에도 핵심자산의 매각으로 영업기반이 약화되어있는 등 회복이 불가해 결국 1991년 파산신청에 이르게 된다. 이때 팬암항공의 핵심 영업자산은 델타항공(Delta Airlines)이 매입하게 된다.

팬암항공의 파산원인으로 투자규모 및 시기 등에 대한 경영진의 판단실패, Hub&Spoke(간선운항을 중심으로 연결한 후 지선운항으로 이어지게 하는 운항방식) 방식의 운항으로 Point-to-Point(수요가 충분한 노선을 왕복 운항하는 방식) 방식의 신설항공사에 대한 경쟁력 상실, 국제노선 항공사에 대한 정부의 무관심과 부적절한 규제 등 다양한 사유가 거론된다. 실질적으로 민영항공사로 운영되었지만 국적항공사의 지위를 가지던 항공사의 부도사례라 할 수 있다.

4) 태국 Thai Airways 2020년 파산신청: 외국인 수요비중이 큰 가운데 코로나19로 실적 악화

태국항공(Thai Airways)은 1960년에 설립되었으며, 1988년에는 국내선을 운영하던 법인과 합병하여 단일 국적항공사가 되었다. 이후 1991년에는 현지 태국증시에 상장하여 상장기업이 되었다. 상장 이후 1997년 민영화를 계획하기도 했으나 2020년 파산신청 전까지 정부가 지분의 과반 이상을 보유한 국영기업으로서의 지위는 계속 유지되었다.

다양한 기종 도입에 따른 과도한 유지비용 등으로 1990년대에 재무적 부담이 증가한 바 있었다. 그러나 태국항공은 2000년대 후반 금융위기에 따른 수요위축과 고유가, 국내 경쟁 등에 따라 2008년에 최초의 손실을 보이기 전까지 40년간 이익을 보인 우량한 항공사였다. 2008년 손실 이후 구조조정 추진으로 수년간 회복된 실적을 보였으나, 미온적인 구조조정에 그쳤으며 2014년 군부집권 후의 방만한 경영으로 2010년대에 다시 다년간 손실을 보이며 재무적 부담이 점증하는 모습을 보였다.

2018년에는 정부차원에서 관광청, 공항공사 및 금융기관과 함께 기종의 개체, 공항설비 확충, 지역관광 활성화 등을 통한 항공산업 경쟁력 회복계획을 수립한다. 그러나, 정치권의 간섭, 부정부패 및 권한남용 등에 따른 문제가 지속되며 경영개선 성과가 부진한 가운데 2020년에 코로나19 확산에 따라 극심한 실적부진과 유동성 문제가 나타났다.

2020년 초 코로나19로 유동성위기가 나타났을 때 초기에 태국 정부는 차입금보증 등을 통한 지원과 국영기업으로의 존속을 계획했다. 그러나 2020년 5월 구제금융 계획은 철회되었으며, 정부는 파산신청을 결정했고 9월에 태국파산법원은 기업회생절차를 승인했다. 파산신청 과정의 정부 지분 축소로 태국항공은 정부가 과반 이상의 지분을 보유하는 국영항공사로서의 지위를 잃게 된다.

국영항공사로서의 지위상실은 과거 국영기업으로 임직원의 권리가 보호됨에 따라 구조조정이 어려웠던 점을 해소하는 측면이 있었으며, 이에 최근 임직원 50%의 축소 등을 포함한 대규모 구조조정이 추진되고 있다. 태국항공의 파산신청은 정부가 과반 이상의 지분을 보유한 국영 국적항공사의 경우에도 채권자 및 주주의 손실이 발생했던 사례라 볼 수 있다.

2. 경쟁력 유지 사례

1) 영국 British Airways

영국항공(British Airways)은 1974년 영국 정부가 4개 항공사를 합병하여 관리하기 시작하며 설립되었다. 이후 국영으로 운영되고 있었으나 대처(Thatcher) 수상 보수당정부의 국영기업 민영화 정책에 따라 런던증시 상장을 통해 1987년 민영화가 이루어졌다. 1987년 상장 이후 지속적인 인수합병 및 지분제휴 등을 통해 사업을 확장했다. 또한, 2011년 스페인의 Iberia 항공과 합병하여 International Airlines Company(IAG) 지주사를 설립하며 세계 3위의 항공기업 그룹으로 성장했다. 영국항공은 국영항공사가 민영으로 전환된 이후에도 지리적 이점에 따른 대서양 노선에서의 우위 유지와 인수합병 등을 통해 역내 경쟁력을 유지하며 양호한 실적을 꾸준히 시현해왔다. 다만, 저가항공사인 EasyJet의 성장으로 2008년 이후 영국에서는 운송실적 기준 2위 항공사가 된다. 영국항공도 2020년에 코로나19로 인한 극심한 실적부진으로 직원감축, 비효율기종 퇴역 등의 구조조정을 진행하게 된다.

2) 프랑스 Air France

에어프랑스(Air France)는 1933년 설립되었으며, 1945년에 정부로부터 프랑스 전체의 항공망 운영을 맡게 되며 국영화된다. 이후 민영항공사의 진입과 규제완화 등에 따른 경쟁에도 보유 국제노선 운항권을 기반으로 사업경쟁력을 지속 유지한다. 1990년에는 다시 프랑스 내 2개의 항공사와 합병하는데 이는 EU의 항공운송 자유화에 대응하기 위한 조치였고 규모의 경제 확보를 통해 국제적 경쟁력을 유지했다. 이후 1999년에는 파리증권시장에 상장하여 부분적 민영화를 진행한다. 한편, 2004년에는 유럽 역내에서의 경쟁력 강화를 위해 네덜란드 기반의 KLM Royal Dutch Airlines와 합병하는데 이로 인해 프랑스 정부의 지분은 과반 이하로 감소한다. 한편, 에어프랑스는 2012년 이후 부진한 영업실적 탈피를 위해 인력감축 등을 추진했으나, 원활히 진행되지 않았으며 2015년에는 조종사 파업 등에 따라 재무적 위기를 겪기도 했다. 프랑스항공도 2020년 코로나19 영향으로 인력 감축 등 비용절감 노력을 진행하고 있는 가운데 프랑스와 네덜란드 정부로부터 대규모 금융지원을 받았으며, 자본 형태의 자금유치도 검토하고 있다.

3) 독일 Lufthansa

루프트한자(Lufthansa)는 1953년 설립된 이후 1966년에 상장되었지만 1994년까지 국영항공사로 운영되었다. 루프트한자 그룹은 2005년에는 Swiss International Air Lines를, 2009년에는 Brussels Airlines과 Austrian Airlines를 인수했다. 2010년 및 2011년에 수요부진 등으로 손실을 보였으나 이에 인력감축, 저가항공사 설립 등을 포함한 구조조정을 진행한다. 이후 조종사 노조와의 분쟁 등으로 2014년에는 전국적인 파업이 이루어지기도 했다. 설립 이후, 그리고 민영화 이후에도 루프트한자는 전반적으로 효율적인 경영과 지역항공사 인수를 통해 경쟁력을 유지해왔으며, 안정적인 실적을 보여왔다. 한편, 2020년 코로나19에 따른 위기 시 초기에 파산신청도 고려되었으나, 결국은 주주들의 동의하에 독일 정부의 지원이 이루어졌다. 이를 통해 독일 정부는 지분 20%를 시가에 비해 낮은 가격에 취득했으며, 이사회에도 참여하게 된다. 독일 정부는 정상화 이후 지분을 매각할 것임을 밝히고 있다.

3. 항공산업 특성

1) 제도적, 지리적 환경이 사업위험 수준을 크게 규정

국제선은 각국 간의 항공협정에 따라 강한 규제를 보이며 진입장벽이 형성되어있는 경우가 많다. 또한 국제선은 운항하는 주요 허브(hub)항공의 경우 이착륙권 및 터미널사용권 등 확보 여부도 진입장벽으로 작용하기도 한다. 이에 따라 상대적으로 국제선 비중이 높은 국가의 주요 항공사는 사업안정성이 상당 수준 보완되어 나타나고 있다. 국제선 비중이 높은 영국, 싱가포르, 홍콩, 호주, 태국 등의 주요 항공사는 타 지역 항공사에 비해 상대적으로 안정적인 실적을 보여왔다.

유럽의 경우 다소간의 특이성이 존재한다. EU 역내항로의 경우 2008년 체결된 미국, 유럽 간 항공자유화협약(Open Skies Pact)에 따라 국내선과 유사한 수준의 경쟁환경을 보이고 있어 지리적으로 이격된 국가와 달리 역내에서는 상대적으로 높은 수준의 경쟁강도를 보이고 있다. 특히, EU의 공정경쟁 규제로 인해 각국 정부가 국적항공사에 대한 지원 등을 통해 각국의 항공산업을 육성 또는 지원하는 데 상당한 제약이 나타나고 있다.

한편, 인허가 등 규제가 약하고 항공기금융이 발달한 미국 국내선의 경쟁강도는 매우 높은 수준이다. 이는 수요가 있을 경우 항공기 임차 등을 통해 쉽게 시장에 신규 진입할 수 있기 때문이다. 이에 따라 미국 항공사는 특히 국내선에 있어 전후방 교섭력이 약하며, 그 결과로 미국 국내선 사업은 유가급등, 경기부진, 테러 등 이벤트 발생 시 수익성이 쉽게 저하된다. 이와 같이 완전경쟁에 가까운 국내선의 비중이 높은 미국 항공사들은 많은 부도사례를 보이고 있다. 1991년

Pan American World Airways, 2002년 US Airways 및 United Airlines, 2004년 US Airways, 2005년 Northwest Airlines 및 Delta Airlines, 2011년 American Airlines의 파산신청은 그 주요 사례일 뿐인데 주요 기간항공사들은 대부분 파산신청 경험을 가지고 있을 정도이다.

미국 시장에서는 국적항공사의 개념이 약하고, 경쟁에 따른 경제논리가 우선한다. 시장이 충분히 크기 때문에 정부도 산업보호를 위한 규제보다는 소비자후생을 위한 자유화와 경쟁을 선호한다. 2020년 코로나19에 따라 미국에서도 항공산업에 대한 대규모 지원이 이루어졌지만, 이는 항공산업 인프라의 유지 필요성보다는 고용유지 및 경기회복 기반을 유지하는 데 더 중점을 둔 것으로 보인다. 한편, 미국 외의 국가에서는 국내선 비중이 지배적인 경우가 드물며 각국의 국내선에 대한 정책에 따라 그 경쟁환경이 좌우되고 있다.

결국 크게 보면 국내선, 국제선의 비중 차이와 그에 따른 제도적 환경 차이에 따라 지역별 항공사의 부도가능성이 차별화되고 있다. 다만, 최근에는 국제선에서도 국가 간 항공협약에서 항공자유화가 확대되어 나타나고 있으며, 국제선에서도 저가항공사가 기반을 넓히고 있어 경쟁강도는 나날이 높아지고 있다. 또한, 중동지역 산유국 중 일부는 항공운송산업을 자국의 주요 산업으로 키우기 위해 보조금 등을 통해 규모를 확대하고 있으며, 중국의 주요 항공사들도 정부의 보조금 등 지원을 받으며 규모의 경제를 달성하기 위해 사업을 확대하고 있어 인근 국가 항공사의 경쟁력을 크게 위협하고 있다. 이에 최근에는 국제선 비중이 높은 항공사도 과거 대비 악화된 경쟁환경에서 사업을 영위하고 있으며, 그에 따라 과거 대비 불안정한 실적을 보여왔다.

2) 항공인프라 유지 필요성 차이가 위기 시 정부 역할에 영향

항공운송산업은 국가 간 여객운송의 대부분을 차지하는데, 여객의 운송은 자국민의 보편적 이동자유 보장이라는 측면에서 공공재적인 측면이 있다. 한 국가가 항공운송인프라를 육성, 유지하는 것은 물론 상용여객, 관광여객 및 화물운송 등 상업적 측면의 국가경쟁력에서도 중요하지만 이를 떠나 국민의 국가 간 이동의 자유 및 편의성 보장이라는 측면도 크게 작용한다. 국가차원에서 항공운송인프라에 대한 대응을 적절히 하지 못할 경우 상업적 경쟁력 약화와 더불어 불편에 따른 결과적 비용증가, 그리고 이동자유 제약이 수반될 수 있다. 이와 같이 필수공공재 성격이 있는 점은 정부의 항공산업에 대한 정책이 다른 산업과 크게 차별화되고 있는 주요 이유이다.

국가별로 항공산업 인프라의 육성 또는 유지 필요성은 국가의 규모, 지리적 위치, 경제수준 및 항공운송 수요구성 등에 따라 차별화된다. 경제규모가 크고 경제력수준이 높을수록 상용여객의 비중이 높아지는 측면이 있다. 상용여객 및 화물운송의 비중이 높으면 국가경제에 있어 항공운송의 중요성이 크며 결국 국가경제의 경쟁력 유지를 위한 지원 동기가 클 수 있다. 특히 국가경제에서 수출입 등 교역에 따른 부가가치 비중이 높은 국가일수록 그 중요성은 높아진다. 한편, 지리적으로 타 국가와 이격되어있는 국가는 항공산업의 중요성이 더 높아지며, 자국의 수요는 크지 않지만 항공산업을 육성하려는 국가는 전략적 판단으로 지원을 결정할 수 있다.

3) 소비자, 주주 및 채권자 이해가 정부지원에 영향

당사국 양국 간의 항공협정에 따른 왕복운송이 일반적인 항공산업에서 수요자 중 자국민의 비중이 크면 클수록 정부의 지원동기는 높아질 수 있다. 외국인 관광수요가 많은 국가에 있어 위기 시 항공산업에 대한 지원은 관광산업 유지를 위한 고육책일 수도 있지만, 지원에 따른 직접적 후생은 외국수요자가 누리게 됨에 따라 지원을 꺼리게 될 수 있다. 2020년 중 코로나19로 인한 정부의 지원 시 항공사 중 자국민 비중이 낮은 노선까지 확장해 자국 여객의 비중이 낮은 항공사에 대한 지원의 합당성에 대한 논란이 있었고, 이에 따라 지원책이 중단된 사례도 있었다.

코로나19 이후 부각된 측면으로, 주주 및 채권자의 구성도 위기 시 각국 정부의 항공사에 대한 지원여부 및 방법에 영향을 미치고 있다. 특히, 유럽 지역 내에서 역내 항공자유화 이후 경쟁력 확보를 위한 항공사 간 인수합병 등이 진행되면서 각국 주요 항공사의 경우 지분의 상당부분을 타국 정부 또는 주주가 보유하는 경우가 많았으며, 채권자도 비슷한 모습을 보였다. 이에 각국 정부가 각국의 주요 항공사에 대한 지원을 함에 있어 주주 간 그리고 채권자 간 이해관계 조정에 난항을 겪고 있다. 예상치 못했던 일이다.

각국 정부 입장에서 국가운영 필수 인프라로 인식되는 항공산업에 대해 지원, 또는 구조조정을 함에 있어 타국 정부 및 주주, 채권자까지 관여되고 있다. 코로나19로 위기 시 지원의 주체와 지원의 수혜자 차이에 따른 갈등이 심화되며 파산신청 직전까지 간 사례가 발생되었다. 이에 코로나19의 극복 과정과 이후 산업재건 과정에서 각국 정부는 국적항공사의 역할과 그에 대한 제도적 지원체계 등 정책을 상당 수준

재정립할 것으로 예상된다.

4. 한국 항공사의 미래는?

항공사의 경쟁력은 국가의 경제력뿐 아니라 지리적 입지에 크게 좌우된다. 한국은 동북아 상단에 위치해 유럽 및 북미 주요국과의 운항에 유리하다. 또한, 세계 제조업에서 가장 큰 비중을 차지하는 동북아와 성장성이 높은 동남아 경제에 대한 접근성도 양호하다. 이에 인천국제공항은 2019년 기준 국제공항 중 국제승객운송 5위, 국제화물운송 3위의 위상을 보이고 있다. 인천국제공항은 여객운송에서는 중국 및 일본이 자국민수요 기반의 허브공항을 보유하고 있어 입지확보가 쉽지 않아 환승률이 10% 초반 수준에 머무르고 있는 약점도 있지만, 화물운송에서는 우수한 입지에 따라 환적률이 40% 수준에 이르는 허브공항으로서의 위상을 확보하고 있다. 이는 특히, 코로나19 환경에서 국내 항공사가 타 해외 항공사에 비해 양호한 실적을 시현한 기반으로 작용했다. 이 정도면 한국 항공운송산업은 경쟁력을 갖출 수 있는 기반은 보유하고 있다고 볼 수 있다.

이러한 환경의 한국 항공운송산업에서 아시아나항공이 설립된 1988년 이후 30년 이상 지난 시점에 다시 시장지배적 사업지위를 보유한 통합된 민영 국적항공사가 탄생할 전망이다. 최근 인수 및 통합 계획안이 주채권은행에 제출되었으며, 국내 및 해외 경쟁감독기관의 기업결합심사가 이루어지고 있는 등 절차가 진행되고 있어 시일이 소요되더라도 수년 내 통합 가능할 전망이다.

환경적 기반을 감안할 때 한국에서 새로 출범할 통합 국적항공사는 우수한 경쟁력을 보일 수 있는 잠재력이 충분히 있다. 그러나, 정부 주도로 진행되고 있는 현재의 구조조정으로 사업경쟁력 확보가 가능한 기반을 충분히 갖출 수 있을까? 또한, 역내에서 장기적 경쟁력 확보가 가능할까?

비슷한 경제규모를 가진 국가에서 시장지배적 지위의 국적항공사가 정부의 지원하에 사업을 영위해온 사례는 다수 있었다. 앞에서 살펴봤듯이 일부는 독점적 지위와 정부의 지원 등에 따른 방만한 경영으로 파산신청에 이르렀고, 일부는 위기 시 적절한 구조조정 및 인수합병 등을 통한 경쟁력 보완으로 역내의 주요 항공사로 자리 잡았다. 어떠한 사례를 따를 것인가?

대한항공과 인수될 아시아나항공은 정부지원을 통해 코로나19를 극복하면 수요회복으로 중단기적으로 실적개선은 가능할 전망이다. 그러나, 코로나19 극복 과정에서 이루어질 정부의 지원과 사업 구조조정 및 재정비의 정도, 재무 구조조정의 수준, 그리고 아시아나항공 인수 이후 통합과정의 성공여부 등에 따라 경쟁력의 기반이 결정되며 중기적으로 사업 및 재무실적을 크게 좌우할 수 있다. 특히, 위기극복 과정의 어중간한 타협으로 미온적인 구조조정에 그칠 경우에는 역내 경쟁력 확보에 실패할 수 있으며, 준독점적 지위에 따른 방만한 경영 또는 정부의 규제와 개입 등에 따른 비효율 등이 나타날 경우에는 장기적으로 실패사례에 이를 수도 있다.

맞바람(headwinds)이 때로는 거셀 것이다. 그래도 새로이 탄생될 국적항공사의 무사 이륙과 장기 순항을 빌어본다.